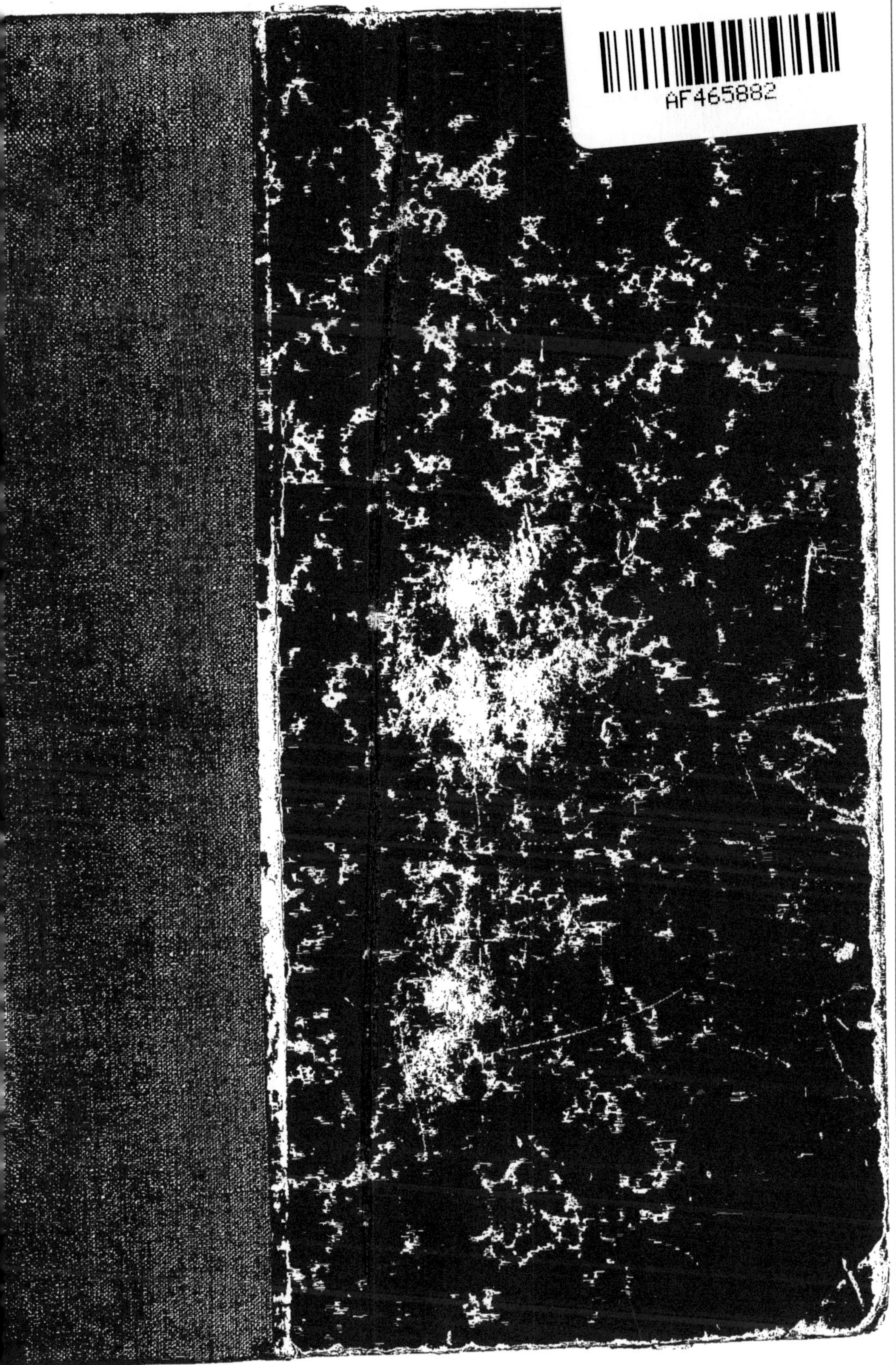

JEAN DE BLOCH

LES

FINANCES DE LA RUSSIE

au XIXe Siècle

HISTORIQUE ET STATISTIQUE

TOME I

PARIS
IMPRIMERIE PAUL DUPONT
4, RUE DU BOULOI, 4

1899

LES

FINANCES DE LA RUSSIE

au XIXe Siècle

JEAN DE BLOCH

LES FINANCES DE LA RUSSIE au XIXe Siècle

HISTORIQUE ET STATISTIQUE

TOME I

PARIS
IMPRIMERIE PAUL DUPONT
4, RUE DU BOULOI, 4

1899

LES

FINANCES DE LA RUSSIE

AU XIXe SIÈCLE

I

ÉTAT DE L'ADMINISTRATION DES FINANCES AVANT PIERRE Ier

(862-1696)

Le morcellement de la Russie ancienne, dû au système des apanages princiers, excluait naturellement toute uniformité des taxes et des contributions. Ce n'est qu'à la suite de la centralisation amenée par l'ascendant politique de Moscou que l'unité se fit dans la nature et les modes de perception des impôts, de même qu'elle s'établissait dans toutes les fonctions de l'État. C'est aussi de cette époque que date la création d'une administration spéciale pour les finances, dont l'absence dans les temps anciens s'explique par le caractère primitif des contributions elles-mêmes. La perception des impôts.

Les princes Varègues, quoique appelés spontanément par les Slaves, durent cependant recourir à la force des armes pour soumettre les diverses tribus qui peuplaient la Russie.

De là les redevances imposées à ces peuples prirent, dans l'origine, le caractère de contributions payées aux vainqueurs par les vain- Impôts perçus sur les tribus vaincues.

cus (1). Les conquérants ne se souciant pas du bien-être des peuples soumis récemment, et qui gardaient encore leur nationalité propre (2), n'envisageaient que les intérêts du fisc et avaient recours soit à la capitation, soit à l'impôt de cheminée ou d'habitation.

L'ignorance des vaincus et des vainqueurs eux-mêmes, la difficulté de s'entendre, l'impossibilité de s'en remettre à la bonne foi des assujettis rendaient impraticable l'évaluation des ressources de chacun des contribuables et l'abandon à eux-mêmes du soin de déterminer et de percevoir les impôts (3).

Malgré le rapprochement et la solidarité qui s'établirent dans la suite entre les princes possesseurs d'apanages et leurs sujets, les chroniques de cette époque ne font mention d'aucun autre système d'impôts, que celui qui vient d'être indiqué et auquel, aussitôt que la distribution de la propriété fut connue, vint naturellement s'ajouter la taxe foncière, rendue possible.

L'administration suivant des voies différentes dans chaque principauté, et conservant un caractère rudimentaire, cette taxe foncière établie dans les unes ne s'étendit pas à quelques autres et son introduction ne supprima pas, pour la plupart, les anciens impôts déjà existants. Il s'ensuivit que dans certains apanages la terre se trouva imposée doublement en supportant l'impôt dit de « charrue », impliquant d'une part la taxe de cheminée, introduite précédemment, et d'autre part la taxe foncière, établie dans la suite.

Répartition rudimentaire des impôts.

D'ailleurs, le manque d'instruction faisait préférer les procédés administratifs les plus simples et le montant des redevances s'évaluait pour la plupart d'après le nombre des feux ou habitations, plus facile à préciser que le chiffre des contribuables et que l'étendue, ainsi que la valeur des terres arables, bois et prairies.

(1) Les sources des revenus des grands-ducs (de 862 à 1015) se composaient de : 1° Tribut de guerre, perçu sur les vaincus à titre d'amende ou de rançon et partagé entre les princes et leurs compagnons d'armes ; 2° tribut permanent ou redevances consistant en *obroks* (contributions en nature, en fourrures, miel, cire, etc.) et en *ouroks* (impôts en argent payables à certains termes) ; 3° offrandes et présents des sujets ; 4° revenus des domaines privés du prince. Les tributs et impôts étaient levés de trois manières différentes : 1° le prince se rendait à cet effet lui-même dans la province imposée ; 2° ou bien il y envoyait ses prévôts ou receveurs ; 3° ou bien encore, après avoir fixé le montant à exiger, le prince en abandonnait la répartition et la perception aux habitants eux-mêmes.

(2) *Histoire des institutions financières en Russie*, par le comte D. Tolstoï.

(3) *Ibidem.*

A ce fondement principal des contributions vinrent s'ajouter les droits dont furent frappés certains genres de commerce; des recouvrements occasionnels contribuaient à remplir le Trésor des princes. La forme primitive des impôts en rendait la perception facile et n'exigeait pas la création d'organes spéciaux pour l'administration des finances.

Quant aux dépenses, elles n'étaient guère considérables et servaient en majeure partie à l'entretien des maisons princières et à celui des troupes. Ainsi, la taxe foncière et les droits payés par les marchands étaient affectés de préférence à couvrir les dépenses militaires. Le clergé vivait du produit de ses domaines, les boïars et autres employés de marque ne recevaient pas d'appointements, mais leurs services étaient récompensés par des donations de terres. Les employés ordinaires étaient entretenus aux frais des administrés, au moyen de redevances en nature ainsi qu'en argent; les juges étaient rémunérés par des péages proportionnés à la valeur des procès. Ces espèces de contributions, destinées à l'entretien des fonctionnaires, étaient portées sur des rôles spéciaux, dits « livres alimentaires ».

La capitation et l'impôt des portes.

Mais cet état des choses ne devait pas durer et en quelques lignes nous tâcherons d'en esquisser les transformations successives. Nous avons fait observer plus haut que l'ancien système de taxation en Russie avait sa source primitive dans le tribut imposé par les princes Varègues aux populations nouvellement conquises. L'impôt direct, qui dérivait du tribut, se présentait sous les trois formes déjà mentionnées. Il y avait d'abord la capitation ou impôt personnel, lequel, usité seulement en temps de guerre, n'était pas permanent dans cette première période de l'histoire russe. Surtout depuis le xve siècle, on n'y eut plus recours qu'exceptionnellement. Venait ensuite l'impôt d'habitation ou impôt des portes, qui bientôt se fondit avec la troisième espèce de l'impôt direct, notamment avec l'impôt de cheminées ou de feux.

L'impôt des charrues.

Cette dernière forme de l'impôt direct répondait à l'idée première d'impôt foncier. Ces deux formes, à savoir l'impôt des feux et celui des portes, disparurent dès le xve siècle dans l'impôt de charrues, où la taxe foncière apparaît sous un aspect nouveau et très remarquable. La « charrue », objet de l'impôt, s'entendait ici dans le sens d'un arpent de terre arable avec plusieurs habitations et d'une étendue variable d'une localité à l'autre, en proportion inverse de la fertilité du sol. La taxe ne variait pas, c'était au contraire son objet qui se montrait élastique, et, pour correspondre avec justice au chiffre de la redevance, s'élargissait dans les localités où le sol produisait peu et se rétrécissait, en revanche, dans celles dont le sol était plus productif.

La charrue, dite « Sokha », variait donc d'étendue selon la qualité des champs et, à cet effet, était rapportée à l'une des trois catégories de surface fixées par la loi : terres bonnes, moyennes et mauvaises. Une « charrue » de terre bonne devait embrasser un terrain de 350 déciatines actuelles (1), une charrue de terre moyenne devait avoir 516 déciatines, et enfin, une charrue ou « Sokha » de terre mauvaise comptait 600 déciatines. On admettait quelquefois, pour des terres pauvres, une mesure encore plus grande, en y portant la « Sokha » jusqu'à 650 déciatines.

Le nombre convenu de mesures n'arrivait d'ailleurs pas encore à constituer définitivement la « charrue » ; les 350 déciatines (67 « Wyty ») ne devenaient une charrue que réunies à un certain nombre d'habitations agricoles. Il règne cependant une grande incertitude à l'égard du nombre de ces habitations nécessaire pour constituer une « Sokha ».

La capitation affermée aux trafiquants orientaux.

Ce système d'imposition foncière exista dans son principe depuis les temps les plus reculés jusqu'à l'époque de Pierre le Grand, où il disparut en faisant place à la capitation ou impôt « par âme ». Jusque là, comme il a déjà été dit, la capitation ne joua en Russie qu'un rôle passager ou secondaire, sauf au temps de la conquête tartare qui se rapporte à la fin du XIIIe siècle. Les Tartares ou Mongols soumirent tout le peuple russe, le clergé excepté, à une capitation générale, laquelle chez les conquérants musulmans a la signification propre de rançon pour le droit de garder la vie, droit laissé aux peuples conquis, sous condition de payer un tribut annuel. La capitation, exigée par les khans de la « Grande Horde » ou de la « Horde d'Or », était affermée par eux à des trafiquants orientaux qui se rendaient dans les diverses principautés russes, assistés de « Baskaks » ou employés tartares avec des acolytes armés. Ce tribut était payé soit en argent, soit en fourrures.

Le peuple russe garda longtemps la mémoire de cette capitation néfaste qu'il appela « le tribut tartare (Tatarskaïa dane) ». Les receveurs ou fermiers généraux du tribut étaient pressés de rentrer dans leurs fonds et de les multiplier le plus possible. Le brevet ou « Iarlyk » dont ils étaient porteurs leur servait en réalité de véritable permis de chasse

(1) La déciatine est une mesure de surface comprenant 80 « sagènes » de longueur sur 30 de largeur, ce qui correspond exactement à 109 acres 1/4.

à l'homme sur le territoire russe. Ils rançonnaient la population sans merci et, sous prétexte de tribut, prenaient tout ce qu'ils pouvaient saisir, employant même les coups et la torture pour faciliter leurs exactions.

Ce procédé était tellement barbare qu'il se supprima en quelque sorte de lui-même, car il amena la ruine du pays, ce qui finit par déprécier le fermage du tribut.

Les grands-ducs percepteurs du tribut tartare.

Plus tard, à mesure qu'augmentait la puissance des grands-ducs russes, notamment au XIVe et définitivement au XVe siècle, la levée de l'impôt par les employés tartares devenait plus difficile et les khans finirent par en charger les princes russes eux-mêmes, ce qui, soit dit en passant, augmenta l'autorité que les grands-ducs, devenus en quelque sorte les receveurs du tribut, exerçaient sur les petits princes apanagés. Un grand-duc, au début de son règne, se rendait généralement à la résidence du khan, lui faisait sa soumission, lui offrait des cadeaux et en recevait en retour un brevet d'installation, brevet en vertu duquel il tenait désormais sa principauté à titre de fief. La levée du « tribut tartare » devint dès lors plus régulière et moins ruineuse. Quant au mode dont il était perçu, il est à présumer que ce tribut ne présentait qu'une surtaxe supplémentaire sur les autres impôts existants.

L'Église sous la domination tartare.

La domination mongole dura trop longtemps pour n'avoir pas laissé de traces dans le développement de la Russie et pour être restée sans influence sur l'avenir de ce pays. Les grands princes, étant responsables vis-à-vis des khans de la perception du tribut, et disposant à ce titre de l'appui des Mongols, purent facilement réduire à l'obéissance les princes secondaires et les municipalités. D'autre part, le clergé russe, auquel les khans avaient habilement accordé leur protection, accrut sa richesse et son influence. Pour citer des exemples de la tolérance mongole, le khan de Laraï permit en 1261 la construction d'une église et l'installation d'un évêque dans sa capitale. En 1313, le khan Outbew, cédant aux instances du métropolitain de Moscou, confirma les privilèges de l'Église russe et défendit de molester les prêtres, par cette considération que « ces biens sont sacrés, attendu qu'ils sont la propriété d'hommes qui prient pour notre santé et la force de nos armes ». L'Église eut sa juridiction reconnue et le sacrilège entraînait la peine de mort. Grâce à cette protection, les couvents se multiplièrent et s'enrichirent, en accumulant des ressources qui servirent plus tard maintes fois à tirer d'embarras les souverains eux-mêmes.

Dès le commencement du XVe siècle, le grand-duché de Moscou tient tête à la puissance tartare et l'époque de la délivrance de ce joug marche de front avec l'unification progressive des diverses principautés sous le pouvoir de Moscou, qui les absorbe rapidement et se transforme ensuite en « Tzarat » ou empire « de toute la Russie ». La puissance absolue, — qui distingue l'autorité des grands-ducs de Vladimir et de Moscou de celle tempérée par le « cercle » ou « assemblée » qu'avaient exercée les premiers descendants de Rurik,— put se modeler dans l'origine soit sur le pouvoir des khans, soit sur l'autocratie byzantine.

Iwan III secoue le joug tartare.

L'unification de la Russie s'opéra au XVe et au XVIe siècle. Iwan III fut celui d'entre les grands princes de Moscou qui, sur les fondements déjà posés par ses prédécesseurs, ébaucha l'immense édifice de l'empire des Tsars. Il secoua définitivement le joug tartare, il réunit à la principauté de Moscou l'État républicain de Nowgorod, les principautés de Twer, Rostow, Yaroslaw, etc. Ayant épousé la nièce du dernier empereur de Byzance, il prit les armes de l'empire d'Orient, et en adopta en quelque sorte la succession morale, comme représentant et défenseur des chrétiens du rite grec. Il dota son pays d'un code de lois (Oulojénié). Son fils Wassili continua l'œuvre en soumettant la cité républicaine de Pskow, les principautés de Riazan, de Nowgorod-Siewersk, enfin en conquérant Smolensk sur la Lithuanie.

Iwan IV consolide le pouvoir absolu.

Iwan IV, son fils, se trouvant déjà maître de tout le territoire habité par le peuple « grand-russien (Wélikorouski) », prit le titre de Tsar, et détruisant les khanats orientaux, débris de l'ancienne puissance mongole, réunit à son empire les provinces de Kazan et d'Astrakhan, ainsi que l'immense territoire de la Sibérie. Iwan IV, dit « le Terrible », décima l'aristocratie et se montra disposé à s'appuyer sur une représentation générale de toutes les classes. Il convoqua des états généraux ou « Sobor », remit une partie de l'administration locale aux mains de maires électifs (Goubnyé starosty), fit rédiger un nouveau code de lois civiles, appelé le « Soudébnik », et convoqua un concile d'évêques qui rédigea un règlement pour l'ordre ecclésiastique (Stoglaw). Ce fut sous son règne que Chancellor, capitaine d'un bâtiment anglais mouillé à Arkhangel, noua les premières relations commerciales directes entre la Russie et l'Angleterre.

L'on peut dire d'Iwan IV qu'il cimenta de sang l'œuvre d'unité qui venait de s'accomplir. Il n'hésita pas devant le massacre d'une dizaine de mille hommes dans la vieille cité de Nowgorod « la Grande » qui frémissait sous l'étreinte de fer où elle était tombée. Ombrageux de ses propres compagnons d'armes, il fit périr ses meilleurs capitaines. Ce fut lui, décidément, qui consolida le pouvoir absolu, à l'ombre duquel ne purent, naturellement, se développer les germes d'administration locale élective, qu'il voulait favoriser. Ce fut encore lui qui, dans le corps des Strélitz, créa le premier noyau d'une armée permanente.

Iwan voulait extirper jusqu'à l'ombre d'un privilège basé par un soi-disant droit naturel de la classe supérieure vis-à-vis du pouvoir tsarien; il abolit l'ordre hiérarchique qui s'était établi dans les familles de boïars dont les membres aspiraient aux emplois supérieurs. Ainsi, un général refusait de servir sous un chef d'armée dont les ancêtres avaient occupé un rang inférieur à celui qui avait appartenu aux ancêtres du plaignant. Cette coutume, appelée « Miestnitchestwo », ou litige d'emplois, était passée dans l'usage et avait été tacitement reconnue par les prédécesseurs d'Iwan. Ce dernier défendit les disputes de cette nature quand l'armée se trouvait en campagne. Le clergé russe lui-même sentit s'appesantir sur lui la main du Tsar « terrible ». Sous son inspiration, des conciles défendirent aux couvents d'acquérir de nouvelles propriétés.

Origines du servage en Russie.

La base populaire elle-même de cette monarchie tout asiatique finit par éprouver une transformation essentielle sous l'influence du principe de l'omnipotence du pouvoir central. La population des campagnes avait été libre en Russie jusqu'au XVIe siècle, libre du moins dans sa majorité. L'esclavage existait pourtant et provenait de deux sources : l'achat d'esclaves étrangers et l'engagement de sa liberté par un débiteur vis-à-vis du créancier. Ce dernier fait tirait son origine d'une coutume établie en Russie dès les temps primitifs. La personne du débiteur insolvable devenait la propriété du créancier, soit pour un terme convenu dans les conditions du prêt, soit indéfiniment, jusqu'à la restitution de la somme prêtée. Ce droit s'appelait la « Kabala » et l'esclave « Kholop ». Les enfants nés dans l'esclavage restaient asservis. Les propriétaires fonciers avaient à leur service domestique des « Kholops », véritables esclaves, qui pouvaient être vendus sans leurs familles.

En dehors de cette domesticité, le cultivateur était libre ; il vivait en fermier sur la terre du seigneur et pouvait la quitter, à la charge de restituer les frais de son installation première et les avances qui lui avaient été faites, soit en espèces, soit en matériel. Ce fut cette dernière condition, qui, assimilée plus tard au droit de « Kabala » sur la personne du débiteur insolvable, devint la source de l'asservissement complet de la population agricole tout entière.

Ce changement s'accomplit assez rapidement vers la fin du XVIe siècle à la faveur de l'accroissement du pouvoir central. Les souverains, occupés à fonder à grands coups d'épée l'unité nationale, avaient besoin de serviteurs (Slojilié ludi). Or, quiconque s'engageait au service des grands princes et dans la suite des Tsars avait droit, en cas de services reconnus, à une rémunération en terres. Des terres, l'État en avait assez et il en conquérait chaque jour davantage. Ainsi, la distribution d'alleux ou de propriétés à la classe enrôlée au service, tant militaire que civil, des fondateurs de l'Empire, favorisait le défrichement de régions immenses et la colonisation par des cultivateurs auxquels les nouveaux propriétaires accordaient toute espèce de secours.

Or, le besoin impérieux qu'avait l'État des services de la classe supérieure et la solidarité dans l'œuvre commune produisirent la connivence du gouvernement dans l'asservissement de la population des campagnes par les propriétaires. Les recensements effectués à diverses époques établirent définitivement le domicile du cultivateur par son « inscription » sur les terres où il résidait. Ne pouvant quitter le domaine où il était inscrit, sans restituer les avances qui lui avaient été faites, il tomba dans la dépendance du seigneur. Peu à peu, la différence s'effaça entre le « paysan inscrit », mais censé libre, et le serf ou « Kholop », dont la personne était la propriété du maître. Cette distinction se maintint encore longtemps en principe, mais, de fait, la dépendance du paysan inscrit fut confondue avec la « Kabala » ou esclavage du débiteur insolvable ou de l'esclave simplement acheté. Ce fut ainsi que s'établit le servage, consolidé par des oukazes qui prohibaient le passage du paysan sur les terres d'autres propriétaires, sauf en cas de « rachat », et chargeaient les autorités de mettre la main sur les « transfuges » et de les rendre aux endroits où ils se trouvaient inscrits.

L'isolement de la Russie.

La différence de religion et l'ignorance complète où vivait la nation tout entière, maintenaient la Russie dans un isolement presque absolu de l'Occident. Les Grecs et les Italiens, venus dans le pays après la conquête de Constantinople par les Turcs, ainsi que les architectes, fondeurs et miniers, que le gouvernement faisait venir d'Europe par les soins de ses ambassadeurs, les marchands étrangers enfin vivaient isolés à

Moscou, dans un faubourg séparé, appelé la « bourgade aux Allemands ». La superstition et l'inertie intellectuelle du clergé russe s'opposaient à la culture de toutes connaissances ou arts libéraux non destinés au culte religieux.

Le paysan privé du droit de passer d'une propriété à une autre.

Le règne du faible Féodor, successeur d'Iwan IV, dominé par son beau-frère et premier ministre Boris Godounow, fut marqué par la suppression du « jour de Saint-Georges », c'est-à-dire du droit qu'avaient eu les paysans de passer ce jour-là d'une propriété à une autre — première mesure générale dans le sens que nous venons d'indiquer. Ce fut encore sous le règne de ce monarque dévot, que le patriarche de Constantinople, visitant Moscou, fut amené à consacrer un patriarche spécial pour la Russie.

L'époque ainsi dite « des troubles », qui succéda au règne de Boris Godounow, ouvrit le premier succès aux éléments étrangers en Russie. Le « faux Démétrius » se montra disposé aux innovations ; il amena avec lui des volontaires polonais. Il y eut un moment où le fils du roi de Pologne Sigismond, le prince Ladislas, élu par les boïars, allait ceindre la couronne d'Iwan le Terrible. L'avènement des Romanow rendit la Russie à son indépendance et à son isolement. Seulement, cet isolement ne fut plus aussi complet.

Influence de l'élément étranger.

L'élément étranger s'étant une fois ouvert une brèche dans le mur de Chine, qui avait fermé la Russie ancienne à l'Occident, son influence se fit sentir de plus en plus sous les tsars Michel, Alexis et Féodor Romanow, prédécesseurs de Pierre le Grand (1613-1682). Des fonderies furent établies à Toula par un Hollandais ; le savant holsteinois Oléarius fut appelé à Moscou. Une académie gréco-latine fut instituée dans la capitale.

Sous Alexis, la Russie se fait conquérante. Elle entreprend la conquête de la Lithuanie et de la Livonie ; le traité d'Androussowo lui donnait Kiew, pour le terme de 13 ans, à titre de gage pour la renonciation de ses autres prétentions, et la rive gauche du Dniéper. Kiew resta depuis attaché à l'Empire, lequel, par l'adjonction d'une partie de la Petite-Russie, venait de s'étendre considérablement vers le Midi.

Pour l'édification de nos lecteurs, nous ferons suivre ce court exposé du procès d'unification et de consolidation accomplies par la nation russe du XVe au XVIIe siècle, de l'esquisse des procédés financiers propres à l'époque dont nous venons de retracer le caractère politique.

Pendant les périodes diverses qui constituent pour la Russie l'âge d'adolescence, le fardeau des impôts était supporté exclusivement par les paysans et les hommes des villes ou « bourgeois », appellation occidentale, à laquelle répondait avec assez d'exactitude le terme ancien russe de « Possadskié ludi (hommes des bourgs) ». Ces deux catégories de la gent contribuable étaient comprises dans la dénomination, ancienne aussi, de « Smérdy » ou vilains, par opposition aux « Boïars » ou nobles et aux notables ou « hommes d'élite (Loutchié ludi) », qui étaient affranchis de l'impôt direct.

Taxes commerciales.

Les progrès de la sûreté générale profitèrent au commerce et l'État moscovite naissant ne manqua pas, à son tour, de lui faire payer la protection qu'il lui accordait. Ce commerce était soumis, en Russie, dès les temps les plus éloignés, à des taxes variées qui étaient plutôt des droits perçus sur chaque transaction commerciale et se présentaient sous deux formes principales : c'étaient d'abord les douanes intérieures, ou droit de passage pour les denrées d'une localité dans une autre ; ensuite venait l'impôt sur l'emploi des mesures de poids, de longueur et de volume. Ce dernier impôt était né d'un monopole du clergé qui se faisait payer une redevance pour l'usage sur les marchés des mesures qu'il préparait et dont il gardait la propriété. Le grand-duc Wassili établit, au XVIe siècle, une foire au couvent de Makariew, transportée, en 1817, à Nijni-Nowgorod et restée le centre principal du commerce intérieur, comme de celui avec l'Orient. Les taxes de douane intérieure et de pesage se réglaient plutôt par la coutume que par des prescriptions uniformes, jusqu'à ce qu'elles furent définitivement déterminées par un règlement spécial du tsar Boris Godounow.

Subdivisions dans la classe marchande.

Depuis le développement pris par le commerce, la classe des marchands fut plus en relief, se distingua davantage des simples « bourgeois (Possadskié ludi) » et se subdivisa elle-même en plusieurs groupes. Chaque ville de quelque importance avait ses marchands incorporés et ses « hôtes (Gosti) » ou marchands temporaires, qui faisaient leur commerce au bazar (Gostinoï dwor). Les marchands incorporés formaient la classe des hommes « notables », « moyens » et « cadets », groupes auxquels correspondaient leur degré d'importance dans l'État et leur contribution à ses besoins. Les premiers payaient le double de ce que payaient les seconds, ceux-ci le double des derniers. Cet impôt-là n'était pas proprement personnel dans son principe, car il constituait un droit de se livrer au commerce et variait suivant l'étendue des opérations. Pierre le Grand le simplifia en le fixant à 10 0/0 de la valeur des marchandises.

L'impôt en nature.

Le commerce devait encore supporter une troisième espèce d'impôt, un impôt en nature. Celui-ci, de même que la patente qui donnait au commerçant son droit et sa qualité, était basé sur la supposition que le droit de négoce était un droit régalien, un monopole de l'État, concédé par lui aux particuliers contre une certaine rémunération. Et ce qui donnait à ce principe une réalité apparente, c'est que, concurremment avec le commerce privé, il y avait réellement un commerce d'État ou commerce du Tsar. L'impôt en nature dont nous avons fait mention consistait en ce que, à l'ouverture du marché, les prévôts du gouvernement examinaient les denrées apportées pour la vente et choisissaient, à titre gratuit (1), ce qu'ils trouvaient bon pour la Cour du prince. C'était là, naturellement, une porte ouverte aux exactions et la Cour profitait bien peu de ce qui faisait engraisser les prévôts.

Puisque nous venons de nous arrêter plus spécialement aux différents groupes qui constituaient dans l'ancienne Russie la classe commerçante, il sera utile de jeter encore une fois un coup d'œil sur les couches sociales du pays à cette époque moyenne, c'est-à-dire dans la période qui succéda à l'unification de la Russie par le grand-duché de Moscou et à l'affranchissement du joug tartare et qui aboutit à l'ère réformatrice de Pierre le Grand.

Les castes en Russie.

La population agricole, attachée à la glèbe depuis Boris Godounow, et les petits bourgeois des villes constituaient la classe inférieure. Le milieu était tenu par les commerçants, dont le groupe le plus élevé, sous la dénomination d' « hommes meilleurs » ou notables, partageait certains privilèges avec la classe supérieure. Celle-ci, enfin, était représentée par les nobles, parmi lesquels se plaçaient au premier rang les boïars, dont le titre n'était pourtant pas héréditaire, le clergé et les fonctionnaires de l'État. Toute cette classe jouissait, comme premier privilège, de l'exemption des impôts, à part cette seule condition que les nobles propriétaires étaient tenus responsables des taxes dues à l'État par les paysans qui leur étaient soumis.

(1) Georg Staehr. *Die Russische Kopfsteuer* (*Russ. Revue*, Band XVII).

Nous avons déjà parlé des impôts qui pesaient sur la classe agricole. Il nous suffira d'y ajouter les redevances en nature dont elle était passible pour les besoins de l'État, comme le service militaire, celui des postes, des chemins et des ponts.

L'état du Trésor à l'époque de l'unification de la Grande-Russie.

A l'époque où l'unification de la Grande-Russie par le grand-duché de Moscou devint un fait accompli, le Trésor avait accumulé des ressources considérables, ce qu'il faut attribuer à la simplicité du mécanisme administratif, à l'entretien des fonctionnaires sur les « aliments » fournis par les populations et, surtout, au petit nombre des troupes régulières, maintenues, de plus, à peu de frais.

C'est du règne d'Iwan III que datent, pour ainsi dire, les premiers pas vers une levée plus régulière des impôts. A cet effet, il fit dresser un cadastre général des propriétés foncières. Son idée n'était pas nouvelle, car plusieurs princes apanagés l'avaient mise à exécution avant lui. Mais c'était la première fois qu'un inventaire général embrassait toute la superficie du territoire, que le grand-duché de Moscou venait d'unifier et d'élever au rang d'un État puissant. Le rendement des impôts fut déterminé d'après le nombre des « charrues » et établi en redevances d'argent ou en nature, dont le recouvrement était inscrit sur des registres institués à cet effet.

Un deuxième inventaire fut dressé sous le tsar Iwan IV et ne fut suivi d'un troisième que sous le règne de Michel Féodorowitch, alors que les registres précédents eurent disparu dans la débâcle générale qui avait marqué l'époque du faux Démétrius et de l'interrègne.

Convocation des notables.

Ce fut en 1616 qu'une patente du Tsar convoqua de toutes les provinces à la Chambre des ambassades de Moscou « des bourgeois notables et d'état moyen, hommes honnêtes et sensés et dignes de confiance, afin de délibérer d'affaires importantes et communes (Zémski) ». Le cadastre fut dressé dans cette même année, après qu'un grand incendie, éclaté dans la cité (Kitaï-gorod), eût détruit presque toutes les archives et livres de comptes qui avaient encore échappé aux désastres de la guerre civile.

La répartition des impôts concédée aux communes.

Déjà, sous Iwan IV, la répartition locale des impôts fut concédée aux communes elles mêmes, ce qui délivra les contribuables de l'arbitraire des préfets et releva la condition des classes inférieures. Le tsar Boris Godounow à son tour abolit le fermage des octrois et des passages de rivières et les institua en régie, ce qui sauva le trafic intérieur des malversations et des retards qui l'avaient gêné.

Mais une amélioration sensible dans l'état du commerce ne s'opéra que sous le règne d'Alexis Mikhaïlowitch. Les octrois et plusieurs taxes douanières intérieures furent abolis et les droits d'importation pour les produits étrangers furent régularisés par des prescriptions générales. Ce fut encore le tsar Alexis qui organisa les postes et concentra l'administration des finances sous une direction unique. Les finances, en général, furent, sous Alexis, l'objet de diverses mesures d'amélioration, mais il ne fit rien pour le système monétaire, qui continua à être peu satisfaisant.

Un nouveau recensement général du cadastre, rendu nécessaire par la défectuosité de ceux que l'on avait possédés jusqu'alors, fut entrepris pas ordre du tsar Alexis en 1645, vérifié et complété en 1647. Les tsars Iwan et Pierre Aléxéïewitch, à leur tour, firent faire un recensement qui prit trois années et servit jusqu'à l'avènement au trône de Pierre seul, qui fit répéter l'opération encore une fois.

Les besoins de l'administration influencent défavorablement l'état des finances.

A mesure que le rôle international de l'État moscovite grandissait, que les guerres se succédaient, que les troupes régulières devenaient plus nombreuses et que le besoin d'une administration plus vaste se faisait sentir, — les finances tombaient dans un état précaire et une augmentation continue des sources de revenus devenait nécessaire. La conquête de la Sibérie avait ouvert à l'État un revenu important en fourrures de prix. Une autre ressource, qui bientôt devait primer toutes les autres, avait été créée par l'impôt sur les boissons, malgré une vive opposition, surtout de la part du clergé, qui condamnait le trafic des boissons par l'État.

Exactions des percepteurs d'impôts.

Malgré ces nouvelles ressources, la situation des finances était loin d'être bonne. Dans la supposition qu'une forte partie des recouvrements restait aux mains des agents chargés de les recueillir, le gouvernement supprima, en 1679, les divers prévôts et anciens communaux qui, à la suite de l'accroissement du pouvoir central, avaient déjà perdu leur signification de représentants d'une administration locale élective, et ne gardaient plus que le caractère d'agents du fisc, élus par les contribuables et fonctionnant d'accord avec des receveurs généraux, envoyés de Moscou. Puis, ces intermédiaires furent abolis, afin de « diminuer aux citoyens des villes et des districts le fardeau des aliments à payer ». La charge de lever les impôts fut confiée aux « Voïévodes » ou gouverneurs, qui, réunissant toutes les attributions du pouvoir, ne manquèrent pas de recourir pour le recouvrement des impôts à des moyens violents, voire aux peines corporelles.

Cette manière cruelle d'exiger l'impôt restait elle-même sans résultats aux époques d'épuisement général comme celle qui succéda aux guerres avec la Pologne et avec la Suède. Les villes ne livrèrent pas un denier d'une taxe nouvelle destinée à entretenir les archers (Strélitz) du Tsar. Les voïévodes informaient le gouvernement que les bourgeois et gens de la campagne refusaient de payer, prétextant la mauvaise récolte, et que la torture elle-même était impuissante à leur arracher l'impôt. Ils abandonnaient leurs maisons et se sauvaient en Sibérie.

Le gouvernement forcé de diminuer les impôts.

Des notables furent convoqués à Moscou, et, interrogés sur l'état des choses, ils déclarèrent que, vu le dénûment général, il était impossible d'exiger les impôts en entier. Alors le gouvernement se vit forcé de diminuer les taux, d'après lesquels les taxes étaient établies. Cette disposition, promulguée en 1681, fut suivie d'une nouvelle convocation de notables, vers la fin de cette même année. Cette fois, la convocation embrassait toutes les villes, dont chacune avait à envoyer deux représentants, munis des registres ou états des impôts, afin d'établir combien il y avait dans chaque ville et bourgade de gens « considérables, moyens et cadets (d'après leur quote-part au montant de ces impôts) », et combien d'hommes étaient fournis annuellement par chaque ville pour le service de l'État et autres charges publiques. Cette même année fut encore marquée d'une mesure importante : un oukaze défendit d'affermer aux particuliers les douanes et les chambres de receveurs, lesquelles dorénavant devaient être gérées au nom de l'État par des hommes de confiance (1).

Les conséquences des guerres avec la Suède et la Pologne.

La Russie, sous les Romanow, au sortir de cette époque de troubles intérieurs qui avaient complètement épuisé le Trésor et suspendu la plus grande partie des recouvrements, entreprit immédiatement des guerres prolongées contre la Suède et la Pologne. Il fallut avoir recours à des moyens extraordinaires pour subvenir aux dépenses qu'entraînait un déploiement de forces suffisant pour lutter contre des armées européennes. Parmi les ressources que le gouvernement réussit à découvrir

(1) S. Solowiew. *Histoire de Russie*, t. XIII.

à cette époque, il faut noter les emprunts faits au clergé et la dépréciation de la monnaie.

Emprunts faits aux couvents.

Déjà le faux Démétrius avait cherché à obtenir du clergé des secours d'argent, dont ce personnage mystérieux et romanesque était à court, ayant à rembourser les sommes qui lui avaient été prêtées par les seigneurs polonais, ses protecteurs et les parrains de son aventureuse entreprise. Toutefois, ses efforts ne paraissent pas avoir abouti ; ils permettaient en plus aux patriotes de faire courir le bruit qu'il levait une main sacrilège sur les biens de l'Église. En revanche, il est prouvé que même avant l'avènement du faux Démétrius, des prêts plus ou moins volontaires avaient été faits au gouvernement par les couvents. Ainsi, l'on a des preuves que sous le tsar Wasili Chouïski, successeur de Boris Godounow, pendant la période « des troubles », le couvent de Solowetzk prêta au gouvernement 5,150 roubles d'argent, celui de la Trinité (près de Moscou) 20,000 roubles d'argent et celui de Lwiajsk 28,000 pouds de sel. Le tsar Michel eut aussi recours à des emprunts forcés dans les couvents, comme le prouve un oukaze au monastère de Bélozéro, conservé dans les archives. Le besoin d'argent à cette époque était si grand que Michel chargea ses ambassadeurs de demander des secours pécuniaires à l'étranger : à Venise, en Angleterre, aux Pays-Bas, ce qui, du reste, n'amena aucun résultat.

Le tsar Alexis suivit l'exemple de son père. « Il est parvenu à notre connaissance — écrivait-il au supérieur du couvent de Pikhwin — que votre couvent se trouve en possession de sommes importantes. Ainsi, nous avons donné ordre de lever chez vous, dans votre couvent, 10,000 roubles, destinés à payer la solde à nos gens de guerre, lesquels 10,000 roubles vous aurez à délivrer sans délai aucun, et ne devez pas considérer ceci comme une injure qui vous est faite, attendu que, Dieu aidant, nos services (de guerre) auront pris fin, après quoi, nous, grand souverain, ordonnerons que ledit argent vous soit rendu sur notre caisse. »

État monétaire.

Aux emprunts forcés s'ajoutèrent la levée des impôts anticipée et des réquisitions de diverses natures frappant tout le pays. Comme tous ces moyens se trouvaient insuffisants, l'on se vit forcé d'avilir la valeur monétaire. Sous le tsar Michel il fut mis en circulation une monnaie d'argent de petit poids et une monnaie de bronze remplaçant l'argent et ayant le même cours nominal (oukaze du 8 avril 1656);

bientôt la menue monnaie d'argent fut elle-même retirée et remplacée uniquement par celle de bronze (1659). Un contemporain, Kotochikhin, atteste ce fait intéressant que le billon mis à la place de l'argent fut reçu favorablement dans les deux premières années. Après, la monnaie de bronze commença à se déprécier.

Cette dépréciation fut amenée par la préférence que le gouvernement lui-même accordait à la monnaie d'argent, par l'excès apporté dans l'émission de la monnaie de bronze, enfin par la contrefaçon. Cette dernière était trop tentante et par suite inévitable ; en effet, le cuivre, au poids, valait 5 roubles le poud, tandis qu'en monnaie il représentait la valeur de 312 roubles. Aussi quiconque pouvait se procurer les outils nécessaires se mettait à battre fausse monnaie ; le matériel *ad hoc* se vendait même ouvertement. Les faussaires furent poursuivis avec la dernière rigueur ; plus de 7,000 personnes furent exécutées, plus du double eurent les mains coupées, leurs biens confisqués et furent bannies en Sibérie. Rien n'arrêtait la contrefaçon, d'autant plus qu'elle s'abritait en partie en dehors des frontières.

La dépréciation, elle aussi, suivait son cours. En septembre 1658, le rouble-argent ne faisait que 8 deniers (Dengas) d'agio sur le rouble-cuivre, tandis qu'au mois de mai de l'année 1663, l'on n'exigeait pas moins de 14 roubles-cuivre comme supplément à un rouble de même métal, pour former l'équivalence de 1 rouble-argent. Une dépréciation aussi énorme ne manqua pas de produire des effets funestes ; le commerce s'arrêta, et Kotochikhin, cité plus haut, rapporte que les paysans, voyant la mauvaise qualité de l'argent, cessèrent de porter leurs produits dans les villes.

Les accapareurs de produits.

Un renchérissement général ne manqua pas de se produire, mais le gouvernement était loin d'en chercher la cause dans l'avilissement de la monnaie. Kotochikhin, d'accord avec les étrangers, dont il fréquentait la société, comprenait bien cette cause ; mais les marchands russes eux-mêmes attribuaient la cherté du pain et des provisions à Moscou aux menées d'agents qui interceptaient les produits pour les revendre, et conseillaient de prendre contre ces derniers des mesures rigoureuses. Cet état de choses finit par provoquer des troubles. Le peuple se plaignait de ce que les impôts étaient trop lourds, le sel trop cher, l'argent mauvais ; de ce que les faussaires de marque demeuraient impunis, tandis que les petites gens étaient traités avec une sévérité extrême.

Le gouvernement du tsar Alexis se vit enfin forcé de suspendre la frappe des monnaies de bronze. Dès 1668 paraissent des oukazes ordonnant la reprise de l'émission des monnaies d'argent et le retrait de la circulation de celles de bronze. Les caisses recevaient ces dernières au prix de deux dengas d'argent pour 1 rouble-cuivre, et l'abaissèrent même plus tard à 1 kopeck-argent, ce qui représentait un cours inférieur à la simple valeur du cuivre au marché. Cette banqueroute fut donc entourée de circonstances qui la rendaient encore plus ruineuse pour la population. Or, le bas prix fixé en dernier lieu par le Trésor pour l'échange du cuivre monnayé contre l'argent avait pour but d'empêcher cet échange et d'engager les propriétaires des pièces de cuivre à les faire fondre et à les vendre au poids.

Alexis Mikhaïlowitch établit un tarif général des douanes.

Un acte important du règne d'Alexis Mikhaïlowitch fut l'établissement en 1667 d'un tarif général des douanes, qui jusque-là avait manqué à la Russie. Bien que l'on puisse citer le précédent qui s'était produit à Nowgorod, prouvant, pour l'année 1571, l'existence d'une taxe de 7 dengas par 1 rouble de valeur marchande, ce droit paraît n'avoir été appliqué qu'à l'importation et à l'exportation pratiquées par les étrangers et n'avait pas eu de caractère général. Le tarif de 1667, au contraire, avait précisément une portée générale et subsista pendant presque toute la durée des règnes suivants, jusqu'à la fin de celui de Pierre le Grand, notamment jusqu'à l'année 1724.

Ce tarif fut promulgué sur une représentation des commerçants russes, et soumettait à un droit uniforme de 10 deniers (dengas), par rouble de valeur des marchandises (5 0/0), tous les articles d'importation ainsi que les denrées exportées par des sujets étrangers. De plus, les négociants d'autres pays qui portaient leurs marchandises dans les villes situées à l'intérieur de l'Empire avaient encore à acquitter un droit de 1 griwna (10 kopecks) par rouble de valeur, ce qui faisait 10 0/0. Outre ces droits pour l'entrée des marchandises apportées par les étrangers à l'intérieur, ils avaient à payer une taxe supplémentaire pour le privilège de la vente de ces mêmes marchandises.

II

RÉFORMES DE PIERRE LE GRAND DANS L'ADMINISTRATION FINANCIÈRE

(1696-1725)

L'avènement de Pierre le Grand, réformateur et rénovateur de la Russie moscovite, marque une ère nouvelle dans les finances de même que dans toutes les fonctions de l'État. S'étant imposé la tâche grandiose d'arracher la Russie à ses conditions d'existence demi-barbares, Pierre porta dès lors sa main créatrice sur toutes les branches de l'administration et leur imprima une forme nouvelle. Mais c'étaient surtout les restes de l'ancien système d'administration élective et populaire, les traces de l'ancien « self government » slave, qui ne s'était jamais élevé en Russie qu'à la hauteur d'une organisation incomplète, c'étaient surtout ces vestiges de l'esprit national primitif qui trouvèrent en Pierre un adversaire et un réformateur sans pitié.

Intransigeance de Pierre Ier.

Pierre était cruel de nature. On put s'en convaincre par les supplices qui accompagnèrent son émancipation de la tutelle de Sophie, sa sœur, lorsqu'il n'avait que 17 ans. Or, rien ne parvenait à l'exaspérer autant qu'une opposition à ses prédilections européennes et à ses projets de réforme. Une conspiration ourdie lors du premier voyage qu'il fit en Europe lui fournit l'occasion de frapper un grand coup, pour en finir avec toute velléité de résistance à ses desseins et pour donner, pour ainsi dire, le baptême irrévocable du sang à l'œuvre violente et inouïe qu'il allait entreprendre. Des centaines de rebelles furent exécutés à Moscou, en place Rouge, sous les yeux du Tsar; Pierre lui-même saisit la hache des mains de l'exécuteur et fit tomber cinq têtes; il força quelques-uns de ses boïars à en faire autant.

En même temps il fit raser la barbe à toute la Cour, ce qui avait la signification d'un défi porté aux coutumes anciennes, d'après lesquelles toucher à la barbe antique était presque un sacrilège. Détail caractéristique qui montre bien la fougue et l'impatience toute personnelle qu'il apportait à son travail de transformation : le Tsar rasa de ses propres mains plusieurs affidés, comme il avait lui-même pris part à l'exécution des rebelles. Il ne mania pas avec moins d'énergie sa canne légendaire, soit pour punir des délais dans l'exécution de ses ordres, soit pour châtier ceux qui se rendaient coupables du vice invétéré de prévarication.

Le parti de l'opposition.

L'animadversion de Pierre contre les institutions et les coutumes anciennes s'explique non seulement par la hâte où il était d'accomplir sa tâche réformatrice, mais encore par l'opposition qu'il redoutait et par la nécessité de déplacer en quelque sorte d'un coup le but et l'idéal que la nation avait devant ses yeux. Certes, l'opposition eût été plus vive et plus tenace dans tout pays, où elle aurait trouvé des centres organisés pour préparer ses forces et des voies légales pour se produire. Mais telle qu'elle se montra, elle n'était pourtant pas à dédaigner. Deux révoltes des Strélitz, révoltes réprimées par Pierre avec une énergie passionnée et l'on peut même ajouter avec cruauté, la défaveur avec laquelle les premières innovations furent accueillies par le haut clergé et par l'héritier du trône, Alexis lui-même, la part qu'on soupçonnait le prince Alexis d'avoir pris à la conjuration, sa fuite et les circonstances qui la suivirent : tout cela contribua à rendre Pierre implacable aux traditions et aux formes anciennes. Il supprima la dignité de patriarche. A sa place, Pierre mit d'abord le « collège ecclésiastique » qui entra en correspondance directe avec les patriarches de l'Orient; plus tard ce collège fut remplacé par le « saint-synode », dont les décisions ne sont valables qu'à moins d'opposition du procureur général. Les membres du collège ecclésiastique, ainsi que ceux du synode, devaient prêter serment à l'Empereur. Le premier président du synode fut Étienne Iawoski, métropolite de Riazan. Un « règlement » ecclésiastique, composé par Théophane Prokopowitch, écarta l'ombre même d'indépendance de l'Église vis-à-vis du Tsar.

Pierre Ier transporte sa capitale à Saint-Pétersbourg.

Pierre transporta sa capitale du cœur même du pays, de Moscou, cité aux mille clochers, conservatrice des rites et des usages traditionnels, à un bout de son empire, à un rivage désert, récemment enlevé à l'ennemi, Saint-Pétersbourg. On eût dit qu'il voulait d'un seul, mais gigantesque effort, saisir son immense pays de ses deux mains puissantes et le transporter subitement d'Asie en Europe.

Pour l'œuvre colossale et sans exemple qu'il voulait accomplir, il lui fallait écarter tous les obstacles, toutes les oppositions, et centraliser définitivement le pouvoir, la toute-puissance de l'État, dirigé par une volonté absolue : tel fut le but qu'il poursuivit, sans jamais faiblir, dans toutes ses mesures de réorganisation.

Ses procédés étaient violents et il ne tenait aucun compte de l'esprit populaire, ni des traditions nationales. Au contraire, c'était comme à plaisir qu'il défiait et outrageait cet esprit en traitant de stupide et de ridicule tout ce qui était de vieille date.

Mais, il faut le reconnaître, ce n'étaient ni l'intérêt personnel ni des vues dynastiques qui guidaient ses actes.

L'on peut dire que le génie de la Russie elle-même, l'intuition de ses besoins, l'instinct de sa conservation et une révélation mystérieuse de l'avenir s'étaient personnifiés dans ce grand homme.

De faibles tentatives de se rapprocher de l'Occident, d'en importer en Russie l'étude des sciences et d'introduire des réformes avaient déjà été faites par ses prédécesseurs et justifiaient son entreprise. Mais l'esprit d'isolement national, de mépris pour tout ce qui était étranger et d'inertie consacrée par la superstition religieuse, se trouvait si puissant que les innovations s'arrêtaient à la surface et aux choses secondaires. Pour ses contemporains en Europe, la Russie semblait être un monde à part, aussi incapable de s'approprier la civilisation de l'Occident, que le paraît à l'heure qu'il est la Turquie ou tel autre pays musulman.

Pierre Ier personnifie le génie de la Russie.

Il fallait donc que la nation russe, sous l'impulsion d'un besoin puissant et d'un instinct inconscient, quoique révélateur, fît un immense effort sur elle-même, sur ses habitudes, ses préférences et ses traditions, pour secouer radicalement ce joug et entrer, puissante mais docile, dans la carrière du progrès général.

C'est ce mystère fécond, ce grand élan historique d'un peuple qui se personnifia dans le génie pénétrant de Pierre et dans sa main de fer. Il ceignit sans hésiter le glaive de la puissance absolue des Tsars, déjà forgé par Iwan le Terrible, et entraîna la nation avec lui, lui faisant violence, mais devinant ses grandes destinées, lui son prophète, le représentant de son instinct, l'ouvrier et le maître de son avenir.

Mais tout en balayant devant lui tout ce qui pouvait faire opposition à son œuvre réformatrice, Pierre n'était, dans ses créations, ni un despote oriental, ni un ami de l'absorption bureaucratique. Dans les mesures que lui dicta son génie, l'on peut distinguer deux courants opposés. Dictateur absolu dans le présent, il voulait cependant doter son pays d'institutions capables de quelque indépendance, ouvertes au contrôle, jouissant d'une certaine liberté d'allures dans leur sphère propre.

Cette idée présida à la création d'un « Sénat dirigeant », à la loi municipale qui plaçait les villes dans une certaine indépendance vis-à-vis des gouverneurs, ainsi qu'à l'institution des directions provinciales, ou conseils de préfecture, dans lesquels le rôle du gouverneur se trouvait déterminé comme « celui d'un président et non d'un maître ».

Mais l'omnipotence du pouvoir souverain prévalant dans la pratique et se faisant sentir à toute occasion, les germes d'indépendance municipale et de responsabilité des ministres devant le Sénat ne purent se développer et les successeurs immédiats du réformateur imprimèrent à son œuvre un caractère purement bureaucratique.

L'inviolabilité des lois proclamée par Pierre Ier.

Malgré son pouvoir absolu et l'usage tout dictatorial qu'il en faisait pour ouvrir des voies nouvelles, Pierre fut bien en Russie le premier souverain dans le sens européen de ce terme et par opposition à ceux d'Asie. Le premier, il reconnut une autorité primant sa volonté du moment, son bon plaisir — l'autorité de la *loi* écrite. Dans la salle de conférences de chaque administration il plaça, debout sur la table, un cadre où s'étalait son « oukaze des oukazes », celui qui devait en être la clef de voûte et qui proclamait l'inviolabilité des lois : « Attendu qu'il est vain d'écrire des lois si l'on ne les exécute » (1).

Avant de retracer dans leur ensemble les institutions de Pierre Ier, nous devons esquisser rapidement celles qui existaient avant lui et celles qu'il modifia ou remplaça par des créations nouvelles.

Le développement graduel de la vie politique.

Le règne d'Iwan III peut être considéré comme l'époque où furent posées les bases d'une vie politique et civile régulière. Iwan IV introduisit dans l'administration le principe délibératif, représenté par des

(1) Un cadre à trois faces montrant ces trois oukazes fondamentaux de Pierre le Grand continue à orner les salles de séances de toutes les administrations de l'Empire.

conseils d'administration. L'échelon le plus élevé dans ce système, avant Pierre le Grand et dans les premières années de son règne, se présentait sous la forme d'un « conseil du Tsar (Tsarskaïa douma) », appelé encore « chambre d'or », d'après la salle où elle tenait ses séances, ou bien « chambre des boïars ».

Un conseil privé ou conseil de boïars avait probablement existé même avant Iwan III. Mais ce fut ce monarque qui lui attribua le caractère d'une véritable institution d'État. Iwan IV lui donna l'appellation de « conseil (Douma) du Tsar » et l'érigea définitivement en conseil suprême de gouvernement. Ce conseil était composé de membres choisis par le souverain parmi les plus hauts fonctionnaires de l'État, et les Tsars présidaient quelquefois personnellement ses séances. Les membres du conseil étaient d'abord exclusivement des boïars, mais Iwan IV leur adjoignit une nouvelle catégorie portant le titre de « nobles du conseil » (Doumnyé dworané).

La « douma ».

Il ne s'arrêta pas là. Ce despote aux velléités démocratiques appela, en 1566, à siéger au conseil, outre les grands dignitaires, des représentants du clergé, des nobles « de première et de seconde classe », des scribes et même des marchands, ainsi que des propriétaires fonciers, tirés de leurs provinces.

Sous cette forme, la *douma* prit pour un temps, peu prolongé d'ailleurs, l'apparence d'états généraux ou de diète.

Les délibérations du conseil portaient sur les affaires générales de l'État, sur la promulgation de nouvelles lois et ordonnances, les mesures législatives en général. Le conseil avait ses secrétaires, appelés « scribes de la douma (Doumnyé diaki) ». Les actes de la douma, confirmés par le souverain, étaient publiés à titre de lois sous la forme d'oukazes commençant par ces mots : « Le Tsar a ordonné et les boïars ont jugé que... ».

Le nombre des membres de ce conseil était indéterminé et dépendait du bon plaisir du monarque.

Il est à remarquer que le chiffre des conseillers ne fut jamais aussi grand que sous Iwan le Terrible, ce prince qui était le moins disposé à suivre les bons conseils.

Deux institutions subalternes étaient attachées à la douma, c'étaient : « la chambre des jugements » pour affaires de procédure et « l'office des rôles », chargé de la publication des oukazes.

Pierre dut naturellement supprimer la douma, qui était l'expression et la clef de voûte d'un ordre de choses et d'un ensemble de traditions avec lesquels il avait décidé de rompre.

La « douma » remplacée par la chancellerie intime.

La douma fut remplacée par une « chancellerie intime », où les ministres se réunissaient en conseil. L'oukaze du 26 janvier 1708 prescrit que « les ministres qui se réunissent en la chancellerie intime auront à s'y rendre trois jours dans la semaine, notamment les lundis, mercredis et vendredis ». Le Tsar assistait à leurs séances qu'il faisait déjà appeler « conseils », adoptant un terme étranger, comme il le faisait volontiers pour donner plus vite à son État une apparence européenne et écarter toute réminiscence du passé. Tous les offices supérieurs et l'office des rôles dans ce nombre étaient soumis à l'autorité de la chancellerie intime. Le cercle de son action n'était pas déterminé par la loi ; mais il ressort des oukazes du temps qu'en dehors des délibérations ministérielles, la chancellerie servait encore de centre pour la présentation de divers rapports et comptes rendus périodiques, ainsi que d'informations variées qui étaient envoyées au souverain de toutes les parties de l'État. La chancellerie intime n'avait qu'un caractère délibératif, sans aucune compétence exécutive ; mais quand le souverain avait présidé à sa séance, les oukazes qui en dérivaient étaient datés de la chancellerie intime.

Les bureaux de l'administration centrale.

Pour ce qui concerne le degré moyen dans l'échelle des services publics, il était représenté, avant Pierre le Grand, par les bureaux ou offices de l'administration centrale (Prikazy). Un « Prikaz » ou bureau général était composé de plusieurs membres, appelés ordinairement « juges », mais dont un seul avait qualité d' « ancien » ou de président, les autres s'intitulant ses collègues. Dans quelques bureaux, moins importants du reste, il n'y avait qu'un seul « juge ». Tous les membres de bureaux étaient nommés et révoqués par oukazes du Tsar. Un scribe (secrétaire) et des clercs formaient la chancellerie d'un « Prikaz ».

Le cercle de compétence de chaque bureau impliquait les affaires les plus variées et n'ayant souvent que peu de rapport entre elles. L'arbitraire, la nécessité quelquefois, la tradition plus tard avaient conduit à cette agglomération dans les bureaux d'affaires disparates.

Ainsi, la procédure civile et criminelle n'était pas séparée des affaires d'administration et presque chaque Prikaz servait de tribunal pour les causes, catégories de personnes ou provinces qui en relevaient. Seul, le président avait voix délibérative ; les autres membres n'y assistaient qu'à titre consultatif, et les résolutions ou verdicts des bureaux ne les mentionnaient pas. La formule des arrêtés était ainsi conçue : « Le boïar Un Tel avec consorts ont jugé, etc. » Les actes issus des bureaux ne portaient que la signature des scribes, les boïars ne ratifiant que les documents ayant trait aux relations extérieures.

L'office général des finances s'appelait « bureau du grand Trésor ». Là se concentraient toutes les affaires de nature financière qui n'étaient pas du ressort d'autres bureaux. Ce bureau du Trésor fonctionna jusqu'à la création des « collèges ».

Il y avait en outre un « bureau des comptes » chargé de vérifier les recouvrements et les dépenses de l'État. A cet effet, tous les autres départements étaient tenus, à l'expiration de l'année, de lui faire parvenir leurs livres de revenus et de dépenses. A partir de 1714, le contrôle passa dans les attributions de la chancellerie intime et dès lors le bureau des comptes fut probablement supprimé.

Les defectuosités des bureaux.

Le cercle de juridiction des divers bureaux n'était pas suffisamment déterminé et les formes de procédure n'y étaient pas établies avec précision. Il s'ensuivait un grand nombre d'abus, favorisés, d'ailleurs, par l'arbitraire des présidents qui, souvent, ne faisaient aucun cas de l'opinion de leurs collègues et agissaient selon leur propre bon plaisir. La masse d'affaires hétérogènes dont les services étaient encombrés en rendait le fonctionnement difficile et la lenteur des bureaux de Moscou était proverbiale dans le pays.

C'est sur cet ensemble d'institutions à caractère primitif que Pierre Ier posa sa main puissante. N'attachant nul prix au sens historique de cet ordre des choses, ne voulant rien savoir des causes et des besoins qui avaient produit ce qui s'offrait à son regard impatient de réformes et soucieux uniquement de l'avenir, il brandit dans ses mains le sceptre tout-puissant que lui avaient légué ses prédécesseurs et, confiant dans l'obéissance, dans l'apathie d'une masse privée de lumières, incapable d'initiative, il démolit de fond en comble l'édifice ancien et mit à sa place des institutions nouvelles, empruntées à l'étranger et étrangères elles-mêmes à l'esprit national de son pays.

Pierre Ier dompte l'instinct conservateur du peuple.

L'attachement du peuple aux formes anciennes était pourtant profond et l'on a le droit de s'étonner que Pierre soit parvenu à mener à bonne fin son entreprise colossale. Il l'accomplit pourtant, ne s'arrêtant devant aucun obstacle, n'hésitant pas à employer des moyens violents et même cruels. Une indomptable énergie, une confiance absolue dans la nécessité de ses réformes, une persévérance à toute épreuve et, par-dessus tout, la puissance de son génie le menèrent au but. Et la preuve que son œuvre répondait réellement aux besoins de la nation, à un instinct inconscient mais indubitable dans le pays, c'est que ces institutions étrangères, transplantées d'emblée par le réformateur, prirent racine et restèrent debout, du moins dans leur ensemble, après sa mort, malgré toutes les aversions qu'elles ne manquèrent pas d'éveiller.

Le Sénat dirigeant.

Pierre modela ses institutions sur celles qui existaient en Suède. Au sommet de l'édifice il plaça un Sénat. « Dans un pays monarchique » — ainsi s'exprimait-il dans un texte de loi — « un mode collectif d'administration se présente comme le plus parfait et doit être préféré à une administration unipersonnelle. » Ce fut donc à un Sénat qu'il confia la direction suprême des affaires d'État et entre autres des finances.

Le Sénat fut institué originairement le 22 février 1717. Mais il ne reçut alors qu'un caractère provisoire, étant en quelque sorte chargé de la régence pendant que Pierre s'absentait de la capitale, ce qui motiva le titre de Sénat « dirigeant » qui lui fut donné dès l'origine et qu'il a conservé jusqu'à présent.

Lors de sa première formation, le Sénat était composé de neuf dignitaires auxquels était confié le soin du gouvernement. Mais, après qu'il eût changé de caractère et fût devenu un corps permanent, le Sénat eut pour membres les présidents de tous les bureaux, qualifiés à nouveau de « collèges », auxquels venaient parfois s'adjoindre les vice-présidents, membres et assesseurs de ces mêmes « collèges ». Ceci pourtant fut bientôt trouvé incompatible avec les devoirs du Sénat et un oukaze du 22 janvier 1722 ordonna que les « membres du Sénat n'auraient désormais nulles fonctions particulières ». A partir de là les sénateurs furent toujours nommés par le souverain, étant choisis entre les « personnes de première classe ». Pierre assistait souvent lui-même aux séances, s'y montrant quelquefois même deux fois par jour, soir et matin, et travaillant avec les sénateurs pendant plusieurs heures de suite.

Dans sa forme originaire, le Sénat réunissait à ses fonctions les attributions dont se trouvent actuellement investis le conseil de l'Empire et le comité des ministres. A ce corps étaient adjoints : le procureur général, le maître général des requêtes et le contrôleur (fiscal) général. Le procureur général y représentait « l'œil » du monarque et veillait à la légalité des procédures, n'étant lui-même responsable que devant l'Empereur. Le maître des requêtes recevait les recours en grâce et les plaintes dirigées contre les collèges et chancelleries.

Le fiscal général.

La charge du « fiscal général », — auquel furent adjoints quatre officiers fiscaux dans la capitale, un premier fiscal avec trois aides dans chaque chef-lieu de province et un ou deux officiers fiscaux dans chaque ville — est assez difficile à déterminer. Elle tenait des fonctions d'un procureur administratif veillant à l'observation des lois, du mandat d'un chef de parquet, chargé de la vindicte publique, et enfin des attributions d'un chef de police secrète, dressant des rapports sur toutes les contraventions graves, sur la corruption des employés, la dilapidation des deniers publics, etc. Les fiscaux étaient autorisés à adresser leurs rapports personnellement à l'Empereur.

L'autorité du Sénat n'était limitée que par le pouvoir souverain, toutes les institutions et officiers publics étant soumis à ce corps suprême et obligés d'obéir à ses oukazes comme s'ils provenaient de l'Empereur lui-même. Le pouvoir judiciaire à son plus haut degré appartenait aussi au Sénat et il était défendu sous peine de mort d'interjeter appel de ses décisions, fût-ce à l'Empereur lui-même, sauf de celles qu'il appartenait au souverain de confirmer. Le Sénat avait sa délégation à Moscou.

Les collèges.

Ce que nous appelons aujourd'hui ministères ou directions générales des services publics était représenté sous Pierre Ier par les collèges. Fidèle à son principe de collectivité, il remplaça les bureaux (Prikaz) de Moscou par des commissions où siégeaient plusieurs membres, dont chacun avait une voix égale aux délibérations, celle du président n'étant comptée double qu'à l'égalité des suffrages. Un magnifique hôtel dit « des douze collèges », et connu sous ce nom jusqu'aujourd'hui, fut construit sur la rive droite de la Néva pour placer dans la nouvelle capitale ces organes réformés de l'administration supérieure.

Les « collèges » furent constitués d'abord au nombre de neuf, notamment les collèges des affaires étrangères, de la guerre, de la justice, de l'amirauté, de revision, du commerce, des mines et manufactures, le collège caméral et le comptoir des états, appelé aussi collège. Il s'y joignit plus tard un collège des domaines et les mines furent séparées d'avec les manufactures dans des collèges spéciaux. Les collèges reçurent un règlement général et en outre chacun d'eux était tenu d'élaborer pour ses besoins propres un règlement spécial, toujours sur le modèle suédois. La rédaction des règlements n'avançant pas assez vite, au gré de l'impatience du réformateur, un oukaze du 2 octobre 1718 enjoignit aux présidents des collèges de se réunir à cet effet deux fois par semaine au Sénat.

Chaque collège était formé d'une conférence et d'une chancellerie et avait en outre un comptoir ou délégation à Moscou. La conférence d'un collège se composait d'un président, d'un vice-président, 4 ou 5 conseillers et 4 ou 5 assesseurs. Les présidents étaient nommés (du moins dans l'origine) par l'Empereur, les vice-présidents et autres membres par le Sénat, avec confirmation impériale pour les vice-présidents. Le président était chef de son collège; c'est lui qui veillait à la rapidité de l'expédition des affaires et surtout à l'exécution et à la transmission immédiate des oukazes.

Mais il ne pouvait rien décider sans le consentement des autres membres et c'était là ce qui distinguait surtout les collèges des bureaux qui les avaient précédés. Un procureur et un « fiscal » étaient attachés à chaque collège. Mais avec la suppression de la charge du fiscal général, disparurent aussi les fiscaux attachés aux collèges.

Les collèges ne reçoivent d'ordres que du Sénat et de l'Empereur.

Tous les collèges étaient placés au même rang et ne recevaient d'ordres (oukazes) que du Sénat et de l'Empereur. Les collèges, à leur tour, donnaient la forme d'oukazes aux expéditions qu'ils adressaient à tous les autres bureaux et officiers publics. Si dans un oukaze du Sénat ils croyaient entrevoir quelque chose de contraire aux intérêts de l'État ou bien aux oukazes personnels de l'empereur, les collèges devaient suspendre l'exécution de l'oukaze et en référer au Sénat. Dans ce cas, si le Sénat persistait dans son ordre, le collège impliqué était tenu d'y donner suite, mais en en informant aussitôt l'Empereur, sous peine de grave responsabilité.

Cette organisation des collèges subsista, dans ses traits généraux, jusqu'à la création des ministères sous le règne d'Alexandre Ier, quand les collèges furent soit abolis, soit réformés et répartis entre les divers départements ministériels.

Administration des finances.

Nous passerons maintenant à l'administration des finances sous Pierre le Grand.

Elle était représentée par trois directions générales distinctes, savoir : le collège caméral, le comptoir des états et le collège de revision.

Le collège caméral.

Le collège caméral avait dans ses attributions le soin de régler les revenus et d'opérer les recouvrements et, du fait de cette destination, était quelquefois appelé « collège des revenus du Trésor ». Son premier président fut le prince Dmitri-Politzin, qui avait pour vice-président le baron de Nierod. C'était le collège caméral qui élaborait les nouveaux droits sur divers articles du commerce, et c'était encore ce même collège qui répartissait entre les provinces le montant des impôts directs qu'elles devaient fournir. L'imposition de denrées alimentaires était prohibée. Le collège caméral ne pouvait, d'ailleurs, établir d'impôts nouveaux de son autorité privée. Ce droit était réservé au Sénat, qui, de son côté, ne décrétait aucun impôt sans requérir préalablement l'avis de la chambre camérale. Les dépenses ne relevaient pas de cette chambre ou collège, lequel cependant était autorisé à émettre des avis sur la nécessité de réduire celles qui ne lui paraissaient pas suffisamment justifiées.

A cet effet, toutes les administrations étaient tenues de fournir au collège caméral des registres annuels de leurs dépenses et le collège avait à vérifier ces dépenses avec les états sur lesquels elles se trouvaient basées — « afin qu'il pût voir si toutes les dépenses étaient fondées et s'il n'y avait pas lieu, en toute justice et dignité et sans préjudice aucun, de réserver une épargne pour l'avenir ». Les adjudications de fournitures pour l'État devaient être, sinon conclues, du moins consenties par la chambre camérale. Les caisses provinciales, ainsi que la régie des sels, dans le premier temps, en relevaient aussi. Quant au monnayage, le collège caméral devait demander et suivre les avis de la chambre de commerce.

Le comptoir des états.

L'administration des revenus était donc, lors de la formation des collèges, séparée de celle des dépenses. Ces dernières se trouvaient du ressort d'un collège spécial, nommé « comptoir des états ». Toutes les dépenses consacrées à chaque branche d'administration publique devaient être précisées dans leurs détails et fixées par un état particulier. De l'ensemble de ces états spéciaux ou chapitres, le comptoir rédigeait vers la fin de l'année un état général des dépenses ou budget, lequel, pour être mis en vigueur, devait recevoir la sanction souveraine.

Un oukaze, paru bientôt après la mort de Pierre, mit fin à cette division des recettes et des dépenses. Cet oukaze, publié en 1726, réunit le comptoir des états au collège caméral.

Le collège de revision ou cour des comptes complétait l'ensemble de ces organes fiscaux. Ainsi que l'indique son nom, ce collège vérifiait la régularité des dépenses et les comptes des revenus. Par suite d'une confusion de pouvoirs assez ordinaire, d'ailleurs, dans les siècles passés et non seulement en Russie, la cour des comptes était en même temps constituée en tribunal jugeant tous les délits commis au détriment du fisc. Tous les bureaux, officiers et agents administratifs ayant charge de deniers publics étaient tenus, l'année révolue, de présenter leurs livres de comptes, en premier lieu, aux collèges ou chancelleries, dont ils relevaient immédiatement. Ces instances supérieures vérifiaient les livres et en consignaient les totaux dans des extraits d'enregistrement, lesquels étaient ensuite soumis à l'examen du collège de revision; dans le terme obligatoire de trois mois après chaque fin d'année, ce collège passait en revue la régularité de chaque titre et adressait au Sénat ses observations sur les inexactitudes remarquées.

La cour des comptes réunie au Sénat.

De cette façon, le collège de revision exerçait son contrôle sur tous les autres collèges, ce qui lui donnait une certaine supériorité. Aussi le réformateur, soucieux de maintenir l'égalité entre les collèges d'une part, et d'affirmer l'autorité suprême du Sénat, d'autre part, réunit-il dans la suite cette cour des comptes au Sénat sous le titre de comptoir sénatorial de revision.

Un autre motif encore inspira cette mesure. Le collège de revision, d'après son règlement primitif, donnait accès dans son sein aux présidents et membres d'autres collèges, afin de faciliter la vérification des comptes spéciaux. Or, ceci présentait un inconvénient facile à deviner et Pierre, avec sa résolution et sa franchise habituelle, avoua ouvertement l'erreur qu'il avait commise. Dans l'oukaze qui réunissait le collège de revision au Sénat, il s'exprimait en ces termes sur la première composition de ce collège : « Vu que ceci avait été fait inconsidérément et attendu que les mêmes juges siégent au collège de revision, comment pourraient-ils contrôler leurs propres faits? »

Cependant, déjà en 1725 nous voyons le collège de revision constitué à nouveau sous ce titre et détaché du Sénat.

Pierre Ier divise la Russie en gouvernements.

Dans les provinces, les organes de l'administration financière se trouvaient placés sous la surveillance des gouverneurs, de même que tous les autres organes de l'administration locale. Pierre Ier divisa toute la Russie en « gouvernements » dont le nombre, d'abord, n'excéda pas 7 (1708), mais fut bientôt élevé à 10 (1719). Les plus importantes de ces provinces ou

« gouvernements » avaient pour chefs des gouverneurs généraux, les autres de simples gouverneurs, agissant en vertu d'une instruction commune promulguée en 1719. Pour ce qui touchait aux intérêts du fisc, cette instruction obligeait les gouverneurs à veiller à la régularité et à l'exactitude des recouvrements, ainsi qu'à exercer un contrôle général sur la conduite des receveurs. Ils devaient aussi surveiller les comptes des dépenses et des recettes particulières de leurs provinces.

Les gouverneurs placés sous l'autorité du Sénat.

Les gouverneurs étaient placés sous l'autorité directe du Sénat qui les nommait sans confirmation souveraine et exerçait sur eux un contrôle disciplinaire allant jusqu'à la faculté de leur infliger les peines d'arrestation et d'amendes. Les plaintes et appels des décisions prises par les gouverneurs étaient adressés au Sénat, lequel, en outre, devait annuellement déléguer un de ses membres, assisté d'un employé pris dans chacun des collèges, dans chaque gouvernement, afin de contrôler *de visu* l'état général des affaires.

Cependant, l'accès du souverain lui-même n'était pas fermé aux gouverneurs qui jouissaient du droit de s'adresser directement à l'Empereur. En revanche, la loi avait pris soin de limiter le pouvoir des gouverneurs vis-à-vis des administrés et d'exclure toute possibilité d'arbitraire dont les exemples odieux survivaient dans la tradition des faits et gestes des anciens voïévodes. A cet effet, le gouverneur ne devait rien entreprendre que de l'avis des membres de la « direction gouvernementale » ou conseil du gouverneur, appelés « Landraths » et « Landrichters ».

Le camérier : ses attributions.

Placée, comme il a été dit, sous la surveillance supérieure du gouverneur, l'administration locale des finances était représentée par le « camérier » et ses subordonnés : le « commissaire territorial » et le « maître des rentes » ou caissier. Le camérier veillait aux revenus, à l'exactitude des recouvrements. Il se trouvait aussi chargé des adjudications de fournitures pour les besoins de l'État et référait des adjudications par lui passées au collège caméral. Le bureau du camérier, nommé « comptoir territorial », était attaché à la chancellerie de gouvernement.

La fonction du commissaire territorial ou receveur fut créée par un oukaze de 1719, lequel accorda à la noblesse le soin d'élire dans son milieu un commissaire par chaque district pour la perception des impôts et la conduite des affaires locales. A l'expiration de chaque mois, le commissaire devait verser au comptoir territorial les recouvrements qu'il venait d'effectuer et avait ordre d'en informer en même temps le camérier, auquel il était tenu de se présenter personnellement. Le camérier, à son tour, faisait porter tous ces comptes particuliers sur des registres mensuels et annuels, impliquant tous les recouvrements opérés dans la province, et envoyés au collège caméral.

Le maître des rentes.

Le maître des rentes ou trésorier recevait, gardait et payait les sommes appartenant au Trésor. La caisse était déposée dans une « chambre » spéciale, affectée au service du maître des rentes dans la chancellerie du gouvernement et portant, comme d'usage, l'appellation allemande de « Renterei » ou office des rentes. Le maître des rentes se trouvait aussi préposé aux magasins de blés, à moins qu'ils ne fussent assez considérables pour exiger un inspecteur à part, appelé alors « maître d'approvisionnements (Proviantmeister) ». Le maître des rentes ne soldait aucun compte sans l'ordre du gouverneur et du camérier. Il préparait aussi toute la comptabilité et les comptes rendus annuels de la caisse, laquelle devait, en outre, être revisée chaque année par le gouverneur, assisté du camérier. A Pétersbourg, les sommes du gouvernement étaient déposées dans une caisse générale ou trésorerie, dont le chef était nommé par l'Empereur. Le comptoir des états nommait tous les autres trésoriers, qui, dans les cas d'abus ou de manque aux devoirs, étaient jugés par le Sénat.

La situation des serfs s'aggrave sous le règne de Pierre Ier.

En entreprenant de changer subitement un pays asiatique en un État muni des institutions empruntées à l'Europe, Pierre avait trop à faire pour songer à améliorer le sort des paysans, ce qui eût supposé le sacrifice de l'intérêt des propriétaires. Au contraire, en remplaçant l'impôt sur les « feux » par l'impôt sur les « âmes », en faisant dresser dans chaque province un tableau de la population comme base pour la perception de l'impôt, le réformateur fut entraîné à mettre la clef de voûte à l'édifice du servage qui avait été élevé par ses prédécesseurs. Les registres locaux des « âmes », devenues « matière » de l'impôt, achevèrent de consolider la chaîne qui attachait le paysan à la glèbe, depuis l'abolition du « jour de Saint-Georges », sous Théodore Iwanowitch, par Godounow. Des édits prescrivant la poursuite rigoureuse des serfs fugitifs furent la conséquence naturelle de la capitation.

En créant une académie et des écoles; en ouvrant les ports de Saint-Pétersbourg et d'Arkhangel au commerce étranger; en tâchant d'introduire à la hâte les mœurs et usages de l'Occident; en envoyant un grand nombre de jeunes nobles étudier en Europe; enfin, en confiant à des étrangers des emplois élevés, Pierre travaillait au côté positif de l'assimilation. En frappant de terreur toute tentative d'opposition, en faisant une guerre cruelle aux « vieux croyants » ou sectaires, le Tsar s'efforçait de rompre la chaîne qui avait si longtemps tenu la Russie dans l'inertie et l'avait rivée à l'Orient asiatique.

L'opinion de Kankrine concernant les réformes financières accomplies par Pierre Ier.

Il n'entre pas dans notre cadre de retracer dans leur ensemble les grandes réformes accomplies par Pierre Ier, et nous devons nous borner à indiquer celles qui se rapportaient aux finances. Quant à ces dernières, nous croyons devoir citer l'opinion prononcée sur elles par l'éminent Kankrine (comte E. F. Kankrine, ministre des Finances de 1823 à 1845), dans l'exposé qu'il écrivit pour l'empereur Alexandre II, alors héritier du trône, et qui, consacré spécialement aux mesures financières des dix années les plus rapprochées, contenait en outre un aperçu rétrospectif, où nous trouvons l'appréciation du sens général des réformes de Pierre le Grand. Ce mémoire est gardé en manuscrit aux archives du ministère des Finances.

« Il serait erroné de supposer — ainsi s'exprime Kankrine — que ce sage monarque ait introduit en Russie les façons européennes (1) en ne suivant que son inclination personnelle. Il est assez prouvé qu'un grand nombre de personnes, jouissant d'une certaine instruction, avaient senti, d'accord avec lui — et même avant son temps — la nécessité d'une transformation, à cette fin que la Russie fût mise dans la possibilité de vaincre des ennemis alors puissants, notamment les Suédois et les Polonais, et, de plus, ainsi qu'il est permis de supposer, le corps dangereux des Strelzy (Strélitz), lequel, en réalité, fut dompté principalement par les cavaliers réguliers de Gordon.

« Cependant, il s'accomplissait dans les finances un changement important, savoir : la prépondérance alors gagnée et depuis conservée par le système de l'imposition directe, dite « par âme » d'habitant. Ce système prenait sa source dans l'installation successive du servage des paysans, lequel se trouva définitivement consolidé par les recensements de la population, exigés en premier lieu par les nécessités du service militaire. Ce changement ne doit pas étonner, si l'on prend soin de

(1) « L'européisme », dans l'original.

considérer que les anciens moyens de taxation appliqués (1) aux propriétés foncières et à la population des campagnes étaient très inexacts. Dans l'ancien système, tout dépendait de l'arbitraire d'un simple copiste de rôles, les modes de perception étaient complexes et difficiles et l'on ne pouvait en attendre un accroissement de revenus rendu nécessaire par les dépenses inséparables de réformes, telles que la création d'une marine et d'une armée régulière. Il sera permis d'ajouter que malgré l'extension du territoire, les progrès de l'instruction et de la richesse nationale, malgré aussi la réduction successive des dépenses de représentation, le Trésor, toutes proportions gardées, est plutôt moins riche à présent qu'il n'était alors. »

Cet hommage rendu au système d'imposition directe n'empêche pourtant pas le comte Kankrine d'ajouter « qu'il faudra vaincre de sérieuses difficultés afin de substituer à ce système, suffisant à un État inférieur d'instruction, un système nouveau plus en harmonie avec le progrès des lumières. »

Nous n'avons reproduit ce jugement qu'à titre de trait caractéristique, surtout pour le temps où il fut prononcé. Il paraît plus qu'étrange aujourd'hui d'entendre préconiser la taxation « par âme ». L'auteur de l'*Histoire des Institutions financières en Russie*, comte Dmitri Tolstoï (2), présente à ce sujet quelques observations que nous croyons utile de reproduire :

« La Russie ancienne avait vu s'établir un système de cadastre pour ainsi dire usuel et dérivant non de théories scientifiques, mais des besoins pratiques et d'une coutume séculaire. Ce système se développait lentement et les réformes de Pierre n'y portèrent pas d'atteinte jusqu'en 1722, quand la Russie vit disparaître l'ancien système de cadastre territorial, servant de base à l'impôt de charrue, remplacé subitement par la *taxe personnelle*.

« Ce fut ainsi qu'au lieu d'améliorer une base rationnelle et qui promettait de concourir au développement du bien-être général, l'on introduisit dans notre système financier un principe décoré d'un nom nouveau, mais rappelant en réalité l'ancien tribut imposé par les Varègues. Ainsi fut perdu le fruit d'une expérience séculaire et le cadastre, qui était déjà réalisé dans les temps anciens, n'est encore

(1) Pierre Ier fit faire quatre recensements généraux ou conscriptions, savoir en 1704, 1710, 1715 et 1719, outre plusieurs recensements particuliers dans quelques provinces.

(2) Aujourd'hui ministre de l'Intérieur et président de l'Académie des sciences.

aujourd'hui qu'un but auquel nous tendons, sans y être parvenus, malgré tous les efforts.

« Il est à observer que les contemporains de Pierre avaient très bien compris ce que la taxe personnelle, nouvellement introduite, avait d'irrationnel dans sa nature même. Voici le jugement prononcé sur elle par Possochkow, qui n'était pas un homme de science, il est vrai, mais qui ne manquait pas de bon sens : « Je ne m'attends à rien de bon de la taxation par âmes, attendu que l'âme est chose impalpable et inaccessible à la raison, ainsi que n'ayant pas de valeur propre ; ce ne sont que des choses réelles qui devraient être susceptibles de taxation ».

Pierre Ier réforme différentes branches de l'administration financière.

Cependant, et en même temps qu'il introduisait l'impôt personnel, Pierre réforma sur le modèle européen plusieurs branches de l'administration financière : la régie des mines fut établie sur des fondements solides ; l'administration des forêts fut dotée d'un règlement ; le commerce extérieur, surtout à la frontière orientale, fut débarrassé de mainte difficulté et reçut une impulsion nouvelle ; l'industrie intérieure naquit pour ainsi dire sous Pierre et fut placée par lui sous le régime de la protection. Il faut bien ajouter que les impôts augmentèrent simultanément sous l'influence des déficits qui, autant que nous en pouvons juger d'après les données fragmentaires que nous possédons sur cette époque, avaient déjà acquis leur « droit de cité ».

Les dépenses croissaient périodiquement depuis 1700, à la suite d'une guerre prolongée avec la Suède, des subsides payés à l'allié, c'est-à-dire au roi de Pologne, et augmentaient en raison de créations nouvelles à l'intérieur, ainsi que de relations plus actives à l'étranger. Des légations russes furent établies auprès de diverses Cours et des sommes spéciales leur furent allouées pour venir en aide aux pourparlers diplomatiques.

Moyens originaux destinés à suppléer aux besoins du Trésor.

L'augmentation des revenus devait forcément marcher de pair avec celle des dépenses. Pour faire face à ces dépenses, on avait quelquefois recours à des moyens originaux ; nous citerons deux exemples. En 1700, il fut défendu aux propriétaires des localités où se tenaient les foires et les marchés d'exiger des trafiquants un droit sur la vente ; ce droit devait être versé au Trésor ; en 1704, les auberges destinées à loger les voyageurs et leurs chevaux furent déclarées propriété de l'État, et dès lors les baux à terme pour la location de ces établissements durent être adjugés à l'enchère.

Ce fut aussi le soin d'augmenter les revenus qui dicta l'ordre aux marchands d'avoir à s'organiser en compagnies pour trafiquer à l'instar des négociants étrangers ; le développement du commerce et de l'industrie promettait une plus-value dans les recouvrements de l'État.

Pour faciliter le développement commercial, une régularisation du système monétaire était indispensable, car la monnaie se trouvait dans un état tout à fait défectueux. L'on comptait par roubles, « Altines », kopecks et deniers (Denga), mais il ne circulait pas de pièces de la valeur des roubles et des altines. On ne trouvait sur le marché que des kopecks et demi-kopecks d'argent et des deniers effacés et difformes. Encore ces derniers étaient-ils si rares que dans beaucoup de localités on les coupait en deux, en trois morceaux, pour l'usage des petits marchés, tandis qu'à Kalouga et dans quelques autres villes la population avait remplacé le billon qui manquait par des jetons en cuir et autres objets.

Régularisation du système monétaire.

Il fallait régler et augmenter la circulation du billon, ainsi que celle du numéraire en général. Aussi, en 1700, Pierre ordonna-t-il de frapper à nouveau des deniers, demis et quarts de deniers en cuivre, des écus d'or, des demis et quarts de roubles d'argent, ainsi que des pièces de dix kopecks d'argent, enfin des roubles. Le monnayage prit alors une certaine extension. Tandis que les années précédentes, la Monnaie ne frappait des pièces d'argent que pour une somme annuelle de 200,000 à 500,000 roubles, elle en fabriqua en 1700 pour 1,992,877, en 1701 pour 2,559,885 et en 1702 pour 4,534,194 roubles.

Prix successifs du cuivre.

Sous le règne d'Alexis Mikhaïlowitch, père de Pierre le Grand, la monnaie de cuivre avait été, comme nous l'avons dit plus haut, retirée de la circulation. C'est ce qui explique le manque de monnaie de change sous Pierre, et le premier besoin de la refondre et d'en émettre des quantités suffisantes aux nécessités des petites transactions. Mais à cette cause de la reprise de la circulation du cuivre vint, en outre, s'ajouter le manque d'argent. La pénurie du Trésor, produite par les guerres, fit derechef recourir le gouvernement à l'émission de la monnaie de bronze. Cette monnaie, du reste, avait été rétablie peu de temps après son retrait de la circulation. Mais, dans les premières années du règne, l'émission ne dépassa pas les besoins du marché ; le cuivre ne fit que remplacer les jetons en cuir et les fragments de kopecks, coupés exprès pour les menus achats. L'emploi de tous signes de valeur analogues fut prohibé en 1700; simultanément on procéda à de nouvelles émissions de pièces de bronze. Le prix du cuivre était alors de 4 à 6 roubles au poud; or, un poud de cuivre converti en monnaie de change représenta successivement la valeur nominale suivante : 12 roubles 80 kopecks en 1700, 20 roubles en 1704, 40 roubles dans les dernières années du règne de Pierre.

Peines infligées aux faux-monnayeurs

Une partie des appointements des employés était payée en monnaie de bronze, mais le gouvernement n'en acceptait lui-même en paiement que dans la mesure de 1/15 sur la somme à encaisser. Du reste, la pénurie arrivait quelquefois au point que les employés étaient payés en fourrures et denrées de toutes sortes, provenant du tribut levé sur les aborigènes de Sibérie. Pour prévenir la contrefaçon, Pierre eut recours à la terreur, qu'il croyait toujours efficace : il fit appliquer aux contrefacteurs la peine indiquée par une loi ancienne (tirée de l' « Oulojenïé » d'Iwan III): on leur coulait du métal fondu dans la gorge, et d'après une disposition prévoyant le cas où les coupables pourraient en réchapper, il était ordonné de « leur couper la tête, afin de hâter la mort ».

L'accueil favorable fait à la monnaie de cuivre inspira à Pierre l'idée d'introduire une unité de change indépendante et assez élevée en prix pour pouvoir suppléer d'une manière efficace à l'argent qui manquait. A cet effet, un oukaze de 1723 ordonna de « présenter aux offices de la Monnaie les kopecks en cuivre d'ancienne émission, lesquels devront être employés à frapper des pièces de 5 kopecks d'une valeur de 40 roubles-argent dans un poud de poids du cuivre. »

En 1723, l'on frappa pour 500,000 roubles de pièces de 5 kopecks en cuivre, et cette espèce de monnaie, ayant peu de poids et soigneusement établie pour défier la contrefaçon, offrit au gouvernement dans le bénéfice qu'il en retirait une nouvelle tentation de persister dans cette voie. Nous croyons devoir donner à cette place les suite et fin de l'épisode des pièces de 5 kopecks, dont la première émission se fit sous Pierre le Grand, bien que la fin de cet épisode se rapporte au règne d'Elisabeth. Catherine Ire fit frapper de ces mêmes pièces pour 2 millions de roubles, en « prenant pour prétexte — ainsi que l'avoue naïvement l'oukaze de 1727 — la nécessité de remplacer les vieilles pièces de 1 kopeck, mais en évitant d'ébruiter que les pièces nouvelles sont frappées pour une somme supérieure (1) ». Cette même

(1) *Recueil complet des lois*, n° 5003.

loi reconnaissait du reste au billon la signification d'une dette contractée par le Trésor envers le pays et posait pour principe l'accumulation d'un fonds destiné à racheter les pièces de cuivre.

Frappe de pièces de 5 kopecks.

Toutefois, le bénéfice momentané du Trésor dans cette opération était si séduisant, qu'un nouvel oukaze, se rapportant à la même année, ordonna de frapper des pièces de 5 kopecks sans discontinuer et de « tâcher d'en préparer une quantité considérable ». Les étrangers comprenaient fort bien le danger de cette nouvelle opération, et le vieux compagnon de Pierre, Lefort, écrivant au comte de Fleming, traitait de « profit chimérique » (textuel) le bénéfice qu'y trouvait le gouvernement, « attendu que l'État y perd en réalité plus qu'il n'y gagne, puisque les marchands modifient le prix de leurs articles d'après la valeur intrinsèque de la monnaie ». Une nouvelle émission de pièces de 5 kopecks fut faite sous Pierre II pour la somme de 1 million de roubles. Le gouvernement gagnait à la refonte de l'ancienne monnaie de cuivre en pièces de 5 kopecks plus de 30 roubles par poud. Mais la contrefaçon ne tarda pas à se mettre de la partie. En 1733, il s'était accumulé dans les caisses du gouvernement 403 pouds de fausse monnaie de cuivre (1). Les contrefacteurs avaient atteint un si haut degré d'habileté que les receveurs du gouvernement finissaient par ne plus savoir distinguer eux-mêmes la fausse monnaie d'avec la vraie.

Le renchérissement des denrées ne manqua pas de se produire à nouveau. Aussi, dès 1730, le gouvernement se montre déjà soucieux de retirer de la circulation les pièces de 5 kopecks. D'après l'évaluation constatée au Sénat, dans cette même année, le total de ces pièces mises jusqu'alors en circulation représentait la somme de 3,172,929 roubles. D'après un projet élaboré au Sénat, les pièces de 5 kopecks devaient être refondues en pièces de 1 kopeck, en conservant le même poids, ce qui eût donné 2,524,585 roubles de perte. Ce projet n'eut pas de suite.

En 1744, le Sénat fut chargé derechef de s'occuper de cette affaire. Au cours de la discussion, un projet tendant à remplacer les pièces de 5 kopecks par des billets fut repoussé en vertu de cette considération remarquable que « les billets seraient bien plus mauvais encore, attendu que les pièces de cuivre ont une valeur propre de 8 roubles environ le poud, tandis que les billets seraient entièrement dépourvus de valeur aucune ».

(1) *Recueil complet des lois*, n° 6386.

Projet du comte Iagoujinski.

Une série d'oukazes, parus en 1744, 1745 et 1746, réalisèrent le projet du comte Iagoujinski, qui consistait à faire baisser graduellement le cours des pièces de 5 kopecks, en raison d'un kopeck par année. Ainsi, en 1744, ces pièces n'étaient plus reçues qu'au cours de 4 kopecks et, finalement, descendirent en 1746 à 2 kopecks. Enfin, en 1755, sous Elisabeth, il fut ordonné de retirer entièrement les pièces de 5 kopecks jusqu'au mois de septembre 1756, après quoi elles ne devaient plus avoir aucune valeur; en remplacement, l'on frappa pour 3 millions 1/2 de roubles de pièces nouvelles de 1 kopeck, de la valeur de 8 roubles au poud.

Mais cette réduction de la monnaie de cuivre à sa valeur véritable ne se maintint pas longtemps. Dès l'année suivante, la frappe est reprise dont le rapport de 16 roubles par poud. Elle continua sous Pierre III, sur le pied de 32 roubles, pour retomber à 16 roubles sous Catherine II. Cette impératrice ayant appliqué à la Russie le système du papier-monnaie, dans lequel le gouvernement pouvait trouver des ressources momentanées bien autrement considérables, la spéculation du Trésor sur la fonte des monnaies de bronze cessa pour faire place à celle des assignats.

L'entreprise de Pierre était immense; il changeait la face de son pays et cherchait à lui conquérir une nouvelle position eu Europe; l'empire des mers le hantait, il visait au rapprochement avec l'Europe et à une certaine influence parmi les nations civilisées, en même temps qu'il traçait des voies nouvelles pour le commerce russe en Asie. Les moyens devaient répondre à la grandeur des projets, et, comme le pays était pauvre, on en était réduit à inventer des ressources financières toujours nouvelles et souvent bizarres.

Abolition du droit d'assujettissement temporaire.

Le pays était pauvre, non seulement en argent, mais même en population, vu l'étendue, déjà si grande, du territoire. Ce n'était pas seulement le manque d'argent, mais aussi le manque d'hommes qui se faisait sentir. Mais l'énergie de Pierre n'avait pas de bornes, de même que son pouvoir. Lui fallait-il des hommes pour peupler Azoff, la ville récemment conquise? — Un oukaze, paru en 1701, abolit l'ancien droit d'assujettissement temporaire du débiteur insolvable au créancier, qui pouvait le faire travailler à son compte jusqu'à l'amortissement de la somme prêtée. L'oukaze dont nous parlons remplaça ce servage temporaire, au bénéfice des particuliers, par la transportation et l'internement à vie à Azoff — au profit de l'État. Ici, la préoccupation politique servit à faire disparaître une coutume barbare, quoique sanctionnée par les lois. On pourrait multiplier les exemples des procédés sommaires et quelquefois violents que Pierre n'hésita pas à employer pour arriver promptement à ses fins.

Avant tout, il était pressé et il devait l'être. Les changements violents dans la vie d'une nation portent, il est vrai, dans leur sein le germe de maint défaut qui se fera sentir dans l'avenir et l'on ne saurait nier qu'il en fût ainsi des réformes subites et si profondes qui sillonnèrent l'ancien sol russe sous Pierre le Grand. Mais, il nous sera permis de faire observer ici que l'école historique et littéraire qui reproche à ce grand monarque la violence de son initiative et la précipitation des changements qu'il opéra, ne rend pas assez de justice à la nécessité implacable qui forçait la main au réformateur, au risque d'avoir à tout abandonner. Ce qu'on appelle la « marche progressive des lumières et le développement naturel des forces vitales d'un peuple » avait mis deux siècles à se produire, depuis qu'Iwan III avait définitivement unifié la Russie. Mais le développement naturel rencontrait dans sa voie une barrière de préjugés qui semblait insurmontable ; elle devait être détruite à tout prix ; la route devait être déblayée et les premiers instruments du progrès, l'accès à l'instruction, de même que l'accès aux mers devaient sortir subitement du génie d'un homme providentiel. Ainsi donc, le besoin d'une impulsion grandiose étant admis, l'œuvre devait forcément être ébauchée dans son ensemble avec toute la promptitude possible. Il ne fallait être ni lent ni irrésolu pour créer un moule propre à un développement ultérieur, et Pierre devait être pressé d'élever l'échafaudage autour de l'édifice, à moins de le voir s'écrouler à peine sorti des fondements.

L'histoire financière du temps nous offre plus d'un exemple curieux de la résolution que le réformateur mettait à poursuivre son but. La pauvreté du pays elle-même ne l'arrêtait pas. D'une simplicité lacédémonienne dans les habitudes personnelles, il avait à tout prix besoin d'argent pour ses grands projets.

Kourbatow à la tête des finances.

Ainsi, en 1700, pressé par les besoins de la guerre avec Charles XII de Suède, Pierre mit à la tête des finances un clerc de la « chambre des armes », Kourbatow, ingénieux dans l'invention des ressources nouvelles. Kourbatow fait main-basse sur tout ce qui lui paraît propre à produire de l'argent. Les pêches sont mises à bail, la vente libre du sel est remplacée par une régie et son prix est doublé. La vente du tabac, jusque-là affermée, est aussi prise en régie, de même que celle de divers produits tels que le goudron, la craie, la graisse de poisson, etc. Ces sources de revenu n'avaient, au moins, rien d'extraordinaire. Mais en voici quelques-unes assez originales et témoignant de la fertilité d'imagination de Kourbatow : une dîme au profit du Trésor est imposée aux charretiers s'occupant des transports ; les cercueils en bois de chêne sont soustraits à la vente libre et rendus aux couvents qui sont chargés de les fournir à un prix quadruple de l'ancien. Un autre impôt répond à la fois au besoin d'argent et à la hâte de donner au pays un aspect européen : le droit de porter barbe et moustaches est imposé à divers degrés — à 100 roubles pour les marchands notables, à 60 pour les bourgeois ordinaires, marchands de second ordre et les personnes employées au service de l'État, à 30 roubles, enfin, pour le menu fretin de la population citadine. Quant aux paysans, leurs barbes deviennent sujettes à un véritable octroi : à l'entrée et à la sortie des villes, ils sont tenus de payer 2 deniers (dengas) s'ils veulent avoir leur barbe sauve. C'est, croyons-nous, l'unique exemple de la barbe devenue produit régalien.

Déséquilibre des finances.

Malgré ces ingénieuses inventions, l'argent continuait à manquer et Pierre le Grand voulut profiter des ressources extraordinaires dont disposaient les puissances occidentales. Les données que nous possédons sur les recettes et dépenses de l'État au temps de Pierre le Grand sont fort incomplètes. Le premier historien du règne de Pierre, Golikow, auteur des *Faits de Pierre le Grand*, dit qu'au début du règne les revenus ne dépassaient pas le total de 1,750,000 roubles ; mais vers la fin de 1708, quand la grande Russie se trouvait divisée en huit gouvernements, le total des recouvrements avait déjà atteint le chiffre de 3,140,000 roubles par an. Quant aux dépenses, elles dépassaient ce dernier chiffre, malgré la quantité d'impôts nouvellement établis, et s'élevaient à 3,840,000 roubles. Il faut admettre d'ailleurs que les prévarications et abus de toute espèce, si fréquents alors, contribuaient à diminuer de beaucoup le rendement des impôts. Ainsi, le reviseur général Zotow, dans son rapport à l'Empereur, se plaignait de ce que les registres et comptes rendus exigés par la loi, ne parvenaient pas au Sénat, de sorte qu'il était impossible de contrôler les entrées et les manques ou arriérés, dont il évaluait pourtant la somme approximative à 1 million 1/2 pour la période de 1714 à 1718. Il reprochait aussi au Sénat sa négligence dans la poursuite des employés qui n'exécutaient pas les oukazes.

Un tableau des recouvrements attendus des provinces pour l'année

1723 se trouve au « Recueil des lois » de l'Empire ; ce tableau ne contient d'ailleurs que la majorité des revenus, ceux notamment qui dépendaient directement du « collège caméral ».

Les revenus y sont divisés en trois chapitres : 1° produits des douanes et de la vente des boissons, 2° timbres ou taxes de chancellerie et 3° produits régaliens et fermes. Les totaux généraux sont de 2,595,339 r. 74 kop. pour l'évaluation et de 2,093,190 r. 48 kop. pour les recouvrements effectifs ; en outre, des sommes d'environ 570,000 et 30,000 roubles sont notées à part, en compte de la ville de Saint-Pétersbourg et du littoral baltique, ainsi que de divers impôts indirects.

D'après Golikow, le montant des revenus pour 1725 était de 10,186,707 r. 17 kop., dont 4 millions 1/4 à peu près provenant de l'impôt « par âme », auquel étaient assujettis les paysans et bourgeois ; avec l'impôt personnel frappant d'autres catégories d'habitants, le produit total de la capitation s'élevait à près de 5 millions 1/2 de roubles. Dans cette évaluation sont compris non seulement les revenus qui se trouvaient du ressort du collège caméral, mais certains autres encore.

Les dépenses, sur le total déjà cité de 3,834,418 roubles, se répartissaient sur les principaux chapitres suivants : l'armée de terre 1,252,000 roubles 1/2, l'artillerie en outre 221,000 roubles, les troupes de place à part, près de 978,000 roubles, la marine 444,000 roubles 1/2, les ambassades 148,000 roubles, administration, palais et bâtisses, 675,000 roubles 3/4.

Suivant Golikow, les dépenses montaient à 9,829,949 roubles, mais le total de ses chiffres détaillés ne donne que 9,776,554 roubles. Dans ce nombre il ne cite pas les dépenses pour la maison impériale. En résumant les autres données de Golikow, nous arrivons aux principaux titres suivants : 1° administration centrale, 449,000 roubles ; 2° armée et places de guerre, 5,351,000 ; 3° marine, 1,546,000 ; 4° administration locale, 562,000 ; 5° ambassades, cadeaux aux souverains étrangers et dépenses secrètes, 761,000 roubles.

Insuffisance des sources de revenus. Déficit.

Enfin, si l'on en croit les données du « Recueil de statistique militaire » (livraison IV), les recettes présentèrent pour l'année 1722 le chiffre de 14,536,000 roubles et les dépenses atteignirent celui de 14,873,000 roubles. Malgré l'exactitude très relative des divers chiffres que nous venons de citer et dont les uns, quoique officiels, sont incomplets faute d'une comptabilité satisfaisante et dont les autres ne reposent que sur des informations privées, il ressort de leur ensemble deux enseignements qui paraissent certains, savoir : que les moyens dont disposait l'État sous Pierre Ier étaient très limités et que les déficits annuels semblaient déjà de règle à cette époque, de sorte que ceux d'aujourd'hui ne sont pas des nouveaux venus dans notre système financier.

Pierre ne faisait pas d'emprunts, mais les embarras pécuniaires contre lesquels il avait à lutter ne manquent pas de preuves. Il avouait ouvertement lui-même dans un oukaze de 1723 qu'il était à court d'argent et il ordonnait de payer les fonctionnaires non en numéraire, mais en produits régaliens. Un autre oukaze de la même année soumettait les gages des employés à une retenue provisoire d'un quart et réduisait de moitié les rations que les généraux et officiers recevaient en nature.

Pierre le Grand et les concussionnaires

D'autre part il ne s'inquiétait guère des revenus illégaux dont pouvait jouir le menu fretin des bureaux, surtout en province. Le résident hollandais Debi raconte dans une dépêche à son gouvernement que le commandant de Réval, Zotow, opprimait les marchands et partageait le produit de ses rapines avec Menchikow. La canne du réformateur faisait quelquefois justice de cas semblables. Mais, comme cela se vit en Russie même au XIXe siècle, il semblait admettre le vol des employés comme chose naturelle, tout en le poursuivant dans maint cas avec sévérité et même avec cruauté. Il y eut des exemples de supplices infligés aux concussionnaires. En envoyant Menchikow en Poméranie, en 1712, l'empereur lui disait : « Ne crois pas pouvoir t'y conduire comme tu l'as fait en Pologne ; à la moindre plainte contre toi, tu me répondras de ta tête (1)». Or, en 1713, les employés du bureau secret de la chancellerie du Sénat s'étant plaints de ce « qu'ils n'avaient nuls profits, à l'exception de gages insuffisants à les faire subsister avec leurs familles » et ayant sollicité une augmentation d'appointements, l'empereur écrivit sur la pétition : « Au lieu d'appointements, faire passer dans ce bureau les affaires des étrangers, ainsi que celles des Strogonow, à l'exception des denrées provenant de la ville (d'Arkhangel). »

Armée permanente.

D'après les « états de 1720 », l'armée permanente se composait de 96,167 hommes et de 6,783 chevaux ; l'entretien de ces troupes exigeait 2,815,638 roubles.

(1) SOLOWIEW. *Histoire de Russie*, V. 16, pp. 229-231.

Droits accordés aux propriétaires des fabriques.

Afin de faciliter la fondation de fabriques et d'assurer à ces établissements une main-d'œuvre suffisante, Pierre accorda à leurs possesseurs le droit d'acheter des domaines peuplés et de les annexer à leurs fabriques ; cette propriété devait être inaliénable. C'était là une exception à la loi générale, d'après laquelle les nobles seuls avaient faculté de posséder des terres peuplées (d'être seigneurs d' « âmes »). La permission ne fut d'ailleurs accordée aux fabricants qu'à la condition d'une vérification par le collège des manufactures, afin de prévenir l'achat de propriétés peuplées par des non-ayants droit, sous prétexte de fabriques non-existantes.

Les artisans sous Pierre Ier.

Après s'être exclusivement occupé de l'industrie manufacturière, Pierre porta son attention dès 1720 sur les métiers et tâcha d'améliorer la situation des artisans. Le nombre des artisans étrangers vivant en Russie avait été considérable même avant Pierre. D'après quelques données, leur total dans les années 1671-73 pouvait être évalué à 18,000 hommes. Pierre Ier profita de ses voyages à l'étranger pour en augmenter le nombre, en en faisant venir de Hollande et de France. Il s'intéressait surtout aux artisans qui s'occupaient des diverses branches de métiers ayant rapport à la construction de navires, à la préparation de la poudre, à la fabrication d'armes, à la fonderie, etc., ayant décidé d'établir ces arts en Russie pour lui éviter le tribut payé à l'étranger dans les fournitures de ce genre.

Les « Guildes

La population urbaine fut divisée sous Pierre Ier en population permanente et population de passage (irrégulière). La première devait se faire inscrire dans l'une des deux corporations (« Guildes ») commerciales établies par lui. A la première guilde appartenaient les banquiers, les négociants en gros (« Gosti » — cette appellation était devenue un synonyme de celle de marchands), les médecins, pharmaciens, armateurs, orfèvres et joailliers, les peintres. De la deuxième devaient faire partie les détaillants, cabaretiers et notamment les artisans, tels que tailleurs, savetiers, maréchaux ferrants, ébénistes, charpentiers, tourneurs, etc. Chaque guilde avait un conseil propre, fonctionnant à côté du conseil municipal (magistrat). Les artisans se groupaient en outre en corporations spéciales ou « métiers », instituées par l'oukaze du 15 décembre 1720.

Tarifs douaniers.

Pierre introduisit en 1724 un nouveau tarif de douane pour Saint-Pétersbourg, Wiborg, Narva et Arkhangel, tarif plus élevé que celui d'Alexis Mikhaïlowitch, que nous avons mentionné plus haut. Le tarif de 1724 établissait pour les ports susnommés des droits divers, d'après les marchandises, variant de 10 à 37 1/2 0/0 de leur valeur. Quant aux autres ports de la Baltique, comme Réval, Riga, etc., les droits douaniers y étaient abandonnés à la décision des autorités locales (1).

La balance du commerce paraît avoir été favorable à la Russie sous ce règne. Ce fait, du moins, est affirmé par lord Withworth, ambassadeur d'Angleterre, pour l'année 1710, ainsi que par le négociant allemand Marperger, de Moscou, qui explique cette circonstance par l'établissement de fabriques en Russie et entre à ce sujet dans les considérations habituelles aux partisans du « système mercantile » sur l'avantage spécial de l'accumulation des métaux précieux. Le rouble paraît avoir été coté avec prime à cette époque, qui fut délivrée enfin du régime désastreux du papier-monnaie et qui marquait le réveil définitif que les réformes avaient amené dans la nation (2).

(1) S. V. Ordega. *Die Gewerbepolitik Russlands*, ss. 30-31.
(2) *Ibidem*.

III

L'ADMINISTRATION DES FINANCES SOUS LES SUCCESSEURS DE PIERRE Ier

(1725-1762)

Catherine I.

Catherine Ire, femme de Pierre le Grand, fut proclamée Impératrice à la mort du grand réformateur. Pierre, à la suite de la part que son fils, le tsaréwitch Alexis, avait prise à la conspiration du parti vieux-national, avait aboli le droit d'hérédité directe au trône et s'était réservé le privilège de nommer son successeur. Il mourut, toutefois, sans avoir fait de choix et l'Impératrice fut proclamée par Menchikow et la Cour, qui déclaraient se conformer en cela à la volonté du défunt monarque. Le règne de Catherine Ire, ainsi que celui de son successeur Pierre II, fils du tsaréwitch Alexis, furent trop courts pour avoir exercé une influence sensible sur la situation du pays.

Intrigues de palais.

Celui de Pierre II ne fut en réalité qu'une série d'intrigues de palais, entre le tout-puissant Menchikow et les Dolgorouki, qui finirent par le renverser. Menchikow fut exilé sur ses terres d'abord, puis en Sibérie, où il mourut. Ses biens, qui furent confisqués, ainsi que toute sa fortune, se composaient d'un grand nombre de campagnes avec 90,000 paysans, des villes d'Aranienbaum, Iambourg, Koporié, Ranenburg et Batourin ; de capitaux se montant à 4 millions de roubles d'argent comptant, et à 9 millions de roubles déposés aux banques de Londres et d'Amsterdam ; de pierres précieuses de la valeur de 1 million ; enfin d'argenterie pesant plus de 200 pouds.

L'Impératrice Anne et Biren.

L'Impératrice Anne livra la Russie en proie aux Allemands. Son favori Biren, devenu, de simple écuyer de manège, duc de Courlande et ministre tout-puissant, inaugura un système de terreur, pendant que l'Impératrice organisait des fêtes et introduisait un luxe jusqu'alors inconnu en Russie. La Cour, sous Pierre II, s'était transportée à Moscou, sous l'influence des Dolgorouki, qui voulaient représenter le parti national, par opposition aux nombreux Allemands qui, sous Catherine Ire déjà, avaient accaparé une bonne partie des plus hauts emplois. Elle revint à Saint-Pétersbourg, sous Anne, qui, quoique fille du tsar Iwan V, frère de Pierre Ier, avait longtemps séjourné parmi les Allemands, à Mitau, en qualité de duchesse de Courlande, et se trouvait complètement sous l'influence de Biren et de ses alliés, les hauts fonctionnaires allemands. Le supplice du ministre Wolynski, qui s'était attiré la haine de Biren, fournit la preuve éclatante de la toute-puissance des Allemands à Saint-Pétersbourg à cette époque.

Biren, institué par le testament d'Anne régent de l'Empire pendant la majorité d'Iwan VI, fut renversé par un hardi coup de main du feld-maréchal Münich et la mère de l'Empereur-enfant, Anne Léopoldowna de Mecklembourg, fut proclamée régente. Une nouvelle révolution plaça sur le trône Elisabeth, fille de Pierre le Grand.

Nous avons dit qu'il y a lieu d'admirer la solidité des bases d'un ordre de choses tout nouveau, posées par un seul souverain, dans un pays qu'il domptait et semblait conquérir de rechef pour un avenir glorieux. Pourtant, les successeurs immédiats du grand homme n'hésitèrent pas à porter la main sur plusieurs de ses créations et cherchèrent à leur imprimer un autre caractère, ce qui n'était pas difficile, étant donné la récente institution de ces réformes. Mais ils ne parvinrent pas à ébranler les bases de l'édifice.

Ce qui, dans les innovations de Pierre, répugnait surtout à ses successeurs, c'était, d'abord, le principe de collectivité dont il avait animé tous les principaux organes d'administration, ensuite la grande autorité qu'il avait attribuée au Sénat. Ce dernier, en effet, n'était soumis qu'à la volonté souveraine et avait connaissance de toutes les affaires d'État « qu'il décidait soit de son propre chef, soit avec l'agrément de l'Empereur »

Menchikow.

A Menchikow, le favori de Pierre, devenu tout-puissant sous les règnes de Catherine Ire et de Pierre II, le Sénat inspirait une véritable animadversion. Aussi, dès 1726, les affaires à caractère politique et la vraie direction générale du gouvernement furent-elles enlevées à ce corps et concentrées dans une institution nouvelle et toute de Cour, appelée « conseil privé suprême », qui se plaçait au-dessus du Sénat et dont Menchikow lui-même était le président. Deux ans plus tard, le contrôle des comptes de revenus et dépenses passait dans les attributions du conseil. Afin qu'il ne restât même aux yeux du public aucun doute sur la déchéance relative du Sénat, il fut en même temps privé de son titre de « dirigeant » et reçut la qualification plus modeste de « haut ». Il est vrai que bientôt après l'avènement de l'impératrice Anne Iwanowna, un oukaze du 4 mars 1730 abolit le conseil privé et rétablit dans ses droits primitifs le « Sénat dirigeant », en lui rendant ce dernier titre; mais cette concession ne fut pas de longue durée, car déjà l'année suivante, l'Impératrice institua un « cabinet de Sa Majesté », lequel adressait des oukazes au Sénat lui-même.

Le Sénat, en 1730, fut divisé en 5 départements, dont l'un s'intitulait « département des manufactures, du commerce et des mines ». Le comptoir des états fut érigé dans la même année en section indépendante et placé sous la surveillance distincte d'un des membres du Sénat. Une chancellerie spéciale chargée de l'administration des immeubles, des saisies pour arriérés d'impôts ou pour crimes de lèse-majesté, fut fondée à Moscou dans la même année et prit simplement le nom de « chancellerie des confiscations ». C'était à ce bureau qu'appartenait la mise en séquestre et la vente des immeubles susdits ainsi que des biens de mainmorte. La chancellerie des confiscations continua à exister jusqu'en 1780, quand, par la formation d'une « expédition des recettes », elle fut supprimée. Une section spéciale du collège caméral avait été chargée jusqu'en 1731 de l'administration supérieure de la régie des sels; dans cette dernière année cette administration reçut une organisation indépendante et exista depuis sous le nom de « comptoir des sels », plus tard « comptoir général des sels », jusqu'à ce que l'institution des chambres du Trésor « dans chaque gouvernement », introduite par Catherine II, eût amené, en 1782, la suppression du comptoir général des sels.

Il ne peut entrer dans notre tâche de suivre les changements divers imprimés par les successeurs de Pierre Ier à ses institutions politiques. Quant aux modifications dans l'administration financière, on ne fit rien de considérable jusqu'au règne d'Elisabeth. Le peuple était grevé d'impôts et son état était misérable. Aussi, les arriérés s'accumulaient-ils, malgré les cruelles mesures employées pour les faire rentrer, à l'aide de détachements militaires envoyés dans les districts les plus insolvables. Dans la nature et le mode de perception des impôts, il n'y eut guère de changements sensibles jusqu'au règne de Catherine II.

D'après les « états » dressés par les soins du feld-maréchal Münich, l'armée, à l'avènement d'Elisabeth, devait se composer, sur le pied de guerre, de 232,432 hommes.

Abolition des douanes intérieures sous Elisabeth.

L'impératrice Elisabeth, dont le règne s'annonçait officiellement comme devant être la suite de celui de son père, abolit toutes les douanes intérieures, en même temps qu'elle élevait le tarif d'importation aux frontières du pays, dans le but spécial d'augmenter le revenu. L'Impératrice édicta un nouveau règlement sur les recrutements militaires et ce fut elle aussi qui posa les premiers fondements des institutions de crédit.

Un contemporain d'Elisabeth, Chtcherbatow, a tracé d'elle le portrait suivant : « Dans sa jeunesse, l'Impératrice se distinguait par sa beauté; elle était miséricordieuse, secourable et généreuse. Assez bien douée par la nature, elle n'avait aucune instruction, ne savait même pas que la Grande-Bretagne formait une île. De caractère enjoué, elle recherchait les plaisirs et, consciente de ses appas, tâchait de les relever encore par des moyens artificiels. Elle avait le travail en horreur. Non seulement elle apportait beaucoup de retard à l'examen des affaires intérieures, mais les traités diplomatiques même attendaient des semaines et des mois la signature de la souveraine. »

Influence de Chouwalow.

Pierre Chouwalow, favori d'Elisabeth, exerça une grande influence sur les affaires. Doué de capacités remarquables, il eût pu se rendre très utile au pays si la soif de s'enrichir ne l'avait tant tourmenté. Issu d'une famille pauvre, quoique noble, Chouwalow, attaché à l'Impératrice en qualité de page, lui rendit des services dans l'émeute qui la plaça sur le trône. De 1741 à 1753, il obtint successivement tous les grades et parvint au rang de feld-maréchal et à la dignité de comte. Son esprit était fertile à imaginer des privilèges qui devaient lui procurer une fortune princière. Ainsi, il obtint le monopole du commerce de l'huile de morue et de baleine à Arkhangel et Kola, le monopole des pêcheries de la mer Blanche et de la mer Caspienne, la ferme des mines de Goreblagodat, sur les monts Oural. A titre de fermier de ces mines, il commença par mettre la main sur 100 millions de pouds de fer déjà préparé. Chouwalow entrait en conventions secrètes avec les fermiers de boissons spiritueuses et leur procurait diverses concessions du gouvernement. Étant nommé président de la Commission instituée pour veiller à la refonte de la monnaie de bronze, Chouwalow ne rendit pas de comptes de cette opération, en même temps qu'il procurait aux particuliers des prêts du Trésor en se faisant payer des « pots-de-vin » énormes. Son seul mérite est d'avoir introduit des améliorations dans l'artillerie, dont il était le chef.

La Russie ne possédait, avant 1754, aucun établissement de crédit, fondé soit par l'État, soit par des particuliers. Ceux qui avaient besoin d'argent étaient forcés de s'adresser à des personnes faisant profession de prêteur sur gages. Il arrivait naturellement que des propriétaires qui avaient ainsi engagé leurs domaines à des usuriers et ne trouvaient pas le moyen de s'acquitter à terme perdaient entièrement leurs biens, quoique la valeur en fût de beaucoup supérieure aux prêts qui leur avaient été consentis.

Fondation d'une banque d'État.

Pour obvier à des abus de cette espèce, de même que pour faciliter à la noblesse les moyens de se procurer de l'argent à des taux plus avantageux, Elisabeth prescrivit au Sénat, par l'oukaze du 1er mai 1753, d'avoir à étudier la fondation d'une banque d'État, prêtant à la noblesse sous des conditions propres à garantir la rentrée des fonds. Le Sénat, en conséquence, statua en mars 1754 qu'il serait fondé, à Saint-Pétersbourg, une banque d'État pour servir aux besoins de la noblesse et cette résolution reçut la sanction souveraine le 13 mars de la même année, jour qu'il faut ainsi regarder comme la date première de la fondation des établissements de crédit public en Russie. La banque fut ouverte avec un capital initial emprunté au Trésor et montant à 750,000 roubles, mais bientôt porté à 6 millions de roubles. Elle ne manqua pas d'être rapidement assiégée d'une foule de demandes, mais l'exiguïté de ses moyens ne lui permit d'y faire droit qu'en partie et le but primitif de l'institution ne fut pas atteint, car l'usure et tous les maux qui l'accompagnaient continuèrent de fleurir.

Une innovation des moins heureuses ou plutôt le retour à une détestable pratique ancienne consista, à cette époque, dans l'abandon de certains revenus à des grands seigneurs. Cette libéralité se montrait d'autant plus déplacée que les impôts rentraient difficilement et que, malgré la situation déplorable du peuple, un oukaze de 1760 éleva l'impôt direct, payé par les paysans des domaines de l'État, de 40 kopecks, qu'il était précédemment, à 1 rouble par âme. L'année suivante, les « Raznotchinzi » ou personnes qui n'appartenaient ni à la classe des paysans ou marchands, ni à celle des nobles, du clergé et des fonctionnaires, furent aussi soumis à cet impôt.

Il est difficile de fixer avec exactitude le chiffre du revenu annuel dans cette période où l'ordre que Pierre le Grand s'était efforcé d'établir dans l'administration avait été ébranlé et n'avait encore été remplacé par rien d'organique. En s'arrêtant toutefois au chiffre assez probable de 10 millions pour l'année 1744, nous trouvons que 7 millions 300,000 roubles, ou les trois quarts de cette somme, se trouvaient absorbés par l'entretien des forces militaires et de la marine (1).

Pierre III.

Pierre III, fils d'Anne Pétrowna, fille de Pierre le Grand et d'un duc de Holstein-Gottoys, succéda à Elisabeth et fut le fondateur de la dynastie actuellement régnante. Fanatique de Frédéric II de Prusse, le nouvel Empereur rappela l'armée russe qui venait de mettre ce monarque à deux doigts de sa perte, et rendant à ce dernier les villes occupées par les Russes, conclut une étroite alliance avec l'ennemi d'hier. Il se montra partisan de réformes, délivra la noblesse du service obligatoire, introduit par Pierre Ier, et des peines corporelles. Mais la préférence marquée qu'il accordait aux quelques bataillons allemands qu'il avait fait venir d'Holstein et son caractère sauvage en même temps qu'irrésolu facilitèrent la trame qu'ourdissait en secret sa femme, l'ambitieuse Catherine d'Anhalt-Zerbst. L'Empereur méditait de l'enfermer dans un couvent, mais soupçonneux et hésitant à la fois, il se laissa prévenir. Catherine, escortée de ses favoris, souleva les gardes, et Pierre III perdit la couronne et, quatre jours plus tard, la vie.

État du Trésor à l'avènement de Pierre III.

A l'avènement de Pierre III, le Trésor se trouvait littéralement vide et, en 1762, le Sénat dut remettre à plus tard la construction d'un canal de la Rybnaïa Swoboda au Wolktow « par suite du besoin très impérieux d'argent où se trouvait le Trésor ». On mit sous les yeux de l'Empereur les chiffres suivants : le total des revenus de l'État montait à 15,350,000 roubles et était réparti entre divers services publics de la façon suivante : 1° entretien de l'armée, 10,418,000 roubles ; 2° caisse privée de l'Empereur, fournie sur le revenu des sels et des douanes, 1,150,000 roubles ; 3° entretien de la Cour, 603,000 roubles ; 4° allo-

(1) Koulomzine. *Recettes et dépenses en Russie au XVIIIe siècle.*

cation à l'hetman de Petite Russie, 98,000 roubles; 5° dépenses du comptoir des états (administration générale), 4,232,000 roubles; total général, en chiffres ronds, 16,502,000 roubles. Les dépenses excédaient donc les recettes de 1,152,000 roubles (1).

Émission d'assignats.

Deux jours après le rapport qui montrait ce déficit, le Sénat reçut un oukaze impérial prescrivant la fondation d'une banque chargée d'émettre des assignats. L'oukaze s'exprimait ainsi : « Il sera fondé, du moment actuel et de nos propres deniers, une banque d'État au capital de 5 millions de roubles, laquelle sera représentée par deux comptoirs fonctionnant à Saint-Pétersbourg et à Moscou et étant d'importance égale. Aux comptoirs susdits, nous confions dès à présent 2 millions de roubles, à savoir : un million en monnaie d'argent et un en monnaie de bronze, les trois millions suivants devant être livrés aux mêmes comptoirs dans le cours de trois années. Nous réservons au temps à venir de faire sentir au public la grande utilité qui doit dériver de cette institution pour l'État entier et d'exciter, parmi les particuliers, le désir d'y participer par leurs capitaux; quant au présent, nous sommes désireux de faire tenir directement de nos mains au pays, et particulièrement à la classe commerciale, ce bienfait important. En conséquence, nous ordonnons ce qui suit : il sera procédé, avec toute la promptitude possible, à la fabrication de billets de banque de la valeur de 10, 50, 100, 500 et 1,000 roubles chaque, jusqu'à concurrence de cinq millions de roubles en tout. Ces billets, préparés pour la somme précitée, seront immédiatement répartis entre les administrations auxquelles il appartient d'effectuer les principaux paiements, à la charge pour elles d'employer pour lesdits paiements ces mêmes billets, tout comme s'ils étaient de l'argent comptant, attendu que nous voulons et ordonnons par les présentes que ces billets aient à circuler de pair avec l'argent même qu'ils représentent. Les comptoirs de la banque et le capital (de fondation) susmentionné ne sont institués qu'à cet effet que quiconque s'y présentera, étant porteur des billets, et manifestera le désir de les échanger contre de l'argent, il lui sera immédiatement payé en espèces contre ses billets, et cela sans quittances ni écritures aucunes, d'autant plus sans nul retard ni délai; de même, quiconque aura apporté du numéraire et exprimé le désir d'avoir en échange des billets, il sera immédiatement fait droit à sa demande. »

(1) S. SOLOWIEW. *Hist. de Russie*, vol. XXV.

Ce fut ainsi que la Russie vit poser chez elle le premier fondement du système du papier-monnaie auquel dès lors, c'est-à-dire depuis plus d'un siècle, elle est malheureusement restée fidèle. L'ouverture de la banque des assignats et la mise en circulation de ses billets devaient avoir lieu le 1er juillet 1762. Mais ce même jour vit l'avènement au trône de l'impératrice Catherine II. Ce changement soudain amena un retard dans l'émission des assignats et l'oukaze de Pierre III, qui y était relatif, resta, comme tant d'autres mesures émanées du même souverain, sans exécution.

IV

LES RÉFORMES FINANCIÈRES DE CATHERINE II

(1762-1796)

Pénurie du Trésor.

Au début du nouveau règne, le manque d'argent éprouvé par le Trésor, malgré l'augmentation incessante des impôts existants, se trouvait porté à son comble. Cinq jours après son avènement, l'impératrice Catherine présidait une séance du Sénat, où s'agitait la question brûlante du moment : l'argent manquait et il en fallait à tout prix. L'Impératrice mit à la disposition de l'État sa cassette particulière. La situation économique du pays répondait à la pénurie du Trésor. Les prix des produits de première nécessité avaient doublé et même triplé, de sorte que l'on se vit forcé de prohiber entièrement l'exportation des blés.

Le peuple manquait littéralement de pain. Ce qui n'empêchait pas Catherine II, qui s'entendait à merveille à pratiquer « la réclame » au moyen de flatteries et de secours offerts aux « philosophes » étrangers, d'écrire à Voltaire : « Les impôts chez nous sont tellement minimes qu'il n'est pas de paysan en Russie qui n'ait sa poule au pot; seulement, dans ces derniers temps, ils préfèrent la dinde (1). »

L'état des finances réclamait impérieusement des mesures de réorganisation. L'Impératrice que la nature avait dotée d'un esprit vraiment supérieur, d'un caractère énergique et du talent d'apprécier les hommes à leur juste valeur, talent que l'on pourrait nommer la première vertu

(1) Corr. avec Voltaire. *Recueil de la Soc. d'Hist.*, vol. X.

des souverains, ne se montra pas au-dessous de la tâche dont elle s'était chargée.

État des finances dépeint par Catherine II.

Dès les premiers jours de son règne, elle se rendait un compte exact de la situation, et la preuve s'en trouve dans un passage de ses Mémoires, où elle se reporte aux conditions économiques qu'elle trouva en montant au trône de Pierre III (1). « A mon avènement, en 1762, écrit-elle, je trouvai l'armée russe occupant les provinces prussiennes et attendant encore sa solde pour les deux tiers écoulés. Le comptoir des états avait devant lui des oukazes personnels pour 17 millions de roubles, qu'il ne savait comment acquitter. La Monnaie, depuis le tsar Alexis Mikhaïlowitch, appréciait la circulation du numéraire à 100 millions de roubles, dont 40 millions étaient réputés sortis à l'étranger en espèces, attendu qu'en ce temps-là l'opération des traites était encore inconnue ou peu usitée. Presque toutes les branches du commerce avaient été érigées en monopoles de l'État et rendues à bail à des particuliers. Les douanes dans tout l'Empire étaient données en ferme à des personnes privées pour la somme de 2 millions. Les 60 millions d'espèces sonnantes restés dans le pays étaient de douze poids différents, savoir : l'argent à des titres divers, à partir de 82/96 jusqu'à 63/96, le bronze de 40 à 32 roubles au poud. L'impératrice Élisabeth Pétrowna, de glorieuse mémoire, avait cherché pendant la guerre de Sept Ans à emprunter 2 millions de roubles en Hollande, mais il ne se trouva personne qui voulût les donner; le crédit russe, c'est-à-dire la confiance qu'eût pu inspirer la Russie, se trouvait donc nul. De plus, on pouvait appréhender des troubles parmi les paysans; ceux adscrits aux fabriques de la couronne ainsi qu'aux couvents étaient presque tous en pleine désobéissance aux autorités et ceux qui appartenaient aux propriétaires étaient, dans quelques localités, sur le point de se réunir aux premiers. »

Les lignes qui précèdent montrent assez clairement la grandeur des difficultés qui se dressaient devant la nouvelle souveraine. Quant à la situation économique du peuple, tout porte à croire qu'elle était encore au-dessous de celle des finances. Si nous hésitons à exprimer ce jugement d'une manière plus catégorique, c'est que l'on ne possède actuellement que très peu de données exactes sur les fonctions financières les

(1) A. Koulomzine. *Recueil de la Soc. Imp. Hist. Russe*, vol. XVIII. (Documents pour servir à l'histoire des finances sous Catherine II).

plus importantes de cette époque, ce qui nous place dans l'impossibilité d'exposer, soit les ressources qui se trouvaient à la disposition du gouvernement, soit les résultats des réformes entreprises par Catherine, soit même l'augmentation incessante des impôts directs aussi bien qu'indirects, dont nous n'avons connaissance que d'après des relations peu satisfaisantes. Il nous est même impossible de retracer les principes économiques qui dictèrent à cette époque telle ou telle autre mesure. Cette lacune si sensible dans l'histoire de Catherine II s'explique d'ailleurs par le mystère particulier dont s'enveloppaient à dessein tous les agissements concernant les finances. Une comptabilité mieux faite et une tenue d'archives plus soignée dans les époques suivantes nous permettront, dans le cours ultérieur de cet ouvrage, de pénétrer dans cette sphère inaccessible aux yeux des contemporains. Le mystère cependant continua à recouvrir tout ce qui avait trait aux ressources et aux dépenses de l'État jusqu'au règne de l'empereur Alexandre II, où la publicité des comptes vint se poser en quelque sorte comme le point de départ des grandes réformes entreprises dans l'ordre général de l'administration.

Mesures particulières concernant les finances.

Pour la période à laquelle nous voici arrivés, nous nous contenterons donc encore d'énumérer, dans leur ordre chronologique, les mesures particulières touchant aux finances dont mention est faite au *Recueil général des lois* de l'Empire. Les premiers actes du règne portent des réductions d'impôts et ouvrent des facilités au commerce. Ainsi, le prix du sel, appartenant à la régie, fut abaissé par l'oukaze du 5 juillet 1762 à 10 kopecks la livre, coûtant jusque-là 50 kopecks. Il s'ensuivit un déficit de 611,988 roubles qui fut couvert sur la cassette particulière de l'Impératrice dans la mesure de 300,000 roubles, le reste se trouvant compensé par un bénéfice réalisé sur une frappe nouvelle de la monnaie de bronze. La nouvelle monnaie de bronze était du reste d'une valeur double de l'ancienne, savoir de 16 roubles au poud au lieu de 32; cette dernière devait être retirée de la circulation et remplacée par la nouvelle.

Une série d'oukazes ayant pour but le rétablissement de diverses sources de revenus particuliers parurent conjointement avec l'abaissement du prix des sels. D'autres oukazes promulgués en même temps, réalisaient l'abolition de divers privilèges et monopoles particuliers, contraires à l'intérêt général du commerce. Quelques branches de la taxation indirecte furent simultanément réformées quant au mode de perception. Le plus important de ces derniers changements est représenté par la cessation de la ferme des droits douaniers concédée précédemment au nommé Shémiakine; les douanes furent, dès le 1er janvier 1764, placées sous la direction du comte Münich et reçurent en 1765 leur organisation définitive.

De nouveaux impôts, rendus nécessaires par des réformes opérées dans l'administration, furent mis en vigueur à partir du 1er janvier 1764, en vertu du manifeste du 15 décembre précédent.

En même temps, le procureur général Glébow, chef principal de l'administration financière, fut remplacé par le prince A. Wiazemsky, qui se proposa pour premier but d'introduire plus d'unité dans cette branche. La nécessité de réformes se faisait, d'ailleurs, sentir à tous les degrés de l'administration.

Réorganisation du Sénat.

Une réorganisation du Sénat fut jugée nécessaire et, en vertu d'un oukaze daté du 15 décembre 1763, ce corps supérieur fut divisé en six départements, dont quatre devaient rester à Saint-Pétersbourg, tandis que les deux autres devaient s'établir à Moscou, à la place du comptoir sénatorial, lequel jusque-là avait représenté le Sénat dans l'ancienne capitale. Le contrôle des affaires intérieures et spécialement toutes les informations touchant les recettes et dépenses, ainsi que le mouvement de la population, furent soumis au premier département du Sénat.

Simplification de la procédure.

Un changement important fut, en outre, introduit dans la procédure de ce corps d'État. Jusque-là toutes les affaires dont chaque département du Sénat était saisi n'étaient résolues qu'en séance plénière de tous les départements. Or, l'oukaze de 1763 constitua chacun des départements en cour séparée et compétente pour statuer sur les affaires de son ressort, sous la condition de l'unanimité du vote. Seules, les affaires qui avaient provoqué une division des suffrages au sein du département auquel elles incombaient restèrent dorénavant réservées à la compétence de l'assemblée plénière. Ce changement simplifia et accéléra la procédure des affaires ordinaires. Le Sénat étant divisé entre les deux capitales, il y eut deux assemblées plénières : l'une pour les départements résidant à Saint-Pétersbourg, l'autre pour ceux installés à Moscou.

Le corps investi du contrôle supérieur étant ainsi réorganisé à nouveau, des mesures subséquentes furent prises pour opérer l'unité de l'administration des recettes et des dépenses. De son côté, le Sénat, connaissant la négligence que mettaient les organes exécutifs à faire leur devoir, insista dans des oukazes réitérés sur la présentation des comptes pour les exercices révolus. Les travaux, nécessités par l'établissement pour l'année 1765 d'un état général des recettes et dépenses et par l'élaboration tentée en 1769 d'un registre général de taxation pour tout l'Empire, fournirent au Sénat l'occasion d'exiger d'une façon péremptoire les données qu'il avait charge de recueillir. Toutes ces données devaient se concentrer au Sénat et les tableaux particuliers, auxquels ces informations servaient de base, étaient signés du procureur général, prince Wiazemsky, qui les plaçait sous les yeux de la souveraine. Tous ces efforts portèrent leurs fruits. Le livre ou registre général de taxation pour 1769 fut effectivement dressé sans que l'activité qu'il avait provoquée cessât. Les travaux furent poussés énergiquement et l'on eut même recours en 1773 à la création d'une expédition spéciale des recettes d'État pour venir en aide au premier département du Sénat, qui ne parvenait pas à dépouiller les registres spéciaux soumis à son contrôle et à en classer les données avec assez de promptitude. C'est ainsi que furent successivement élaborés les registres généraux de taxation ou états pour la perception des impôts se rapportant aux années 1773, 1776 et 1777.

Nous devons signaler vers cette époque de nouveaux efforts pour réformer les modes de recouvrement dans les régies des boissons et des sels. Une commission nouvelle, nommée par l'oukaze du 23 mars 1764, reçut pour instruction de déterminer des moyens « propres à améliorer l'exploitation des boissons et des sels et à en augmenter les recouvrements sans élever les charges supportées par la population ». Après un délai de deux années, cette commission fit son rapport sur l'organisation de la régie des sels et présenta, en 1768, un projet d' « instruction devant servir à la chancellerie des sels », lequel fut adopté.

Augmentation des impôts, création d'une banque d'assignats et conclusion d'emprunts étrangers.

La marche des réformes entreprises dans l'administration financière fut d'ailleurs interrompue par la première guerre avec la Turquie et ne fut reprise qu'en 1772. Mais les besoins de la guerre nécessitèrent de leur côté une augmentation sans retard des impôts, lesquels furent, en réalités, élevés de 20 0/0. Or, cette augmentation des impôts se trouva encore au-dessous des besoins extraordinaires du Trésor et l'on dut, par suite, recourir à la création d'une banque d'assignats et à la conclusion d'emprunts à l'étranger.

Tels devaient être, d'ailleurs, dans le cours de tout un siècle encore, les trois moyens souverains destinés à parer aux dépenses provoquées par les guerres. Mais c'est précisément à ce titre qu'il est curieux de comparer les chiffres qui représentent la liquidation d'une guerre avec la Turquie au siècle dernier avec ceux qui se rapportent à l'époque contemporaine, et que l'on trouvera dans le cours de cet ouvrage.

La première guerre avec les Turcs sous Catherine II coûta à l'État environ 47 millions 1/2 de roubles. Cette dépense extraordinaire fut couverte par les moyens indiqués plus haut (et toujours les mêmes jusqu'au temps présent) dans la proportion suivante : 20 millions furent tirés de l'augmentation des impôts ; 10 millions à peu près résultèrent de l'émission des assignats ; enfin, les 17 millions 1/2 restants furent couverts en partie par des emprunts étrangers, en partie par une réduction faite pendant la guerre dans les dépenses régulières (c'est-à-dire les besoins) de diverses branches des services publics.

Comme de raison, les impôts élevés pendant la guerre ne se modifièrent pas après la conclusion de la paix ; les taxes spécialement établies en vue de la campagne furent seules abrogées.

Il a été mentionné plus haut que les efforts soutenus du Sénat pour recueillir les données servant à la perception des impôts aboutirent enfin à l'établissement des registres généraux de taxation pour les années 1769, 1773, 1776 et 1777. Nous devons ajouter que ces travaux rencontrèrent de nombreuses difficultés du fait de la défectuosité et du manque d'ensemble des premiers renseignements obtenus. Le Sénat dut écarter ceux-ci et revenir à la charge pour avoir des informations conçues dans la forme par lui prescrite.

Voici comment se présentaient en ce temps-là les recouvrements propres du Trésor, ainsi que les arriérés correspondant à chaque exercice :

	RECOUVREMENTS	ARRIÉRÉS
Pour l'année 1769	16.966.000	983.000
— 1773	26.446.000	8.647.000
— 1776	26.390.000	9.865.000
— 1777	26.737.000	8.958.000

Le grand écart qui se manifeste entre le revenu de l'année 1769 et celui des années suivantes ne peut être expliqué que par la défectuosité des comptes d'une part, et, d'autre part, par l'augmentation du rendement des impôts à la suite de la guerre qui en avait nécessité l'élévation. La même observation doit s'appliquer à la croissance disproportionnée du montant des arriérés ; à part les défauts de la comptabilité du temps, la guerre ne dut pas rester sans influence sur la situation économique des contribuables.

Sels.

La paix rétablie, les réformes furent reprises et, en premier lieu, le bureau ou « chancellerie » des sels fut organisé ; en outre, la frontière se trouvant reléguée plus avant vers le midi, un certain nombre de douanes nouvelles dut être ajouté à celui qui existait auparavant.

Boissons

Les boissons ne furent pas gardées en régie comme les sels ; elles furent livrées en exploitation à des fermiers généraux et, depuis 1779, le Sénat distribua en lots ou parts, selon la demande des fermiers, le territoire que chacun d'eux recevait en concession pour le terme de quatre années.

Dans l'administration générale des finances continuait à se faire jour une préoccupation constante à centraliser les recouvrements et les paiements.

L'« expédition » spéciale des recettes, dont il a été fait mention plus haut, ne fut installée définitivement qu'en 1781. Elle avait la signification d'une cour des comptes, veillant à ce que les recouvrements fussent opérés au temps prescrit, arrivassent bien à leur destination et que les dépenses fussent conformes aux lois qui les déterminaient. A cet effet, tous les organes administratifs, ayant charge des deniers publics, devaient lui faire parvenir les registres de leurs opérations. Étaient exceptées pourtant de cette obligation les banques, les écoles, les maisons d'enfants trouvés et les chambres d'assistance publique, ainsi que les diverses institutions du service de la Cour impériale.

En parlant des réformes opérées par Pierre le Grand dans le domaine des finances, nous avons dû jeter un coup d'œil sur les transformations qu'il avait fait subir à l'administration générale de l'État. Ces changements, introduits d'emblée et sans aucune considération des coutumes et des traditions nationales, ne parvinrent pas complètement à s'assimiler avec la vie réelle du peuple. De plus, le gouvernement central entre les mains des successeurs de Pierre, n'étant plus animé de son énergie, de sa sollicitude incessante pour le bien-être des populations, dériva de la voie civilisatrice qu'il avait tracée, s'isola en quelque sorte du pays et se renferma dans les préoccupations politiques du cabinet et dans les luttes personnelles qui s'agitaient autour du palais.

De là, un manque de lien et de solidarité entre la haute administration et les affaires provinciales. Abandonnée, jusqu'à un certain point, à elle-même, l'administration locale vit fleurir dans son sein l'arbitraire et les exactions, que le pouvoir souverain se montra impuissant à réprimer.

Commission présidée par Chouwalow et Bibikow.

Cet état de choses inspira à Catherine II la pensée de refondre entièrement les institutions locales. A cet effet, et « désirant fonder une bonne organisation de l'ordre intérieur » — comme elle s'exprimait — l'Impératrice convoqua une commission extraordinaire, composée de délégués du Synode et du Sénat, de tous les « collèges » et chancelleries, de représentants des districts, ainsi que de personnes de tout rang et d'occupations diverses, dans le but d'élaborer un projet de nouvelles lois générales. Cette commission fut placée sous la présidence du procureur général et d'un directeur nommé *ad hoc* dans la personne du comte Chouwalow, ainsi que d'un maréchal spécialement préposé au corps des députés, Bibikow.

La grande commission se subdivisa en dix-huit sous-commissions spéciales. Celle d'entre ces dernières qui reçut pour tâche d'établir « l'ordre intérieur du pays sur le fondement de lois générales » adressa à tous les organes de l'administration les questions suivantes :

1° Quelles seraient, suivant eux, les fautes de l'organisation administrative existante ?

2° Quels devraient être les points à réformer et que pourrait-on faire pour améliorer la procédure et l'expédition des affaires ?

Les faits et gestes de la grande commission chargée de refondre les lois organiques offrent un très grand intérêt. Ce n'est pas ici la place d'analyser les causes qui rendirent stériles les travaux de cette assemblée, mais il convient de prendre en considération certaines données sur l'administration des finances, réunies par la commission. Quant à la composition mi-partie officielle, mi-partie représentative de celle-ci, il suffira de faire observer que, bien que l'appel du gouvernement au concours de la société ne fût pas sans exemple, même au XVIIIe siècle (1),

(1) Sous Catherine Ire, deux représentants de chaque état et des municipalités avaient été adjoints à une commission législative. Sous Élisabeth, des députés de la noblesse et de la classe marchande furent convoqués pour l'audition des lois.

jamais pourtant, depuis l'abandon des anciens conciles ou assemblées d'État, cet appel n'avait revêtu des formes aussi solennelles.

Nous donnons ci-dessous un tableau représentant l'ensemble de l'administration centrale, telle qu'elle existait à cette époque, avec les chiffres du personnel attaché à chaque branche et de la rémunération qu'il recevait :

Le personnel administratif sous Catherine II

AVEC LES FRAIS DE SON ENTRETIEN

	NOMBRE des employés	FRAIS D'ENTRETIEN
Le sénat	682	111.874 »
Le synode	118	25.082 »
Le collège des affaires étrangères	116	157.880 »
Le collège de la guerre	256	42.410 »
Le collège de l'amirauté	265	58.807 »
Le collège caméral (Trésor)	243	42.054 »
Le collège de la justice	227	43.844 »
Le collège des apanages (de la maison impériale)	301	47.254 »
Le collège du commerce	70	15.961 »
Le collège des mines	309	43.615 »
Le collège de l'industrie	74	15.883 »
Le collège de l'économie	271	36.625 »
Le collège de revision des comptes	231	37.433 »
Le collège du service de santé	60	7.431 »
L'office central des municipalités	93	19.117 »
La direction générale de la police	778	53.478 »
La chancellerie des postes	62	10.958 »
La chancellerie des confiscations	71	12.702 »
La chancellerie des chemins de l'État	20	2.195 »
La chancellerie des revenus de douane	897	87.892 »
Le comptoir d'états	94	33.574 »
Le bureau général des sels	280	30.790 »
La chancellerie de tutelle pour les étrangers	76	16.666 »

Vient ensuite, comme document important à consulter pour l'histoire du temps, le relevé des défauts constatés dans l'administration par ses propres organes, ainsi que des griefs, plaintes et requêtes recueillis par la même commission au cours de ses travaux.

Relevé des défauts de l'administration constatés par ses propres organes.

Nous citerons en premier lieu les aveux sincères émanant du collège caméral lui-même, touchant l'état déplorable où se trouvait l'administration financière. Voici l'énuméré des défauts reconnus par le collège caméral dans le rapport par lui adressé à la grande commission. Le collège reconnaît s'être entièrement éloigné de sa tâche principale, laquelle aurait dû consister dans les soins pour l'augmentation des revenus, et s'être absorbé complètement dans l'expédition des affaires courantes, avec la préoccupation routinière de s'en débarrasser d'une manière formelle. Il avoue, de plus, n'avoir pas réussi même dans ce sens, attendu qu'il restait à sa charge dans ce moment-là 96,000 dossiers d'affaires anciennes non résolues, sans compter un grand nombre d'affaires nouvelles qui attendaient leur tour pour être examinées. Malgré l'adjonction, depuis 1764, d'un bureau spécial, le collège ne parvient pas à expédier les affaires qui se présentent dans son ressort et voit s'accroître annuellement d'environ 10,000 titres le nombre des dossiers non conclus. Le collège ajoute que, dans les 96,000 affaires encore pendantes, mentionnées plus haut, il s'en trouve un grand nombre se rapportant aux arriérés dus au Trésor, et s'élevant au total de 6 millions de roubles ; qu'enfin, privé de moyens pour activer avec succès le recouvrement des impôts, le collège éprouve une juste appréhension que des arriérés semblables continueront à s'accumuler dans l'avenir.

Collège des manufactures.

Le collège des manufactures, de son côté, représente à la commission l'inconvénient des monopoles, lesquels ne profitent à quelques individus qu'au détriment de la société entière ; le mal qui résultait de l'inscription des paysans aux fabriques, qui jouissaient du travail obligatoire de ces paysans, ce qui ne faisait qu'augmenter le nombre des esclaves ; le tort enfin que l'on avait eu d'accorder à qui que ce fût une liberté illimitée pour la fondation de fabriques, cause de l'appauvrissement et de la décadence des villes.

Collège de l'économie.

Le collège de l'économie indiquait les besoins suivants : création de tribunaux à procédure verbale pour faciliter la justice dans les litiges entre paysans ; affranchissement total des redevances de servage pour les paysans qui se font recevoir dans la classe des marchands, et cela moyennant le paiement immédiat d'une somme convenue.

Office central des municipalités.

L'office central des municipalités (magistrature générale) demandait : que les marchands fussent exemptés de la soumission aux gouverneurs touchant leurs affaires commerciales ; que la police des villes fût rendue aux mains des municipalités elles-mêmes (1) ; que les marchands n'eussent à supporter aucun service obligatoire pour l'État, et en dernier lieu que les maîtres et généralement les artisans, de toutes les branches, fissent partie des corporations de métiers et qu'il fût prohibé à ceux d'entre eux qui ne seraient pas inscrits dans leur corporation d'exposer leurs produits pour la vente.

Chancellerie des sels.

La chancellerie des sels, ainsi que la chancellerie des revenus de douane, se déclaraient être dépourvues d'instructions, soit générales, soit particulières.

L'administration locale était mal distribuée et mal organisée. Il résulte des informations parvenues à l'assemblée dont nous parlons que la Russie se trouvait divisée, au début du règne de Catherine II, en vingt « gouvernements », lesquels se subdivisaient en provinces et ultérieurement en districts ; mais il y avait des districts qui ne se rattachaient à aucune province, il y avait aussi des « régiments » à titre d'unités territoriales et administratives. La distribution des gouvernements était, en outre, fort irrégulière ; ainsi, celui de Moscou comptait une population de près de 2 millions 1/4 d'âmes, tandis que celui d'Arkhangel n'en possédait que 1/2 million à peu près.

La disproportion se trouvait encore plus grande dans l'importance relative des provinces et des districts. Ainsi, pour ne citer qu'un seul exemple, le district de Nowgorod comptait 1/4 de million d'habitants, pendant que celui de Welikie-Louki n'en avait en tout que 1,721. Malgré une aussi grande différence dans l'étendue et l'importance, tous les gouvernements de la Russie proprement dite possédaient les mêmes organes d'administration et un nombre égal d'employés, attachés à chacun de ces derniers. Tous ces défauts rendaient nécessaire une refonte complète de l'administration locale, ce qui fut consommé par la promulgation de l' « institution des gouvernements ».

Gouvernements, districts et arrondissements

Un manifeste, promulgué le 7 novembre 1775, divisa l'Empire en gouvernements ou lieutenances, districts et arrondissements, réorganisés avec séparation des organes chargés de la justice et de la police,

(1) Nous ferons observer que telle avait été l'idée primitive de Pierre le Grand dans l'institution urbaine établie par ce monarque.

mais sous la haute tutelle d'un gouverneur général ou simple gouverneur. Ce fonctionnaire, défini dans l' « institution » comme « chef et maître du gouvernement », n'ayant à recevoir d'ordres que du souverain et du Sénat, devait exercer un pouvoir presque illimité vis-à-vis des populations. Les grandes idées de Pierre Ier — l'indépendance de la classe bourgeoise et les garanties de collectivité et d'électivité dans la sphère de l'administration locale — furent écartées ; seules, la police et la partie économique dans les districts furent confiées à un bureau électif, nommé « cour territoriale » et présidée par un prévôt ou « capitaine » territorial (Isprawnik), élu par la noblesse et les paysans. Mais ce « collège » lui-même ne représentait qu'un degré infime dans la vaste échelle de l'administration générale et ne bénéficiait d'aucune garantie d'indépendance vis-à-vis des gouverneurs. Placés sous l'arbitraire absolu de ces derniers, les « Isprawniks », quoique électifs, n'en devinrent pas moins de simples fonctionnaires de l'administration générale, ne se distinguant des autres employés que par le mode de leur nomination.

Semblant d'autonomie

L'on est fondé de considérer généralement « l'institution des gouvernements » comme l'ère de l'établissement définitif de l'omnipotence bureaucratique à tous les degrés. La fonction élective et un semblant d'autonomie furent relégués dans le cadre étroit des corporations d'états : assemblées de la noblesse, conseils municipaux et syndicats du commerce.

Chambres trésoriales et trésoreries de district.

La perception des revenus, la garde des deniers publics et le règlement des dépenses reçurent, en vertu de la même loi, des organes particuliers dans chaque gouvernement, savoir : une « chambre trésoriale » dans le chef-lieu et des trésoriers de district. La chambre trésoriale, composée du vice-gouverneur, du « directeur de l'économie », du trésorier général et d'un conseiller spécial, auxquels étaient adjoints deux assesseurs, avait charge non seulement des deniers publics, mais encore des bâtisses et de tous les intérêts économiques. Au trésorier général du gouvernement répondait dans le district un receveur et payeur, portant lui aussi le titre de trésorier.

Le cercle d'attributions réservées aux chambres trésoriales par la loi de 1775 fut encore élargi dans quelques détails par un règlement publié en 1777. Ce même règlement institua, à Saint-Pétersbourg et à Moscou, des caisses spéciales : l'une, dans chaque capitale, pour les paiements inscrits sur les états; l'autre, pour la garde et l'emploi des sommes qui pouvaient rester comme excédents des dépenses prévues par les états ou registres permanents. Une expédition séparée pour la revision des comptes fut créée par cette même loi à côté de l'expédition des revenus attachée au Sénat.

Procureur général.

Cette expédition des revenus était soumise au procureur général, faisant fonction de trésorier de l'Empire et placé ainsi à la tête de toute l'administration financière. Nulle dépense ne devait être faite, par quelque bureau que ce fût, sans mandat du trésorier de l'Empire; tous les oukazes touchant l'emploi des ressources étaient adressés à ce fonctionnaire, lequel, en outre, était autorisé à contrôler, soit en personne, soit par l'entremise de ses délégués, les chambres et bureaux de la Trésorerie énumérés plus haut et fonctionnant en province. Le trésorier de l'Empire, de plus, était chargé de présenter à l'Impératrice des rapports annuels ayant trait aux questions suivantes : 1° quel était le total prévu des revenus; 2° quel chiffre atteignaient les recouvrements effectifs; 3° à combien montaient les arriérés; 4° en quelle mesure les ressources rentrées au Trésor avaient-elles été employées à solder les dépenses; 5° quelle somme représentaient les excédents et où se trouvaient-ils déposés; enfin 6° en quoi consistaient principalement les arriérés, amendes et généralement toutes les sommes devant être versées ou remboursées au profit de l'État.

Tout l'ensemble des dispositions que nous venons d'exposer servit de point de départ pour la concentration des affaires financières dans un seul département; en outre, ces mesures tendaient à mettre en lumière toutes les sources du revenu et à en préciser la situation.

Tableaux annuels sur la situation des finances.

Or, l'unification du mouvement des recettes et des dépenses entre les mains d'une seule administration présenta, à son tour, l'avantage de rendre possible l'introduction d'un système budgétaire plus régulier. Plus haut, nous avons fait mention des tableaux annuels sur la situation des finances, dressés par le trésorier de l'Empire, en vue d'un questionnaire déterminé; ces tableaux remontent à 1781 et constituent les sources les plus importantes pour l'histoire financière de l'époque. On peut voir sur ces tableaux les succès accomplis en peu d'années dans cette branche des services publics, et représentés surtout par la décroissance successive des chiffres de revenus laissés entre les mains des divers services et la translation de toutes les ressources au sein d'un département spécialement chargé de l'administration des finances. Pendant les années 1781, 1782 et 1783, un tiers environ du total, représentant le revenu de l'État, restait encore sous la direction immédiate d'autres départements, sans compter, naturellement, les divers services du palais auxquels se trouvaient affectées des branches de revenus non inscrits sur les tableaux dont nous venons de parler.

Quant aux paiements effectués pour les besoins de l'État, les tableaux précités ne portent que les chiffres des dépenses couvertes par des ressources comprises dans ces mêmes documents, et encore la plus grande partie de ces paiements étaient faits par les soins des administrations spéciales et des chambres trésoriales provinciales.

Depuis 1788, un nouveau progrès dans le même sens est indiqué par les tableaux. Dès lors, l'on se trouve encore plus près de l'unité visée et la presque totalité des revenus de l'État est comprise dans la masse générale du ressort des finances. Si quelques branches de revenu échappaient à sa direction immédiate, en revanche les tableaux comprennent même les ressources de certains offices du palais, — comme le « cabinet » de l'Impératrice, le comptoir de la Cour et le bureau des écuries impériales, — ressources jusque-là non mentionnées par les documents en question.

De même, les dépenses, quoique spécialisées d'après les rubriques anciennes et continuant à être effectuées par divers organes de l'administration générale, se trouvent pourtant portées sur les états et à ce titre sont enregistrées par les sous-expéditions du département des revenus, appelées expéditions « des états », tandis que les excédents ou restes résultant de l'exercice ordinaire sont renvoyés aux « trésoreries des restes (à Saint-Pétersbourg et à Moscou) », pour faire face aux besoins imprévus et extraordinaires.

Crédits supplémentaires.

Cette dernière catégorie comprenait principalement les crédits supplémentaires, nécessités par l'entretien des troupes hors des frontières, par le renchérissement des vivres et des fourrages, les armements, les dépenses du « cabinet », ainsi que les constructions entreprises par voies extraordinaires et les assignations par décrets impériaux particuliers, les pensions et autres allocations qu'il plaisait à la souveraine d'accorder.

Toutefois, et malgré toutes les améliorations réalisées dans ce département, il serait erroné de supposer que les « tableaux » de cette époque présentent l'image exacte de la répartition complète des ressources de l'État. D'ailleurs, les restrictions que nous avons eu soin d'apporter, en constatant les progrès accomplis pour régulariser le mouvement intégral des recettes et des dépenses, montrent assez que le but proposé ne pouvait encore avoir été atteint d'une manière efficace.

Après cette remarque générale sur la nature des titres budgétaires inscrits aux tableaux de l'époque, nous nous bornerons à citer les totaux globaux des budgets des quatre années suivantes, sans entrer plus avant dans la distribution des recettes et des dépenses entre les différents ressorts administratifs.

Totaux généraux pour les années :

1781.......	28.745.317	roubles.
1782.......	30.187.676	—
1783.......	31.583.838	—
1784.......	40.526.040	—

Le favoritisme et ses suites.

Malgré l'éclat extérieur du règne de Catherine II, l'on est fondé de dire qu'il a été loué outre mesure, bien au delà des résultats réels obtenus soit dans le domaine politique, soit dans celui des finances. Sous l'apparence brillante qui entourait de son auréole la figure majestueuse de la souveraine, les forces naturelles de l'État étaient minées par les abus des favoris et le désordre que leur influence changeante, leur avidité et leur arbitraire mettaient dans l'administration.

La situation des finances, surtout dans les dernières années du règne, était vraiment déplorable, et tous les efforts n'avaient d'autre but que de découvrir des procédés nouveaux pour pourvoir aux besoins extraordinaires, les déficits croissant d'une année à l'autre. Ainsi, l'oukaze du 3 mai 1783 élevait le prix du sel régalien dans les provinces où il avait été moins cher, en établissant des prix unifiés pour cette denrée sur tout le territoire de l'Empire, fixait à 500 roubles par tête le rachat du service militaire, augmentait l'impôt du timbre et la rente du fermage des terres domaniales, étendait, enfin, aux gouvernements méridionaux et occidentaux, nouvellement réunis à l'Empire et jusque-là « privilégiés », la capitation ou impôt personnel dans la même mesure que dans les gouvernements du centre. Il va sans dire que l'oukaze en question ne donnait pas la vraie raison de cette augmentation d'impôts, mais avait soin d'en rejeter le motif sur « l'accroissement du bien-être général, la circulation accélérée des capitaux dans le pays et l'élévation du prix des produits »

On alla plus loin dans cette même voie : un oukaze rendu en 1789 ordonna une réquisition de blé moulu dans les provinces fertiles du Sud-Est à titre d'acompte sur les redevances et arriérés d'impôts, tandis qu'un édit ultérieur — l'oukaze de 1794 — augmenta la taxe personnelle. Cette dernière disposition portait que dans les dix-sept gouvernements, où la vente des boissons était libre, l'impôt « par âme » devait être dorénavant de 1 rouble au lieu de 70 kopecks, pendant que dans les dix-neuf gouvernements, où la vente des boissons était prise en régie, il serait exigé 15 kopecks additionnels à l'impôt capital de 70 kopecks et, de plus, une mesure de seigle. La taxe personnelle acquittée par les bourgeois fut élevée par le même oukaze à 2 roubles par tête et les commerçants durent subir une espèce de réquisition extraordinaire, et exigible une seule fois, dans la proportion de 1 0/0 des capitaux par eux déclarés.

Le même oukaze frappa d'un droit les capitaux acquis par voie d'héritage dans la classe commerçante et introduisit des impôts nouveaux sur les fonderies et hauts-fourneaux, enfin doubla derechef le prix du timbre. L'oukaze de 1794 ordonnait en même temps un nouveau recensement général et rétablissait l'aliénation partielle de terrains domaniaux, suspendue en 1778.

Nous venons de faire mention de certains recouvrements en nature, en mesures déterminées de blé ; les recouvrements se montrèrent très difficiles à être opérés sur une vaste étendue de territoire. En outre, la mauvaise récolte qui marqua la même année rendit l'application de cette disposition encore plus onéreuse. Aussi fut-elle révoquée ; mais, en revanche, une nouvelle élévation de l'impôt personnel eut lieu pour les gouvernements du Nord et du Nord-Est.

Parallèlement, toute une série d'élévations du tarif douanier fut successivement opérée dans les années 1766, 1775, 1782 et 1796, uniquement dans le but d'augmenter le rendement de la taxe d'entrée et sans nul égard pour plusieurs articles de première nécessité qui étaient importés de l'étranger.

Politique d'immixtion.

Il est vrai que des conquêtes importantes ajoutaient sans cesse de nouveaux territoires à l'Empire déjà si vaste et si peu cultivé qui se glorifiait de la prépondérance que sa souveraine lui assurait dans les affaires européennes. Mais ces nouvelles provinces n'apportaient d'abord qu'un surcroît de dépenses et la politique d'immixtion dans les affaires de l'Occident rendait nécessaire le maintien sous les drapeaux d'un nombre de soldats toujours croissant. Le pays se trouvait positivement hors d'état de subvenir aux frais supplémentaires qu'entraînaient les vues d'une politique ambitieuse et pour suppléer aux moyens naturels que l'on ne possédait pas, l'on dut forcément recourir aux voies extraordinaires, aux emprunts à l'étranger et à l'augmentation des assignats.

Illusions concernant la création de valeurs fictives.

Il est curieux d'observer, surtout à notre époque, — où quelques-unes des idées fondamentales de l'ancienne théorie du « mercantilisme » semblent revivre en Russie — que dans l'origine le gouvernement lui-même se refusait à ne voir dans les recours exagérés à la circulation fiduciaire qu'une simple ressource pour subvenir temporairement à des besoins extraordinaires du fisc. L'on s'illusionnait en croyant que la création arbitraire de valeurs fictives servirait au développement de la production et en général des forces économiques du pays.

Ici, il est permis d'entrevoir un reflet de la doctrine mercantiliste qui s'obstinait à prêter au capital en numéraire une valeur particulière et supérieure à celle des produits qui peuvent être acquis en échange. Seulement — et c'était ce qui rendait l'hypothèse encore plus erronée — le numéraire, représentant aux yeux des mercantilistes la richesse du pays par excellence, se trouvait fatalement remplacé en Russie par du papier, qui était loin de présenter précisément les avantages d'une richesse facile à échanger et par conséquent préférable à toute autre, dans l'idée du système auquel nous venons de faire allusion.

Perspicacité du prince Wiazemsky.

Il est vrai que dès les premières émissions du papier-monnaie, le procureur général prince Wiazemsky, alors chargé de la surintendance des finances, s'était efforcé de décourager l'optimisme dangereux qui poussait à puiser à pleines mains dans cette source, si accessible à sa surface et si perfide au fond. Mais il ne fut pas écouté, les avis imprévoyants prévalurent et les difficultés que Wiazemsky avait prévues ne tardèrent pas à se réaliser.

La politique d'intervention et d'annexion trop hâtive, le maintien d'une armée nombreuse et les dotations magnifiques accordées aux favoris, enfin le surenchérissement toujours croissant du chiffre du papier-monnaie mis en circulation, aboutirent bientôt à une crise voisine d'une vraie débâcle financière.

Commission présidée par Zoubow

Le gouvernement, inquiet de l'aspect menaçant que présentait la dépréciation des recouvrements et la croissance des arriérés, eut recours à un moyen ordinaire en temps de difficultés ; il chargea une commission *ad hoc*, instituée sous la présidence du comte Zoubow, d'étudier la situation et de rechercher une issue praticable. La commission ne trouva d'autre moyen qu'un spécifique très simple et tout à fait impuissant. Elle recommanda l'élévation du prix nominal de la monnaie de bronze dans la supposition que la ressource que le Trésor trouverait dans la refonte du billon serait suffisante pour le tirer des besoins les plus pressants.

Naturellement le moyen proposé se trouva inefficace et l'on fut forcé de s'enfoncer encore plus avant dans l'ornière fâcheuse où les finances étaient entrées, c'est-à-dire que l'on eut recours à de nouvelles émissions de papier. Cependant, Samoïlow avait remplacé le prince Wiazemsky au poste de procureur général au Sénat (1792).

Vu le manque de contrôle à cette époque et l'absence de données officielles touchant les opérations de crédit, nous ne pouvons préciser dans quelle mesure le gouvernement de Catherine puisa d'une année à l'autre à la source du papier-monnaie.

En nous référant à deux auteurs qui ont traité cette question, MM. Storch (1) et Pietchorine (2) et ne leur empruntant que des chiffres à peu près concordants chez l'un et l'autre, nous voyons que, pendant presque tout le règne de Catherine II, l'émission annuelle des assignats suivait un cours très irrégulier, mais continu. Elle variait de 1/2 million à 3, 4 ou 5 millions de roubles à l'ordinaire. Mais il y avait des années exceptionnelles où elle arrivait à des chiffres tout à fait disproportionnés.

Ainsi pour 1782, l'un des auteurs ci-dessus nommés accusa le chiffre de 7, l'autre de près de 6 millions, tous les deux donnent 7 millions 3/4 pour 1796, 6 millions pour 1791, l'un 7, l'autre 11 millions pour 1790, le premier 30 millions, le second 21 millions 1/2 pour 1794, enfin tous les deux à peu près 53 millions 3/4 pour la seule année de 1787.

En comparant cette ressource avec les chiffres du revenu ordinaire de l'Etat, nous arrivons aux combinaisons suivantes :

Année 1782	Revenu	30 millions	Emission d'assignats	7	millions
— 1790	—	44 mil. 1/2	—	7 ou 11	—
— 1791	—	43 millions	—	6	—
— 1794	—	56 mil. 1/3	—	30 ou 21	—

(1) Storch. *Matériaux pour servir à l'histoire des signes monétaires en Russie, de 1653 à 1840.*

(2) Pietchorine. *Nos assignats d'Etat,* « étude publiée dans la revue : *Westnik Ewropy*, 1876 ».

Nous plaçons à part l'année 1787, qui, en regard d'un revenu ordinaire de 43 millions 1/2 seulement, avait placé une émission de papier-monnaie au montant de 53 millions 3/4 de roubles!

Le tableau suivant montre la croissance successive de la circulation des assignats de 1789 à 1796, avec l'indication du cours du rouble papier en kopecks-argent.

Croissance de la circulation des assignats de 1789 à 1796.

ANNÉES	ÉMISSION ANNUELLE	TOTAL de la circulation	VALEUR DE 100 KOPECKS (un rouble) papier en kopecks argent
1769	2.600.000	2.600.000	99
1770	3.700.000	6.300.000	99
1771	4.200.000	10.600.000	98
1772	3.300.000	14.000.000	97
1773	3.800.000	17.800.000	98
1774	2.200.000	20.000.000	100
1775	1.400.000	21.500.000	99
1776	1.500.000	23.000.000	99
1777	500.000	23.500.000	99
1778	»	23.500.000	99
1779	»	23.500.000	99
1780	1.000.000	24.500.000	99
1781	2.800.000	27.400.000	99
1782	5.900.000	33.300.000	99
1783	3.400.000	36.700.000	99
1784	3.400.000	40.100.000	98
1785	5.100.000	45.300.000	98
1786	900.000	46.200.009	98
1787	53.800.000	100.000.000	97
1788	»	100.000.000	92 3/5
1789	»	100.000.000	91 3/4
1790	11.000.000	111.000.000	87
1791	6.000.000	117.000.000	81 1/3
1792	3.000.000	120.000.000	79 1/3
1793	4.000.000	124.000.000	74
1794	21.500.000	145.000.000	71
1795	4.400.000	150.000.000	68 1/2
1796	7.700.000	157.700.000	70 1/2

Le tableau qui précède a été dressé d'après les données gardées aux archives de la chancellerie de crédit.

La pratique du système de papier-monnaie parut une vraie corne d'abondance qui permettait d'augmenter à volonté le revenu de l'année et même de le doubler et plus que de le doubler en cas de nécessité pressante. Ce fut là un legs onéreux et néfaste, laissé à l'avenir par le règne en apparence si brillant de Catherine II. La Russie, jusqu'à nos jours, n'a pas encore réussi à se délivrer des suites de cette tradition malsaine, inaugurée par Catherine et malheureusement suivie toujours avec plus de ferveur dans les périodes postérieures.

Le « ménage au papier », pour nous servir de l'expression du prince Wiazemsky, doit être considéré comme un véritable fléau pour tout l'ordre économique, lequel sous cette influence funeste se trouble et s'altère dans ses éléments les plus graves. Les transactions entre particuliers perdent toute précision, le commerce le plus solide se double nécessairement d'une spéculation à terme, attendu qu'il ne peut prévoir avec certitude la valeur réelle des paiements qu'il aura à exiger, la propriété privée se déprécie et le capital national diminue. Tels sont les effets naturels du trouble que le papier-monnaie apporte dans les fonctions économiques d'une nation.

Dettes contractées sous Catherine II.

Le règne de Catherine II ne se borna pas à inoculer à la Russie ce virus financier. Il dota le pays, en outre, d'une dette intérieure et extérieure assez considérable, dont voici les chiffres totaux :

Dette extérieure : 43,739,130 roubles.

Dette intérieure : 82,457,426 —

Un fait caractéristique du temps, c'est l'absence dans tous les projets qui prirent naissance sous ce règne, pour la réduction des dettes, de propositions tendant soit à modérer les dépenses, soit à assurer au moins la stricte exactitude dans l'exécution des engagements encourus. Pour citer un exemple de la légèreté avec laquelle on traitait à cette époque les réclamations particulières les mieux fondées, nous n'avons pas besoin de chercher plus loin qu'au sein de l'administration de la liste civile elle-même.

Le « comptoir de la Cour » paye ses créanciers avec 25 0/0 de rabais.

Le « comptoir de la Cour », se trouvant constamment dépourvu de moyens avec les ressources ordinaires qu'il tirait du budget, payait ses fournisseurs en créances, quand il n'avait plus d'argent comptant à leur donner. Les obligations de cette nature s'élevèrent en 1789 à 1,153,340 r. 35 3/4 kopecks et, « malgré les réclamations réitérées des créanciers, le paiement était suspendu vu le manque d'argent ». Le comptoir offrit aux créanciers de les payer sous condition d'un rabais de 25 0/0, ce qu'ils acceptèrent, soit parce qu'ils ne pouvaient faire autrement, soit parce que leurs comptes étaient grossis au moins dans la proportion du rabais qu'on leur demandait.

De cette façon, la dette du comptoir se trouva réduite vers 1794 à la somme de 207,545 r. 94 kop. ; laquelle, évidemment, n'était pas bien difficile à payer. Or, une commission nommée pour examiner le relevé annuel des dépenses de la Cour, et composée des sénateurs Derjawine (le fameux poète, appelé « le chantre de Catherine »), Khrapowitzki et Nowosiltzow, exprima l'avis que le paiement ne pressait guère : « Les dettes ci-dessus peuvent souffrir un délai, attendu que les créances précitées, passant de mains en mains, se vendent à la moitié du prix et n'étaient acquittées par feu le procureur général (Wiazemski) qu'avec un rabais d'un quart dans chaque rouble (1). » Ainsi, l'on faisait des difficultés pour payer une somme sans importance et incontestable, pendant que l'on accordait continuellement aux généraux Potemkine, Gréiy, Kakhowski et autres des crédits de plusieurs millions pour prétendues dépenses supplémentaires, sans même vérifier si ces dépenses étaient réelles.

Nous avons dit plus haut que les guerres continuelles nécessitèrent sous Catherine II, non seulement un accroissement des charges multiples, mais, de plus, le recours à un moyen qui dès lors facilita toute sortes de dépenses improductives et disproportionnées avec les ressources du présent, auquel on ne sacrifia que trop souvent l'avenir.

Ce moyen, on le devine, fut la conclusion d'emprunts à l'étranger, emprunts onéreux dès le début et contractés à des conditions assez humiliantes. Une défiance naturelle vis-à-vis d'un pays encore peu connu en Europe les dictait et elles étaient consenties par l'ambition plutôt que par le souci de la dignité.

Premier emprunt conclu à l'étranger. Ses conditions.

Ainsi, le premier emprunt pour subvenir aux frais de la première guerre contre la Turquie fut conclu à Amsterdam chez les banquiers Reymont et de Smet, le 2 avril 1769, le gouvernement russe s'obligeant à le rembourser dans le terme de 30 ans et offrant comme sécurité les revenus de deux provinces, l'Esthonie et la Livonie, ainsi que les droits perçus sur les produits importés dans les ports de Riga, Pernau, Réval et Narwa.

(1) Brzeski. *Dettes d'État en Russie*, p. 85.

Aux termes de la convention passée à ce sujet et rédigée par le gouvernement russe au nom de la souveraine, les banquiers devaient recevoir des titres au montant de 500,000 florins chacun, avec faculté de les réaliser par l'émission d'obligations de 1,000 florins, visées et certifiées par les griffes conjointes du ministre russe à La Haye et d'un notaire public.

L'intérêt de 5 0/0 et une prime de 3 0/0, représentant une bonification accordée aux banquiers, devaient être payés d'avance, à la conclusion de l'emprunt, ce qui, pour chaque million, équivalait à 80,000 florins.

En vertu de cette convention, le gouvernement reçut, en 1769, 4 millions de florins; en 1770, 3 millions 1/2. L'opération ayant été prolongée par un oukaze de 1773 aux mêmes conditions, le Trésor reçut encore dans le cours de cette année 2 millions 1/2, à 5 0/0, comme précédemment, mais avec une provision supplémentaire de 3 1/2 0/0. La somme entière s'éleva donc à 10 millions de florins empruntés par le gouvernement pour dix ans, à 8 1/2 0/0.

Or, la caisse de l'Empire manquant de ressources pour effectuer les paiements convenus, cette dernière série d'obligations fut convertie en titres de 4 0/0, avec double provision de 3 0/0 payable en Russie et de 4 0/0 en outre, payable à l'étranger avec prolongation de terme.

Emprunts subséquents.

Nous croyons superflu d'insister sur les détails des emprunts semblables qui, à partir de 1778, se succédèrent presque chaque année jusqu'à la fin du règne. La seule différence marquante dans les conditions de ces emprunts ultérieurs est représentée par l'abaissement du taux de l'intérêt à 4 0/0, pendant que la prime servie aux banquiers continuait à être de 6 et 7 0/0.

Friedrichs et Sutherland.

Le banquier de la cour Friedrichs servait d'intermédiaire entre le gouvernement et les capitalistes hollandais pour la conclusion des premières opérations d'emprunts. A sa mort, ces opérations, ainsi que le rachat des titres préalablement émis furent continués par l'entremise du négociant anglais Sutherland, résidant à Saint-Pétersbourg ; enfin les derniers emprunts conclus sous ce même règne furent négociés sans intermédiaire et réalisés sans provision par les hauts fonctionnaires chargés dès le début de surveiller le service de la dette publique ; c'étaient le général comte Tchernychew, le vice-chancelier prince Galitzyne et le procureur général prince Wiazemsky.

Depuis, un emprunt hollandais supplémentaire fut négocié encore une fois par Sutherland, portant déjà le titre de baron ; cet emprunt fut conclu à Anvers chez de Wolff, pour la somme de 3 millions de florins et pour le terme habituel de 10 ans, avec 4 1/2 0/0 d'intérêts et 7 0/0 de primes stipulés par de Wolff, avec 3 0/0 de provision en outre au bénéfice de Sutherland.

Total des emprunts hollandais.

Le total des emprunts hollandais conclus par Catherine II s'éleva à 56,500,000 florins et quatre autres négociés à Gênes vinrent s'ajouter à ceux-là. Un premier emprunt de 500,000 piastres par l'entremise du marquis Muruzio, à 5 0/0, réalisé en 1771, fut remboursé dès 1776. Successivement, en 1778 et en 1791, le gouvernement emprunta aux banquiers génois, au terme de 10 ans et au taux de 5 0/0, deux fois la somme de 1,200,000 piastres et une fois celle de 600,000. Le total de la dette aux banquiers de Gênes représentait, vers 1797, 3 millions de piastres, soit 5,315,000 florins.

Autres dettes.

Les dettes réunies contractées envers les banquiers hollandais et les banquiers génois doivent être évaluées, au cours du temps, à 41,210,000 roubles. Pour arriver enfin au total général de la dette, telle qu'elle était à la mort de Catherine, il faut ajouter à ce chiffre le montant de la circulation de papier ou dette intérieure, qui s'élevait à 157 millions de roubles.

Institutions de crédit.

Ce fut encore Catherine II qui fonda en Russie les institutions de crédit, telles à peu près qu'elles continuèrent à exister jusqu'à la réforme opérée trois quarts de siècle après elle. Une banque foncière à l'usage de la noblesse avait déjà été fondée par Elisabeth, en 1754 ; mais vu le manque de fonds, ses opérations avaient été insignifiantes et la grande propriété continuait à recourir aux usuriers. Catherine inaugura le système du crédit intérieur par des mesures répressives. Le manifeste du 28 juin 1786 établit un maximum légal pour le taux de l'intérêt, obligatoire pour les prêts des particuliers comme pour les créances du gouvernement. Ce maximum fut fixé à 5 0/0.

Banque d'État pour emprunts.

La même année vit paraître les statuts d'une nouvelle banque foncière, appelée : « banque d'État pour emprunts ». Cette institution fut fondée au capital de 33 millions de roubles, dont 22 millions destinés pour prêts sur hypothèque à la noblesse et 11 millions pour prêts aux habitants des villes sur immeubles. Les taux furent fixés pour les propriétaires fonciers à 5 0/0 d'intérêt et 3 0/0 d'amortissement, pour les propriétaires d'immeubles sis dans les villes à 4 0/0 pour l'intérêt et à 3 0/0 pour l'amortissement, les premiers jouissant d'un terme de 20 années, les seconds de 22 années. Les maisons engagées à la banque devant naturellement être assurées contre l'incendie, un bureau d'assurances fut joint à la banque d'emprunts et il fut permis à tous les propriétaires de maisons en pierre (briques) d'y assurer leurs immeubles, qu'ils fussent ou non engagés à la banque d'État. Ce bureau n'assurait d'ailleurs que les constructions en pierre.

Comme contre-partie nécessaire à l'opération des prêts, cette même banque fut autorisée à recevoir en dépôt les sommes que lui confiaient les particuliers et, afin de prévenir toute défiance, il fut expressément stipulé dans les statuts qu'aucune somme déposée à la banque ne pourrait être passible de séquestre ou confiscation, soit qu'elle appartînt à des sujets russes, soit qu'elle fût la propriété d'étrangers, même au cas d'une guerre déclarée à l'État dont ils se trouvaient les nationaux.

Assistacne publique.

Outre la banque d'emprunts, Catherine fonda encore d'autres institutions de crédit se rapportant à la bienfaisance publique. Cette dernière branche dut aussi son origine à Catherine II. Sous l'inspiration et par les soins d'un philanthrope distingué, Betzky, des hospices d'enfants trouvés furent fondés à Saint-Pétersbourg et à Moscou, et chaque gouvernement fut doté d'une institution spéciale appelée « bureau de l'assistance publique » et chargée de fonder ainsi que de diriger les hôpitaux et les asiles. Les ressources nécessaires à cet objet furent demandées au crédit intérieur; de plus la fabrication et le produit de la vente des cartes de jeu furent attribués en monopole à l'administration supérieure de l'assistance.

Quant aux ressources demandées à cet effet au crédit, elles devaient provenir des opérations de « caisses de prêts (mi-partie caisses hypothécaires et mi-partie monts-de-piété) », « caisse de veuves » et des bureaux d'assistance publique, lesquels, en province, devinrent spécialement des banques supplémentaires de crédit foncier, à part les fonctions administratives que leur imposait la surveillance des asiles et des hôpitaux.

Pour compléter notre étude sur le règne de Catherine II, il suffira de placer en regard quelques chiffres esquissant les traits généraux du budget annuel à cette époque. Nous pourrions donner le tableau des totaux budgétaires pour presque toutes les années du règne de Catherine II, tels qu'ils ont été enregistrés officiellement. Mais comme ce tableau ne saurait être complet vu le manque absolu de chiffres pour certaines années et l'impossibilité d'accorder une créance illimitée aux données officielles du temps, nous nous bornerons ici à un simple aperçu de la marche suivie par les recettes et dépenses exprimé en chiffres ronds.

Quelques chiffres budgétaires.

Nous voyons d'abord un développement des ressources remarquable même pour la longue période embrassée par ce règne. A son début, en 1761, les recettes ne montaient qu'à 16 millions 1/2 ; elles s'élevèrent à 68 millions 1/2 pour l'année 1796, que nous devons regarder comme appartenant encore à ce règne, l'avènement du successeur de la souveraine n'ayant eu lieu qu'en novembre. Ainsi les recettes, pendant cette période de trente-trois ans, avaient plus que quadruplé. Mais nous devons faire observer simultanément que les chiffres antérieurs aux années 1784-1789, marquées par l'unification de la gestion des finances que nous avons décrite plus haut, étaient loin de représenter le total des revenus et des dépenses annuels.

S'il fallait admettre comme complets les chiffres donnés pour la première moitié du règne, on serait conduit à croire que les finances se trouvaient alors dans un état qui laissait peu à désirer. En effet, aux chiffres comprenant les recouvrements des années 1763-1772 correspondent presque exactement les chiffres des dépenses, si l'on fait abstraction pour 1768 des frais extraordinaires occasionnés par la guerre avec la Turquie, qui sont évalués à 47 millions 1/2. De légers découverts, pour certaines années, sont compensés par des excédents dans quelques autres exercices. Ainsi, pour citer des exemples, nous voyons, en 1763, les recettes portées à 16 millions 1/2 et les dépenses à 17 1/4 ; en 1767, au contraire, les 21 millions 3/4 des recettes surpassent les 20 millions 3/4 des dépenses.

Mais dès 1781 jusqu'à 1785, un fait extraordinaire se produit : les recettes dépassent considérablement les déboursés. Ainsi, pour 1781 il y a 28 millions 3/4 de revenus contre 19 millions 2/3 de dépenses ; pour 1782 le revenu est de 30 millions, les dépenses de 21 millions seulement ; pour 1783 il y a égalité presque entière dans la balance, qui s'établit sur le chiffre de 31 millions 1/2 tant pour les recettes que pour les dépenses. En 1784, nouvel excédent considérable des recouvrements sur les paiements opérés : ce sont 20 millions 1/2 entrés contre 30 2/3 déboursés.

Prospérité apparente.

Or, il est permis de supposer que cette prospérité apparente n'était qu'un effet de comptabilité. Les revenus particuliers, gérés par diverses administrations, entraient successivement au budget général et cela plus rapidement que les dépenses, lesquelles de leur côté faisaient l'objet de divers reports.

Notre supposition est confirmée par ce fait digne de remarque, qu'immédiatement après l'excellente balance de l'année 1784, l'exercice suivant offre déjà, sur les 40 millions du revenu, 58 millions de dépenses et que, dès ce moment, le déficit annuel passe à l'état chronique. Il augmente surtout après l'accomplissement de l'unification des finances, c'est-à-dire après que les totaux budgétaires eussent englobé à peu près toute la masse des ressources et des paiements de l'État. Le budget s'étant ainsi, depuis 1788, rapproché de la réalité, un découvert considérable s'y manifeste tout à coup; nous ne voyons pour cet exercice que 42 millions 3/4 de revenu, tandis que les dépenses y figurent pour 63 millions 1/2.

Augmentation du déficit.

A partir de cette année, le déficit chronique, constaté depuis 1785, prend des dimensions plus considérables, à ce point que, pour l'année 1790, nous avons 73 millions 1/2 de dépenses contre 44 millions 1/2 seulement de recettes.

Mais tout en admettant la probabilité du phénomène que nous venons d'indiquer, nous devons ajouter qu'il ne saurait être admis pour expliquer la disproportion des dépenses aux recettes depuis l'achèvement de l'unification des diverses branches du revenu et des dépenses.

Il est clair que l'accroissement rapide des dépenses, pendant que les recouvrements se montraient plus lents, fut la seule raison des déficits considérables qui marquèrent cette période avancée du règne de Catherine II.

Les guerres et le luxe jusqu'alors inconnus doivent, naturellement, être regardés comme les causes principales de la situation désavantageuse où étaient tombées les finances dans ce temps-là.

Prodigalités non justifiées

Même dans le cas où l'on voudrait admettre que toutes ces guerres ont été réellement nécessaires, il resterait à regretter la prodigalité mise à satisfaire les exigences souvent arbitraires des généraux et les caprices politiques d'une utilité très discutable, comme les secours accordés par Catherine aux princes et émigrés français, secours qui montèrent à la somme de 2 millions de florins. « Je suis fâché — écrivait le comte Worontzow — que notre Cour ait donné 2 millions de florins aux princes français. En vérité, quand on pense à quel point nous sommes endettés, l'on ne peut se défendre de la pensée que cet argent eût été mieux employé à payer une partie de notre dette (1) ».

Expédients financiers.

Entre les moyens divers que le gouvernement cherchait à découvrir pour parer à des dépenses qui excédaient les forces du pays, nous devons signaler l'expédient imaginé en 1790 par le président du conseil de l'Amirauté, comte Tchernychew, et qui consistait à délivrer aux fournisseurs, à défaut d'argent comptant, des assignations à terme, revêtues du seing de tous les membres du conseil. Ce projet ne fut pas mis à exécution, attendu que les « assignations » étaient superflues, quand l'on avait la ressource toujours prête des « assignats ».

L'accroissement incessant des charges qui pesaient sur le peuple, détruisant les quelques germes de prospérité qui étaient échus en partage à ce sol encore si peu cultivé, se montrait pourtant insuffisant à couvrir les frais d'une politique ambitieuse et d'une prodigalité inouïe.

La détresse était augmentée par le système détestable des assignats et par les abus criants auxquels se laissaient aller les favoris. La fin de ce règne aux dehors brillants et à la réalité très dure fut triste comme le souvenir d'une beauté évanouie et d'illusions dissipées, si tant est que l'on puisse croire à la probabilité d'illusions sincères dans un temps où tout était calculé pour le dehors.

Le pays épuisé, les finances en désordre, l'endettement, des centaines de milliers de paysans jadis libres et donnés en servage à des favoris, le régime du bon plaisir, descendu de plusieurs degrés et mis à la portée même d'aventuriers de second ordre : tel fut le revers de la médaille de ce règne pompeux.

A ce contraste de la pompe officielle et de la prodigalité sans frein des favoris avec la misère des populations, vint s'ajouter, à la fin de la période que nous venons d'esquisser, une contradiction flagrante entre les intentions humanitaires si hautement proclamées, les phrases sonores qui avaient retenti jusque dans l'Occident et y avaient trouvé des adulateurs, avec l'oppression qui pesait en réalité sur la vie et la pensée de la nation.

Un oukazé de Catherine concernant la concussion.

La rapacité des fonctionnaires de tout degré amena Catherine à rappeler un oukaze rendu sur ce sujet par Élisabeth, ce que la nou-

(1) BRZESKI. *Dettes d'État en Russie*, p. 146

velle Impératrice fit en termes particulièrement énergiques : « Il était parvenu de longue date à notre connaissance, — ainsi s'exprimait Catherine, — et depuis, nous avons été à même de nous en convaincre par les faits, jusqu'à quel point la corruption s'est accrue dans notre Empire. Que si quelqu'un recherche une place ou se défend contre une calomnie, il paie ; porte-t-il lui-même une calomnie sur son prochain, c'est par l'argent qu'il s'efforce de faire réussir ses menées artificieuses. D'autre part, plusieurs magistrats, appelés à rendre la justice en notre nom, ont converti en marché le ministère vénérable dont ils sont revêtus, considérant la fonction de juges intègres et impartiaux qu'ils tiennent de nous comme équivalente à des revenus dont nous les aurions gratifiés », etc.

Effet manqué.

Mais quel effet réel pouvaient produire de semblables admonitions quand le pays était privé d'organes qui eussent servi à leur exécution et quand tous ceux qui tenaient en main le pouvoir, à quelque degré que ce fût, étaient intéressés, au contraire, à les laisser passer par-dessus leurs têtes comme de vains échos d'une volonté, sans limites d'après la loi, mais impuissante en réalité à la faire respecter ?

Oukaze du 16 septembre 1796 concernant les livres étrangers et les imprimeries.

Les anciens organes de la représentation nationale, les états ou conciles généraux avaient disparu depuis Pierre le Grand. Les municipalités et les assemblées de la noblesse elle-même, pourvues de droits illusoires, étaient en réalité courbées sous l'arbitraire des gouverneurs, souvent implacables dans leur hâte de s'enrichir. Point d'intermédiaire, de milieu indépendant, par où eût pu parvenir au trône un écho fidèle des souffrances inconnues. Enfin, des milliers de prisonniers peuplant les donjons, la suppression de toute liberté accordée auparavant à l'impression des livres, la fermeture de nombre d'imprimeries privées et la défense de l'importation des livres étrangers, ordonnée par l'oukaze du 16 septembre 1796 signé du même nom auguste qui avait fait l'ornement de lettres adressées à Voltaire — tel fut le tableau final du drame brillant que l'Europe avait si fort applaudi.

Situation financière lors de l'avènement de Paul.

L'empereur Paul, à son arrivée au trône, le 6 novembre 1796, trouva les affaires dans une situation déplorable. Animé des meilleures intentions, dégoûté des abus qu'avait engendrés le régime des favoris, doué en outre d'un caractère droit et chevaleresque, le nouveau souverain aurait pu devenir un réformateur, si l'éducation qu'il avait reçue ne lui eût inculqué des défauts qui le rendaient incapable de clarté dans ses vues, de sang-froid et d'esprit de suite dans ses entreprises.

Caractère de ce monarque.

Du vivant de sa mère, relégué au château de Gatchina, tenu à l'écart des affaires, peu aimé de la souveraine et ayant à subir l'arrogance des favoris, forcé de s'humilier devant eux pour obtenir les moyens d'entretenir sa petite Cour et son modeste état de prince héritier du trône, Paul grandissait taciturne, rentré en lui-même, couvant sous une apparence de soumission et d'extrême piété un sourd ressentiment qui aigrit son caractère, tandis que l'isolement et l'absorption de tout son temps par les questions militaires rétrécissaient son esprit.

Bonnes intentions de Paul.

Il voyait le mal et sentait l'urgence d'y remédier. Mais le règne précédent ne lui avait légué en guise de conseillers que les complices détestés par lui de tous les abus et une poignée d'intimes, militaires dressés à la prussienne, instructeurs farouches, créatures serviles et insignifiantes aux conseils. Pour accomplir l'œuvre de réformateur à laquelle l'appelaient les besoins du peuple, il eût fallu rompre ce cercle étroit, deviner d'instinct les natures généreuses et les esprits supérieurs dans la foule des fonctionnaires subordonnés, se mettre en rapport avec la province, se rapprocher de la société intelligente et favoriser l'expression de ses vœux.

Les conseillers de l'Empereur.

Malheureusement, l'expérience et l'éducation de l'héritier enchaînaient les pas et faussaient les idées du monarque. Son trait principal était la défiance. Habitué à ne voir partout qu'abus et malversations, reportant sur les hommes l'aversion que lui inspiraient les courtisans de sa mère, Paul se défiait de tout le monde et croyait ne pouvoir se reposer que sur les compagnons de son exil à Gatchina ou sur des hommes que le destin avait rapprochés de lui et à l'honnêteté desquels il avait ajouté foi. Après les saturnales de dilapidation auxquelles il avait assisté de loin, le désintéressement était la qualité qu'il recherchait surtout et qu'il plaçait au-dessus de toutes les autres. Bons ou mauvais sous d'autres rapports, capables ou incapables, il préférait les hommes que le hasard lui avait fait connaître plus intimement et sur la bonne foi desquels il croyait pouvoir compter. Par malheur, le sort l'avait mal inspiré et des conseillers imprudents, inintelligents ou perfides, ne le secondèrent que dans ses violences, mais ne lui prêtèrent aucun appui dans ses vues d'amélioration. Au contraire, dès qu'ils se furent persuadés que ses intentions pouvaient porter atteinte aux privilèges mêmes de la noblesse, ils ourdirent contre leur maître la trame qui mit une fin inattendue et tragique à ce règne, gros de tant de bonnes intentions.

Impopularité du souverain.

Les défauts que nous venons de retracer rendaient l'Empereur impopulaire et le public, comme l'administration et l'armée, ne le connaissaient que par des actes de petite tracasserie où se traduisaient son impatience et sa brusquerie. Les projets de réformes vraiment utiles étaient masqués par des mesures vexatoires qui semblaient inexplicables. De plus, ce monarque à l'amour-propre maladif, excité par les longues humiliations qu'il avait dû subir, avait pris le sceptre à une époque où la Révolution française menaçait les trônes, en même temps que les excès auxquels elle s'était laissé aller semblaient discréditer les grands principes au nom desquels elle s'était produite.

Paul ennemi de la Révolution française.

Ainsi, pour un réformateur, l'Empereur avait le désavantage d'avoir été très mal disposé par son éducation personnelle pour les idées de son époque. Aussi se déclara-t-il l'ennemi acharné de la Révolution et, non content de la combattre sur les champs de bataille d'Italie et de Suisse, il fit en son pays une guerre mesquine et bizarre à tout ce qui apparaissait comme un reflet de la licence qu'il avait prise en haine. Il poursuivit les habits, les gilets et les cravates à la française, défendit la vente de rubans tricolores, en faisant de ces futilités l'objet de décrets officiels, dont l'exécution était exigée rigoureusement et entraînait à chaque instant des punitions qui portaient à douter du bon sens du gouvernement.

Despotique par dépit de la Révolution et par revanche pour les atteintes précédentes à son amour-propre, il avait pris pour tâche d'humilier les grands, et la brusquerie d'un tempérament mobile lui dictait tour à tour vis-à-vis des officiers et des gens en place tantôt une faveur exagérée, se traduisant en avancements précipités, tantôt une disgrâce complète, aussi peu méritée.

Élans généreux.

Il avait souvent des élans généreux et c'était alors que se faisait voir le fond de bonté dont la nature l'avait doué. Ainsi, il traita avec égards le roi détrôné de Pologne, Stanislas-Auguste, qui avait été conduit à Saint-Pétersbourg; il délivra du cachot de la forteresse qui domine le cours de la Néva le célèbre Kosciuszko, ramassé demi-mort sur le champ de bataille qui avait mis fin à l'existence politique de la royale république polonaise. Touché par le récit de la situation affreuse d'un jeune prisonnier gardé au secret dans la même forteresse, frappé de paralysie et rongé par la vermine, l'Empereur donna l'ordre qu'il soit immédiatement conduit au palais dans l'état où il se trouvait, et comme la victime lui témoignait sa reconnaissance de la grâce obtenue, — « Heureux », s'écria le monarque, « celui qui peut se donner de tels plaisirs ! »

Paul prend le titre de grand-maître des chevaliers de Saint-Jean.

Toujours par haine de la Révolution, il prit sous sa tutelle l'ordre des chevaliers de Saint-Jean expulsé de Malte et ceignit le glaive de grand-maître. Cette institution l'intéressant par sa légende romanesque et par son caractère religieux, Paul créa à Gatchina un prieuré de l'ordre de Saint-Jean de Jérusalem et fit bâtir l'église ainsi nommée « de Malte » à Saint-Pétersbourg. D'ailleurs, les échappées de sa pensée à l'école buissonnière du romanesque ne l'empêchaient pas de s'adonner avec un zèle exagéré aux exercices de la place d'Armes et au perfectionnement militaire des compagnies d'élite de Gatchina, où le bâton de l'instructeur n'était pas un simple signe de commandement. C'est de Gatchina que date la faveur du fameux Araktchéïew, ministre tout-puissant d'Alexandre Ier.

Nous nous sommes quelque peu arrêté sur le portrait de l'empereur Paul par la raison que cette figure historique, toute faite de contradictions, est peu connue à l'étranger et a longtemps été une énigme pour le public russe lui-même. Malgré tout l'intérêt qui s'attachait au dénouement de son règne, l'empereur Paul n'a été étudié et apprécié justement que dans une époque toute récente (1). Le voile jeté sur l'événement final enveloppait en quelque sorte tout le règne.

L'on concevra facilement, d'après la caractéristique que nous venons de donner, les tâtonnements et le peu de suite des efforts que fit ce prince pour combattre les abus et améliorer l'état de son peuple. Privé d'expérience et de conseil, il procéda pour la plupart négativement. Il avait raison de trouver mauvais ce qui s'était fait avant lui, comme système général, mais il eut tort de juger chaque question particulière en prenant juste le contre-pied de ce qui avait été décidé par Catherine. La simple négation d'une erreur ou d'un abus ne constitue pas infailliblement une vérité et une justice. Il y a plusieurs manières de se tromper et d'être injuste, et si l'on s'est égaré, il ne

(1) Voir l'excellente monographie de M. Kobéko : *L'Empereur Pawel Pétrowitch.*

suffit pas de prendre la voie opposée à celle que l'on a suivie pour arriver au but que l'on se proposait d'atteindre.

En matière de gouvernement, il ne suffit pas de transporter une quantité dans la partie opposée de l'équation, où elle figurera avec le signe négatif, comme cela se pratique en algèbre, pour en dégager l'inconnue d'une manière certaine. Or, c'est ce que fit généralement l'empereur Paul. Quand il avait à prendre une décision, il croyait bien agir, en faisant exactement le contraire de ce qu'avait ordonné l'Impératrice sa mère. Ordinairement, cela n'avançait ni n'améliorait guère les choses, car les changements, tout brusques qu'ils fussent, n'étaient que changements de forme. L'un des premiers oukazes qu'il fit paraître, celui du 14 novembre 1796, ordonna la réincorporation au revenu de l'État des recettes recueillies dans les gouvernements de Katérinoslaw et de Wozniesensk, ainsi que de l'arrondissement de Tauride, — recettes dont Catherine avait gratifié ses favoris. Un oukaze signé quatre jours plus tard abolit les augmentations du tarif douanier, introduites par elle. Le jour suivant il signa un décret qui supprimait presque entièrement l'organisation financière créée par Catherine et rappelait à la vie les collèges des mines, du commerce et de l'industrie, tels qu'ils avaient existé avant 1775. Dans les mois suivants parurent plusieurs oukazes conçus dans le même sens : l'un abolissait toutes les restrictions qui avaient été établies en 1782 pour l'ouverture de boutiques et dépôts de commerce, un autre ordonnait à la banque des assignats de convertir en numéraire les lingots déposés chez elle à titre de garantie pour les assignats, un troisième enlevait à la banque la surintendance des établissements miniers qu'elle avait acquis pour ses besoins et les plaçait sous l'autorité du collège des mines, etc.

Paul abolit les réformes accomplies par Catherine.

Par oukaze du 4 décembre de la même année, le conseiller intime Wassiliew fut nommé receveur général d'Etat et les expéditions des recettes et dépenses, de la revision des comptes, en outre celles des arriérés et de la dette intérieure furent toutes placées sous les ordres de ce ministre. Car il faut bien appeler de ce nom un fonctionnaire mis à la tête de toutes les chancelleries financières et rendu tout à fait indépendant du procureur général du Sénat, auquel avait jusque-là appartenu la haute surveillance dans le domaine des recettes et des dépenses. Cette nomination de Wassiliew et les attributions qui lui furent données marquent l'origine d'un département indépendant, qui réunit dans ses mains les services divers consacrés aux finances.

Wassiliew receveur général.

Nous plaçons ici une courte notice biographique sur ce nouveau chef de l'administration financière. Wassiliew, élevé à l'école des cadets civils, attachée au Sénat, et destinée à former des fonctionnaires, avait servi dans la chancellerie du Sénat, et s'y était fait remarquer par la rédaction du tableau des impôts directs et d'une instruction aux trésoreries provinciales. Admis, pendant une maladie du procureur général prince Wiazemski, à le remplacer à l'audience habituelle accordée au ministre des Finances, Wassiliew plut à Catherine II, qui le nomma conseiller intime et directeur du collège de médecine. Il parvint, à force d'économies, à payer les dettes accumulées par ce collège et qui ne montaient pas à moins de 600,000 roubles, et fit construire les édifices de l'Académie de médecine à Saint-Pétersbourg, au quartier dit « de Wiborg ». Receveur général ou caissier de l'Empire sous Paul, Wassiliew introduisit la présentation régulière des comptes rendus annuels. Disgrâcié et mis hors de service en 1800, Wassiliew fut rappelé par l'empereur Alexandre qui le créa comte en 1801, et lui confia le ministère des Finances. Il mourut en 1807.

Une « expédition de l'économie d'État », fondée en 1797 et attachée au Sénat, semble avoir eu la destination qui fit créer à une époque plus rapprochée de nos jours le ministère des Domaines, ainsi qu'on en peut juger d'après l'adjonction de l'administration des forêts au bureau que nous venons de nommer.

Le règne si court de l'empereur Paul fut fécond en permutations administratives du genre de celles déjà citées. Ainsi, la « chancellerie générale des douanes » fut supprimée en 1797 et l'administration supérieure des douanes fut confiée au collège du commerce; de même fut abolie, dans la même année, la nouvelle organisation que Catherine avait donnée au bureau général des sels et ce bureau fut rétabli dans la forme qu'il avait eue avant 1772. Enfin, le collège du commerce fut enrichi d'une section spéciale pour la revision des comptes de douanes. Tout cela dans le cours de 1797. Ayant interdit d'affermer aux particuliers les terrains domaniaux, ce qui avait été établi par Catherine II, Paul institua en 1800 une commission pour la liquidation des anciens baux, ainsi que des comptes de fournitures. En 1801 la Monnaie, fondée par lui en 1797 et attachée d'abord à la banque, fut soumise au collège du commerce.

Les données manquent absolument pour expliquer ces divers changements dans les institutions et le *Recueil complet des lois* de l'Empire se trouve être la seule source où nous apprenons ces mesures successives, sans, naturellement, y trouver les motifs qui les avaient provoquées.

Valeur des monnaies.

La valeur des monnaies frappées sous ce règne fut établie par la loi de 1797 aux titres suivants : 94 2/3 pour l'or, 83 1/3 pour l'argent; quant au bronze, il était fixé à 16 roubles au poud. Une autre loi, de la même année, établit un tarif douanier légèrement élevé et commun pour tout l'Empire, à l'exception des gouvernements d'Arkhangel, d'Orenbourg et de la Sibérie, en prescrivant de ne recevoir en paiement des droits d'entrée que des thalers non entamés. Les thalers ou écus d'Allemagne avaient cours en Russie encore longtemps avant Pierre Ier.

Mesures arbitraires concernant le commerce français.

Ayant pris la France en haine à cause de la Révolution, Paul, en 1778, fit placer l'embargo sur tous les bâtiments de commerce français qui se trouvaient à l'ancre dans les ports russes et séquestra les capitaux appartenant aux Français et déposés à la banque d'État. En même temps il accorda une pension au comte de Provence, qu'il reconnaissait pour souverain légitime de cette nation. Le prince, depuis Louis XVIII, résidait alors en Russie, dans la ville de Mitau, ancien chef-lieu des chevaliers porte-glaives.

Politique extérieure.

Mais la politique de Paul aux derniers jours de son règne changea de direction brusquement, comme tout ce qu'il faisait. Il entra en pourparlers secrets avec Napoléon, par l'entremise d'un agent secret, nommé Kolytchew et, comme l'on sait, conclut en 1801 une étroite alliance avec la Suède, le Danemark et la Prusse, contre l'Angleterre, à laquelle il s'apprêtait à porter un coup sensible par une expédition aux Indes Orientales.

Mesures prohibitives contre l'Angleterre.

Alors, et cela dépeint bien le caractère de ce monarque, qui ne s'arrêtait devant rien, il signa les oukazes du 9 février et du 11 mars 1801, qui prohibaient toute exportation des ports de la Baltique et généralement sur toute la frontière occidentale de l'Empire, ordonnant de ne laisser sortir de Russie ni blés, ni denrées d'aucune sorte, « afin, déclarait-il, de priver l'Angleterre de la possibilité de se procurer nos produits, soit directement, soit par l'intermédiaire d'autres pays ».

Du moins, il fut logique jusqu'au bout dans cette occurrence. Ayant précédemment confisqué l'avoir des Français, il voulut appliquer dorénavant les mêmes mesures aux Anglais, comme sujets d'un pays dont il croyait avoir à se plaindre. En conséquence, un oukaze, paru déjà le 22 novembre 1800 et adressé au collège du commerce, avait prescrit de « suspendre le paiement de toutes sommes dues aux Anglais et de séquestrer les marchandises leur appartenant dans les magasins et boutiques mêmes où elles se trouvaient ». Trois jours plus tard, avait été promulgué un nouvel oukaze instituant une commission chargée de « liquider les comptes de dettes entre négociants russes et anglais ».

Nous citerons encore, entre les faits économiques de ce règne, la création en 1797 d'une « banque de secours » pour la noblesse, ainsi que de bureaux d'escompte et d'assurances, attachés à la banque des assignats.

Nouvel emprunt hollandais.

Malgré l'inclination qu'il montrait à détruire ce qui s'était fait sous le règne précédent, il y eut une sphère dans laquelle l'empereur Paul se rencontra avec l'impératrice Catherine et ne fit que continuer ce qu'elle avait commencé. Or, c'était précisément là où l'exemple donné par Catherine méritait le moins d'être imité, savoir dans l'accumulation d'emprunts à l'intérieur et à l'étranger, ainsi que dans l'augmentation du papier-monnaie. L'emprunt étranger fut conclu par l'entremise de la maison Hope, d'Amsterdam, au capital de 88,300,000 florins de Hollande. Les emprunts intérieurs se présentèrent sous la forme de sommes puisées à plusieurs reprises dans les capitaux de fondations des banques nobiliaires, dans les fonds, appartenant au Trésor, mais ayant une destination particulière, enfin dans les caisses des « conseils de tutelle », qui, institués dans un but de bienfaisance, étaient placés à la tête de caisses de dépôts et de prêts sur hypothèques, qui s'étaient virtuellement transformées en véritables banques foncières, doublées de monts-de-piété.

Nouvelles émissions de papier-monnaie.

De nouvelles émissions eurent lieu en 1797, savoir : 12 millions de roubles pour fournir des ressources à l'intendance militaire, 15 millions pour activer les opérations des comptoirs de la banque et pour acquitter des dettes aux particuliers, 6,595,000 roubles pour munir la banque d'emprunts et les « conseils de tutelle » de moyens suffisants pour garantir la restitution des dépôts; enfin 20 millions en prévision de dépenses extraordinaires. Total : 53,595,000 roubles.

Cours du change.

Cette émission, succédant immédiatement à celle du règne précédent, produisit sur le marché une véritable inondation de papier-monnaie. Aussi, malgré la nouveauté de l'opération à laquelle le crédit de l'État se trouvait soumis, la confiance du public et du commerce commença à s'ébranler. Le rouble-assignat ne fut plus reçu à l'intérieur qu'à la valeur successive de 79 kopecks 1/3, 73, 66 1/2 et enfin 65 kopecks 1/3 argent. Le cours du change fléchissait en même temps : de 30 stivers sur Amsterdam, le rouble descendit à 27 et 25 stivers; de 30 pence sur Londres à 26 pence (continuant ainsi à rester meilleur que de nos jours). Le gouvernement essaya de relever le cours en augmentant la valeur de la monnaie d'argent à 83 1/2 0/0, au lieu de 72 0/0, ce qui entraîna en effet une amélioration, quoique insignifiante, de 1 stiver dans la cote du rouble sur Amsterdam.

Les années 1798 et 1799 se passèrent sans qu'il fût fait de nouvelles émissions de papier. Dans cet intervalle, l'on procéda au remplacement de vieux assignats par des notes imprimées à neuf, l'administration calculant qu'une certaine quantité des billets anciens ne seraient pas présentés pour l'échange. Un fait curieux à noter, c'est que le gros commerce exprima le vœu que l'on profitât de cette occasion pour émettre une quantité supplémentaire d'assignats, vu le manque de signes d'échange sur le marché. L'administration s'empressa d'accueillir cette instance et l'on allait faire une nouvelle émission pour 70 millions de roubles, quand, le changement de règne étant survenu, un oukaze de 1801 ordonna que la requête en question fût laissée sans suites, « attendu que les commerçants ne possédaient ni les informations nécessaires, ni les « considérations d'État », indispensables pour justifier leur demande ».

Paul Ier reconnait la dette du roi de Pologne et de la république polonaise.

L'endettement encore récent de l'État, tant à l'extérieur qu'à l'intérieur, ne manqua pas d'attirer l'attention de Paul Ier et si les mesures entreprises par lui dans ce domaine n'aboutirent pas à une amélioration sérieuse, il faut l'attribuer au peu de durée du règne lui-même. Dans l'ordre des nouvelles dispositions touchant le crédit, notons d'abord le décret souverain du 22 avril 1797, qui reconnaissait la dette de l'ancien roi de Pologne et de la république polonaise au chiffre de 12,458,455 florins de Hollande, ainsi que le décret du 3 octobre de la même année, qui portait au compte du Trésor russe les dettes de certains seigneurs polonais, au total de 3,449,130 florins, plus une dette assez problématique portant la dénomination de dette résultant « de diverses conventions avec particuliers », au montant de 3,892,445 florins.

Fonds de réserve.

Ces dettes nouvelles s'étaient ajoutées aux 56 millions 1/2 de florins des emprunts hollandais, à côté desquels figure séparément une dette de

12 millions de florins ayant eu pour but de constituer un fonds de réserve pour circonstances imprévues, probablement à l'instar du « Kriegsschatz » ou « fonds de guerre » de Frédéric II de Prusse, ce monarque que Pierre III et en partie Paul Ier lui-même prenaient volontiers pour modèle.

Plan d'unification et d'amortissement des dettes étrangères.

Les désavantages d'un cours du change défavorable et l'inconvénient qui résultait du service des intérêts payables à l'étranger en espèces sonnantes, pendant que le gouvernement n'encaissait que du papier-monnaie déprécié ; bref, la même difficulté qu'éprouve le Trésor russe même de nos jours s'était fait sentir bien vite, dès que cet état de choses fût sorti de l'endettement à l'étranger et des émissions sans frein de papier à l'intérieur. Le gouvernement de Paul Ier, pour échapper à cette difficulté, entreprit d'amortir la dette extérieure. Un plan pour l'unification et l'amortissement de cette dette, présenté par le banquier Wought de Saint-Pétersbourg, ayant reçu l'approbation du gouvernement, un oukaze remarquable, promulgué le 15 janvier 1798, ordonna que tous les emprunts conclus chez Hope et consorts seraient, avec l'agrément des ayants droit, amalgamés dans une masse unique et remboursés dans le terme de douze années.

L'oukaze que nous venons de nommer prescrivait donc : 1° qu'une obligation unique, au capital réuni de 88,300,000 florins, serait délivrée à la maison Hope et Cie, en remplacement des diverses obligations passées précédemment ; 2° que les banquiers contractants jouiraient, à partir du 1er janvier 1798, d'une rente de 5 0/0 sur ladite somme, en s'engageant de payer la différence entre ce taux et ceux de 4 et de 4 1/2 0/0 aux capitalistes intéressés à ces mêmes emprunts qui n'avaient stipulé que ces taux inférieurs.

Deux clauses subséquentes insérées dans le même oukaze portaient : 1° que ledit capital de 88,300,000 florins serait remboursé en entier dans l'espace de douze ans, du 1er janvier 1798 au 31 décembre 1809, en quotes-parts annuelles, dont le montant se conformerait à l'importance des excédents annuels dans les revenus sur les dépenses, et avec cette condition que ce qui n'aurait pas été payé dans le terme convenu de douze ans serait amorti dans la suite annuellement à raison de 1/20e au moins du reliquat entier sur lequel continuerait à être servi l'intérêt de 5 0/0 ; 2° que les banquiers Hope et Cie auraient la faculté de subdiviser l'obligation générale en obligations détachées de 1,000 florins chaque, émises en leur nom et amortissables au moyen d'un tirage ou loterie effectué par-devant un notaire public, la responsabilité de la dette entière restant à la charge du gouvernement russe, garantie par tous les revenus de l'Empire, et en particulier par les recouvrements de la taxe des poissons et le produit des douanes de la Livonie, de la partie annexée de la Finlande et du port de Saint-Pétersbourg.

Mais on a beau prendre les meilleures résolutions pour le paiement des dettes, cela n'avance à rien, aussi longtemps que le budget lui-même n'est pas équilibré. Au 1er janvier 1798, plus d'une année et demie s'était écoulée depuis la signature de la convention que nous venons d'énoncer, et cependant aucune partie du capital de la dette extérieure n'avait été remboursée. Seulement, le gouvernement avait fait acheter sous main un certain nombre d'obligations détachées, pour la somme de 1,277,000 florins. En 1800, l'on s'avisa de retrancher de la dette les 12 millions tenus par les banquiers à la disposition du gouvernement, le fonds de réserve pour la formation duquel cet argent avait été destiné étant reconnu superflu.

A la suite de ces dernières mesures le total de la dette diminua vers 1801 et ne représenta plus que 75,298,000 florins ou 61,260,000 roubles, un quart de million ayant pourtant été reçu comme acompte du capital de réserve que l'on s'était proposé de former.

Nouveau projet élaboré par Wassiliew, Gagarine et Obolianinow.

Le gouvernement de Paul Ier persévéra cependant dans l'intention de se débarrasser de la dette extérieure. Un nouveau projet, élaboré par le baron Wassiliew, le prince Gagarine et Obolianinow, supposait un crédit annuel de 4 millions réservé exclusivement au paiement des intérêts, pendant que l'on continuerait d'amortir le capital au moyen d'achats d'obligations, ce qui était censé possible depuis 1801 et pendant douze années consécutives. Le projet en question fut sanctionné par l'Empereur le 25 février 1800.

Il ne fut pas mis à exécution, pas plus que le premier. Le changement de règne étant survenu, un oukaze du Tsar suspendit l'ordonnance du 25 février jusqu'au temps où l'on disposerait en réalité d'excédents de revenus susceptibles d'être consacrés à l'amortissement.

Pendant que l'on songeait à régulariser la dette extérieure, les nouvelles émissions de papier-monnaie allaient leur train. Paul Ier fit cependant une tentative remarquable pour rétablir le change. Un oukaze, portant la date du 18 décembre 1797, prescrivit à la banque des assignats, qui avait été préalablement munie d'une certaine quantité de numéraire, de payer en espèces, bronze, argent ou or, tout porteur d'assignats qui se présenterait à la banque, avec une différence fixée à 30 0/0 d'abord, mais bientôt portée à 40 0/0, conformément à l'agio du jour.

Cette mesure fit, en effet, monter le cours des assignats de 10 0/0 environ. Il y en avait en circulation pour 157,703,640 roubles, en 1797, et ils circulaient au prix de 70 1/2 0/0. Comme dans le courant de cette année on n'émit de nouveau papier que pour 5 millions 3/4 à peu près, ce prix s'éleva à 79 1/3 0/0. Mais dès l'année suivante, en 1798, une nouvelle émission de 31 millions 1/3 étant survenue, le cours baissa derechef à 73. En 1799, la circulation entière étant arrivée au chiffre de 210 millions, le cours baissa à 67 1/2, puis à 65 1/3 l'année suivante. Sur ces entrefaites, le fonds métallique dont la banque des assignats avait été pourvue vint à s'épuiser et le change dut cesser. Le règne de Paul s'arrêta au chiffre de 212,689,335 roubles de circulation fiduciaire, chiffre auquel répondait, comme il vient d'être dit, un cours de 65 kopecks 1/3 métal pour 100 kopecks ou 1 rouble-papier.

Nous ne terminerons pas d'ailleurs cette esquisse du règne de l'empereur Paul sans indiquer ses côtés avantageux, bien qu'ils n'aient pas de rapport direct avec le but spécial de cet ouvrage ; sans quoi, le portrait de ce monarque (que nous avons retracé plus haut, sans passer sous silence ses traits sympathiques), pourrait paraître injustifié.

L'œuvre politique la plus importante du règne fut sans contredit la loi de succession promulguée par Paul, laquelle, sans exclure absolument les femmes, ne les admet à succéder au trône qu'à défaut d'héritiers mâles, même dans les lignes collatérales inférieures. Ce fut encore ce souverain qui sépara des domaines d'État les propriétés foncières appelées à subvenir aux besoins des membres de la maison impériale, et, donnant à ces propriétés la dénomination d'« apanages », les soumit à une administration spéciale.

Loi de succession au trône.

Le règne de l'empereur Paul fut une époque de terreur pour les classes privilégiées et surtout pour tous ceux que le hasard lui faisait rencontrer dans ses moments de mauvaise humeur. Surtout après un voyage qu'il fit dans son Empire, il devint d'une sévérité extrême touchant à la cruauté. La section « secrète », placée sons les ordres d'Obolianinow, de funeste mémoire, développa un zèle sans frein dans les arrestations qu'elle opérait et les tortures qu'elle faisait subir.

Paul et les classes privilégiées.

Par contre, Paul se montra généreux envers la masse du peuple qui gémissait sous le joug du servage. Il tenta d'alléger son sort et en

Paul et la masse du peuple.

effet, réalisa des mesures importantes, lesquelles servirent de point de départ pour tout ce qui fut entrepris plus tard dans cette même voie. D'abord il interdit qu'on forçât les paysans à travailler les jours fériés. Ensuite, allant plus loin, il ordonna, par un oukaze de 1797, que les paysans, attachés à la glèbe ne devaient à leurs seigneurs que trois journées de travail dans la semaine, ce qui constituait déjà une amélioration très importante.

Amendements du servage.

Vint ensuite la défense, appliquée par lui à la Petite-Russie et étendue ensuite par l'empereur Nicolas à tout l'Empire, de tout acte de cession (vente) de paysans sans vente simultanée du terrain auquel ils étaient attachés. Cette mesure remédiait à l'affreuse pratique qui consistait à acheter un certain nombre d' « âmes » dans une province pour les transporter dans une autre et coloniser ainsi une propriété manquant de bras. Grâce à cette pratique, ainsi qu'à la réception d'âmes comme unité de valeur pour le crédit hypothécaire, les propriétés étaient devenues de véritables bazars d'esclaves, dont les possesseurs ne songeaient qu'à accélérer et réglementer les mariages en vue de la plus grande production possible de cet article tarifé par la banque et qui s'appelait le paysan, le serf.

La mesure en question eut, de plus, le sens d'une première intervention directe de l'État dans les rapports entre propriétaires et serfs, puisque des bureaux particuliers pour « affaires de paysans » furent créés auprès des régences gouvernementales (conseils de gouverneurs).

Quant aux paysans attachés aux domaines de l'Etat, Paul leur accorda une certaine indépendance, en divisant les propriétés domaniales en communes et en instituant des conseils communaux dont les membres étaient élus par les administrés eux-mêmes. Ces conseils furent chargés de lever les impôts, de gérer les affaires économiques et de distribuer la justice dans les litiges entre paysans et les délits de peu de gravité.

Des dispositions aussi décidément libérales étaient quelque chose de tout à fait nouveau en Russie et c'est à elles qu'il faut reporter l'origine des restrictions apportées plus tard au pouvoir jusqu'alors presque illimité que les seigneurs exerçaient sur leurs sujets.

Mécontentement des propriétaires fonciers.

On devine facilement que la voie dans laquelle entrait ainsi l'Empereur ne pouvait plaire à ceux qui étaient habitués à être les maîtres omnipotents dans leurs terres. Il est vrai que ces derniers étaient à leur tour habitués de s'agenouiller et parfois de se prosterner devant leurs propres maîtres, dont ils ne discutaient pas la toute-puissance. Sous Catherine encore, les nobles comme les roturiers s'intitulaient « esclaves » dans les placets qu'il adressaient au pouvoir suprême. Ce fut l'Impératrice, soucieuse en général des apparences et des mots, qui prohiba l'emploi officiel de ce terme.

Mais si les seigneurs admettaient entièrement un pouvoir sans bornes sur leurs personnes et n'étaient nullement effarouchés du principe oriental proclamé par Paul dans une conversation avec un diplomate étranger, ils entendaient bien que leur propre autorité, vis-à-vis de leurs sujets, à eux, devait être tout aussi absolue et tout aussi inébranlable. Il est bien probable, toutefois, que Paul aurait surmonté le mécontentement produit par ses tentatives émancipatrices et que ce mécontentement se serait évaporé en plaintes murmurées à voix basse et hors de portée de l'ouïe toujours éveillée de la « section secrète », s'il eût pu compter sur la fidélité absolue de son armée.

Mécontentement de l'armée.

Mais cet appui, malheureusement, lui manqua, car l'armée elle-même avait été mécontentée par ses façons d'agir, sa sévérité souvent injuste, les exercices exagérés dont il fatiguait les troupes, la garde surtout, enfin par les changements à la prussienne dans l'habillement.

L'Empereur se montrait, comme à plaisir, farouche vis-à-vis des officiers et des soldats, et les châtiments corporels pleuvaient sur le soldat comme les offenses les plus sensibles sur l'officier. Personne dans les rangs ne pouvait même être sûr, en partant pour une revue impériale, qu'il reviendrait dans sa caserne au lieu d'être dirigé sur la route de Sibérie. Les régiments de la garde, comme les plus rapprochés de la personne de Paul, avaient le plus à souffrir de son irascibilité et de l'excès auquel il poussait la sévérité.

Aussi il n'y eut rien de surprenant que, malgré le château fort que l'Empereur s'était construit à Saint-Pétersbourg, et malgré les canaux et les ponts-levis dont il avait entouré cette résidence, l'on apprit un certain jour un soudain changement de règne. C'était le canon qui annonçait l'avènement d'Alexandre Ier, dont le règne fut pour la Russie une époque de gloire extérieure, de nouvelles conquêtes et d'influence prépondérante sur les affaires de l'Europe tout entière.

V

L'ÉTAT DES FINANCES SOUS LE RÈGNE DE L'EMPEREUR ALEXANDRE Ier

(1801 — 1815)

L'Empereur Alexandre monta sur le trône le 13 mars 1801.

Les amis d'Alexandre Ier.

L'histoire offre peu de personnalités aussi sympathiques que l'était celle de ce monarque dans les commencements de son règne. Mais l'on est également fondé de dire qu'il est peu d'individualités historiques aussi complexes et aussi difficiles à déterminer. Il est de notoriété publique, et ses propres lettres en portent la confirmation, que dans sa jeunesse Alexandre avait eu l'intention de refuser la couronne et de se fixer quelque part à l'étranger, dans un endroit éloigné du bruit du monde. Les amis d'alors, Nowosiltzow, le comte Korogonow, Kotchoubey et le prince Adam Czartoryski, le plus influent entre eux, s'opposèrent à la réalisation de cette idée et parvinrent, non sans peine, à la faire abandonner au jeune prince dégoûté avant le temps de la grande carrière qu'il avait à parcourir.

Ce projet de renoncement au pouvoir peut être expliqué par la disposition naturelle du Tsarewitch. L'Impératrice, son aïeule, l'avait fait élever dans les idées humanitaires du commencement de son propre règne. La Harpe avait dirigé son éducation à laquelle on avait apporté les plus grands soins.

Nature sensible, il était poussé d'instinct à aimer tout ce qui était bon et beau. Cependant l'atmosphère qui l'entourait à ses premiers pas dans la vie, l'animosité sourde qui existait entre son aïeule toute-puissante et son père humilié, étaient peu propres à lui inculquer une grande netteté de principes et à fortifier un caractère naturellement doux, en l'habituant à savoir et à pouvoir ce qu'il voulait. Il n'est donc pas étonnant que le jeune prince ne se sentît pas la force de tenir d'une main ferme le gouvernail d'un empire immense et que de plus, imbu des idées philosophiques de son époque, il ait eu la bonne foi de vouloir décliner une tâche aussi lourde.

Lettre adressée à Kotchoubey par le grand-duc héritier Alexandre.

« Je ne suis pas fait pour la vie de Cour — écrivait l'héritier au comte Kotchoubey le 10 mai 1796 — et toutes les fois que je suis obligé de m'y montrer, je souffre et mon humeur s'aigrit de toutes les bassesses que j'y vois s'accomplir à chaque instant, à ce seul effet d'obtenir des signes de distinction, lesquels à mon sentiment ne valent pas un mauvais liard. Je me sens malheureux au milieu de gens dont je ne voudrais pas même pour domestiques et qui pourtant occupent ici les plus hautes positions... Un désordre inouï règne dans nos affaires, on vole de tous les côtés; toutes les branches sont mal administrées; l'ordre semble être banni de partout et cependant l'Empire ne vise qu'à étendre ses frontières. Dans un pareil état de choses, est-il possible à un homme seul de gouverner l'État, et d'autant plus de corriger les abus qui s'y sont enracinés. Ceci paraît au-dessus des forces non seulement d'un homme doué, comme moi, de facultés ordinaires, mais même d'un homme de génie; or, j'ai toujours eu pour principe qu'il vaut mieux ne pas se charger d'un devoir que de le remplir mal (1) ».

Lettre d'Alexandre à La Harpe.

A la même époque et presque dans les mêmes expressions, Alexandre décrivait la situation du pays à son ancien instituteur, le genevois La Harpe : « Mon cher ami — lui écrivait-il, le 11 février 1796 — comme je me souviens souvent de vous et de tout ce que vous me disiez quand nous étions ensemble! Mais cela n'a pas pu changer l'intention où je suis de me délivrer un jour de mon fardeau. De jour en jour il me paraît plus insoutenable, d'après tout ce que je vois autour de moi. On ne saurait se faire une idée de ce qui se passe : tous volent et l'on ne rencontre presque pas un honnête homme; c'est affreux (2) ».

Nous citerons encore l'opinion émise par Alexandre sur le temps

(1) Cte Korff. *L'Avènement au trône de l'empereur Nicolas*, p. 30-34.

(2) A. Koulomzine. *Les Recettes et Dépenses sous Catherine II*, recueil de la Société russe d'histoire.

le plus rapproché de son avènement au trône : « Les affaires étaient alors très embrouillées, faute de principes quelconques dans le gouvernement du pays; car si du temps de l'impératrice Catherine il y avait déjà peu d'ordre, du moins tout se tenait encore par tradition du passé; or, depuis l'arrivée au trône de mon père et à la suite de la règle adoptée qui consistait à renverser tout ce qui avait existé jusque-là, tout ce qui restait encore d'ordre a disparu sans avoir été remplacé par quelque équivalent (1) ».

Ce qui précède indique clairement que, même avant de prendre le sceptre, l'empereur Alexandre connaissait parfaitement le milieu où se concentrait le gouvernement du pays du vivant de son père, comme de son aïeule. Il ne faut pas oublier, en outre, les circonstances qui accompagnèrent l'avènement du jeune Empereur et qui restèrent profondément gravées dans son esprit impressionnable.

La joie provoquée en Russie par l'avènement au trône d'Alexandre Ier.

Quant au pays, il salua le changement de règne comme l'aurore d'un avenir meilleur. Ce fut pour la Russie comme un réveil et les mémoires du temps racontent qu'à la nouvelle de l'avènement au trône d'Alexandre, on vit dans les rues des gens qui ne se connaissaient pas s'embrasser et se féliciter mutuellement. Dans son manifeste d'intronisation, il déclara l'intention de gouverner le peuple que Dieu lui avait confié d'après les lois et selon le cœur de sa sage aïeule, Catherine II. Sa première action fut d'abolir la section secrète et de rendre la liberté à tous ceux qu'elle avait plongés dans les casemates, bannis en Sibérie ou bien relégués dans les villes et villages éloignés, les plaçant sous la surveillance des autorités locales.

Tendances libérales d'Alexandre.

Ces tendances libérales n'étaient pas inspirées à Alexandre par ses seules qualités personnelles; on peut y découvrir un sens pratique, car quelle meilleure garantie pouvait-il trouver contre les conspirations des grands seigneurs, des généraux, des gardes du corps, que la stricte observation des lois et l'appel à la société russe elle-même, jusque-là accablée par une sévérité farouche ?

Cependant et avant tout, Alexandre était un esprit supérieur et avait le cœur placé bien haut. En lui ce qui prédominait, c'était l'homme, dans la plus noble acception du mot; le prince ne venait qu'en seconde ligne. Dès ses premiers pas, l'on put voir qu'il était préoccupé non de

(1) Cte Korff. *L'Avènement de l'empereur Nicolas*, p. 10.

flatter son peuple par des succès militaires et d'accumuler de nouveaux trophées, mais de le rendre heureux par d'utiles réformes, par l'amélioration du mécanisme de l'État et de la situation économique. Doux et humain, noble d'esprit et de cœur, passionné pour la justice, il était de bonne foi dans ses intentions de travailler pour le bien-être du peuple. L'état d'esclavage où il le voyait — esclavage matériel et moral — absorbait toute sa pensée et appelait toute son énergie pour la grande lutte au profit de la liberté.

Mesures tendant à soulager le sort des sujets russes et à favoriser le progrès.

Aussi les nombreuses mesures qui furent prises par lui aussitôt qu'il eût ceint la couronne portent-elles toutes l'empreinte d'une fraîcheur et d'une vigueur de bonne volonté qui surprenaient par leur dissemblance avec la précédente rigueur. Il suffit de parcourir rapidement la liste de ses premières dispositions pour que l'individualité lumineuse de ce monarque apparaisse nettement à nos yeux sur le fond plein de ténèbres, attristé par l'esclavage, qui nous représente le tableau de la situation générale à cette époque.

Dans ce temps-là, Alexandre planait réellement sur son pays du haut de son esprit clairvoyant et de ses vues humanitaires. L'adulation, comme l'esclavage, lui causaient une souffrance morale, le rendaient malheureux. Il se hâta donc d'embrasser dans les lois et les mesures administratives qu'il décréta dès le début la presque totalité des conditions pénibles où gémissait son peuple en pansant ses plaies de sa main bienfaisante et généreuse. La confiscation appliquée aux biens des condamnés fut abolie et leur sort soulagé ; les petits bourgeois et les paysans de la couronne reçurent permission de posséder la terre (1802) ; les propriétaires furent autorisés à affranchir leurs paysans et à leur céder des terrains à des baux convenus ; les nombreux abus qui accompagnaient le recrutement furent supprimés, du moins en partie ; la classe des commerçants obtint des privilèges et des signes de distinction furent créés pour elle ; la loi sévère de Catherine sur la presse fut abolie ; des subventions furent accordées pour le développement de la marine marchande ; ordre fut donné de favoriser et d'entreprendre la création par tout l'Empire d'universités, de lycées, collèges et écoles techniques ; abolition de la torture, suppression de la section secrète ; — toutes ces mesures visaient réellement le bien et témoignaient d'une intention sincère de travailler au bonheur de ses sujets.

A l'exemple du souverain, les grands qui l'entouraient commencèrent à porter leur attention sur l'état économique des classes inférieures et tâchèrent de favoriser le développement du commerce, de l'industrie et de l'agriculture. En outre, les qualités personnelles de l'Empereur, rejaillissant sur son entourage, stimulèrent les hauts fonctionnaires à mettre plus de sincérité dans leur rapports, à reconnaître plus ouvertement les vrais défauts et quelquefois les calamités qu'autrefois on s'était efforcé de passer sous silence.

Une inspiration de franchise et de simplicité, un souffle de liberté et de vrai patriotisme semblaient avoir passé sur la face du pays. Les personnages les plus importants de l'État se pénétraient de la conviction que l'ancien système de gouvernement ne convenait plus, et la langue officielle en Russie eut, pour la première fois, des termes d'aversion pour l'esclavage, des projets soucieux de libération. A cette époque on entendit déjà parler de la liberté de la presse et de la liberté de conscience; on paraissait avoir définitivement admis que c'est l'école qui, seule, peut servir en Russie de levier puissant pour asseoir tout l'édifice sur une base solide et propre à supporter sûrement tous les développements ultérieurs.

Élan généreux de la société.

C'est à ce titre que le commencement du règne d'Alexandre Ier mérite une attention sympathique. La société elle-même se sentait dans un état d'excitation particulière. Elle devinait d'instinct que les errements du passé ne pouvaient plus conduire à un succès quelconque, et elle saluait avec enthousiasme les premiers signes d'une direction nouvelle, moins despotique, plus humaine, tendance qui faisait gagner tous les cœurs au jeune souverain, dont la personne était le symbole, comme la source, de cette rénovation salutaire.

Depuis, l'on a encore eu de ces réveils de l'opinion publique en Russie, et à l'heure qu'il est, on est moins enclin à admirer l'élan qui s'était produit alors. Mais il faut mettre de côté les désillusions d'un âge plus avancé pour juger avec justice les entraînements de la jeunesse. Au temps où nous parlons, l'espérance publique était encore vierge de mécomptes, et c'est pour cela que l'élan général qui accompagna les débuts d'Alexandre Ier est digne d'inspirer aux historiens une sympathie qui ne sera pas mêlée de réserves, malgré les hésitations réitérées de l'esprit public qu'ils ont à enregistrer ultérieurement.

La lettre d'Alexandre, encore grand-duc héritier, au comte Kotchoubey, citée plus haut, prouve que les personnages placés à la tête des affaires du vivant de sa grand'mère et de son père ne lui inspiraient nulle confiance. Il faut reconnaître que dans leur nombre il n'y avait pas de vrais hommes d'État. Instruments d'un système tout différent de celui qu'il voulait inaugurer et adonnés à la routine, ils n'étaient pas propres à seconder les vues réformatrices du nouvel Empereur.

Comité du salut public.

Mais nous avons déjà dit plus haut que l'héritier s'était entouré d'un petit cercle d'amis qui partageaient ses idées. D'après le témoignage d'un contemporain, ce fut le prince Adam Czartoryski, ami d'adolescence du grand-duc, qui lui fit connaître le jeune comte Paul Strogonow et un parent de ce dernier, Nowosiltzow. Avec Kotchoubey, qui, avec Czartoryski, avait déjà été dans l'intimité de l'héritier, ce groupe de jeunes seigneurs forma, après l'accession d'Alexandre au trône, une espèce de cabinet non officiel, mais initiateur des réformes, et appelé par Alexandre lui-même en plaisantant « le comité du salut public ». S'il fallait donner une définition concrète de l'esprit qui animait ce cercle intime de l'Empereur, il suffirait de dire que ses membres étaient unanimes à admirer la Constitution anglaise.

Ces conseillers personnels de l'Empereur manquaient d'expérience et n'étaient pas toujours de force à lutter avec les bureaucrates rompus aux affaires. Aussi le souverain manifestait-il quelques hésitations, d'autant plus naturelles, d'ailleurs, qu'il n'était pas encore arrivé à définir nettement son but. Il faut bien reconnaître qu'elle n'est pas facile, la tâche d'un pouvoir qui se sent prêt à octroyer quelques concessions, mais n'a pas devant soi un programme défini, des vœux formulés distinctement sur lesquels il pourrait faire des restrictions, en n'accordant que ce qu'il croirait sans danger pour l'ordre. C'est là que gît la plus grande difficulté pour un réformateur rempli des meilleures intentions, mais obligé de concevoir lui-même les extrêmes et de fixer entre eux, d'après sa seule inspiration, le moyen terme raisonnable. L'un des collaborateurs intimes d'Alexandre disait avec raison, dans une lettre adressée à l'Empereur : « Il faut avouer que la Russie n'a jamais été bien organisée, quoique l'on y eût songé à plusieurs reprises, à commencer par Pierre le Grand (1) ». On peut ajouter qu'à chaque changement de règne on continua de « songer » à cette question, mais sans jamais pouvoir arriver à quelque chose de clair et de défini.

(1) « Communications de la Société pour l'histoire et les antiquités russes », 1859, V. I, p. 91.

Manque de programme.

Ainsi, le « Triumvirat » lui-même, comme l'on appela encore le petit comité de l'Empereur, n'avait pas de programme déterminé. Quant à quelques vieux serviteurs de Catherine, auxquels il fallut recourir pour faire marcher l'administration, ceux-là avaient bien des vues moins vagues, mais leurs projets se renfermaient dans une sphère étroite et concluaient principalement à l'abandon des changements précipités qu'avait introduits l'empereur Paul. En revanche ces conseils, provenant d'hommes versés dans les affaires, et ayant en outre l'avantage de n'effrayer personne, exerçaient sur Alexandre une certaine influence.

Le conseil permanent.

L'un des projets émanant de ce milieu fut même adopté et confirmé par l'Empereur quinze jours après son avènement. C'était la création d'un « conseil permanent » composé de douze membres et destiné à débattre, sous la présidence de l'Empereur, toutes les questions et mesures d'importance. La loi du 5 avril 1801, qui consacrait cette institution, statuait, du reste, que « ledit conseil serait attaché à la personne de Sa Majesté et n'exercerait aucune influence au dehors, comme aucun pouvoir; sa tâche devant se borner à débattre les affaires, et l'avis que le monarque en attendait devant s'attacher uniquement aux questions de droit ».

L'auteur de ce projet était le ci-devant secrétaire de Catherine, appelé Troszczynsky, qui, d'après la tradition, savait à peine lire et écrire le russe. Le nouveau conseil, auquel furent admis les ministres, les directeurs généraux et quelques personnages sans fonctions, ne se distinguait que peu de celui qui avait existé sous Catherine et dont l'importance avait été nulle. Le personnel était autre, il est vrai, et le secrétariat autrement organisé, à l'avantage de Troszczynsky lui-même, qui était placé à sa tête.

Une réforme aussi illusoire n'était, certes, pas de nature à contenter les esprits avancés. Ceux-ci avaient la conviction que de simples changements bureaucratiques n'étaient pas capables de fonder dans l'État un ordre satisfaisant et durable. Aussi espéraient-ils des institutions plus indépendantes, assurées contre l'arbitraire, assises sur les fondements solides de la loi et propres à garantir dans tout l'Empire l'inviolabilité des droits reconnus à la totalité des citoyens, de même qu'à chacun d'eux individuellement.

Mémoire de Worontzow.

Cette idée fut même exprimée très ouvertement par le comte Worontzow dans un mémoire sur les réformes qu'il présenta à l'empereur Alexandre. On y lit les lignes suivantes : « Un État aussi grand ne saurait être assuré de son intégrité et ses habitants ne sauraient vivre tranquillement, confiants dans la sécurité de leurs personnes, sous le règne d'un prince jouissant d'un pouvoir aussi vaste et de moyens aussi illimités ».

Alexandre et Dérjawine.

Il y eut quelques projets qui faisaient d'une réorganisation du Sénat le point de départ de réformes générales. Un sénateur, le poète Dérjawine, chantre de Catherine, rappela à Alexandre, en termes assez énergiques, le vœu que le nouveau souverain avait fait de gouverner « d'après l'exemple » de son aïeule, et élabora un projet suivant lequel le Sénat devait être divisé en collège supérieur de gouvernement et en cour suprême de justice.

Institution des ministères.

Aucun de ces projets ne fut pris en considération. En revanche, un manifeste inattendu, paru le 8 septembre 1802, promulguait l'institution des « ministères ». Le projet de cette réforme avait été élaboré par Alexandre lui-même, avec l'aide de ses conseillers les plus proches, et si bien gardé secret que plusieurs personnages haut placés n'en eurent connaissance que la veille de sa publication.

A peine la loi sur les ministères eut-elle paru, que l'impression profonde produite par elle au sein des sphères gouvernementales se traduisit en critiques et en plaintes contre ses auteurs. On reprochait à la nouvelle organisation l'amoindrissement de la compétence du Sénat, un champ trop étendu laissé à l'arbitrage des ministres et, en même temps, le défaut d'une modération quelconque du pouvoir monarchique.

Le motif allégué en tête du manifeste qui instituait les ministères portait que le pouvoir avait possédé jusqu'alors plutôt la faculté de poursuivre les injustices commises que d'en prévenir la perpétration; attendu, ainsi l'affirmait cet acte, que le gouvernement était privé d'organes propres à lui dévoiler les besoins généraux, à introduire partout l'ordre nécessaire et à provoquer le développement des forces naturelles de la nation. C'étaient les ministères qui devaient remplir le rôle des « organes salutaires » dont parlait le manifeste. Ces ministères furent institués primitivement au nombre de sept. C'étaient ceux de la Guerre, de la Marine, des Affaires étrangères, de la Justice, de l'Intérieur, des Finances, du Commerce et de l'Instruction publique.

Wassiliew premier ministre des Finances.

Le premier titulaire du portefeuille des Finances fut le comte Wassiliew. Il eut pour adjoint le maître de la cour (Hofmeister) Gouriew. Le conseiller privé Goloubtzow fut nommé au poste de caissier général de l'Empire, et le comte Noumiantzow reçut le portefeuille du Commerce.

Le contrôle des ministres confié au Sénat.

Les principales dispositions de la loi organique sur les ministères subsistent encore, et nous pouvons nous borner à indiquer les conditions dans lesquelles les ministres étaient placés vis-à-vis du conseil de l'Empereur ainsi que du Sénat. D'office ils étaient membres de chacun de ces deux corps, lesquels ne pouvaient traiter une affaire appartenant au ressort de l'un des ministres qu'en sa présence. Le conseil conservant sa destination d'éclairer l'Empereur dans les questions les plus importantes de législation et d'administration, c'est le Sénat qui fut investi du contrôle des actes des ministres. C'était aussi au Sénat qu'ils étaient alors obligés de présenter leurs comptes rendus annuels. Le Sénat devait, en outre, recevoir communication de tous les projets ministériels revêtus de la sanction souveraine, et c'est au Sénat qu'appartint la publication des lois, adressées à lui par oukazes impériaux, avec cette formule : « Le Sénat dirigeant ne laissera pas de prendre les dispositions nécessaires pour la publication, etc. ».

Ce contrôle sur les serviteurs les plus élevés du monarque et les organes de son bon plaisir était une nouveauté dans l'Empire bureaucratique, tel qu'il était devenu sous les successeurs de Pierre le Grand. La loi nouvelle autorisait même le procureur général du Sénat à veiller sur les agissements des ministres et à se rendre compte du degré d'utilité qu'offrait dans la pratique l'application de mesures nouvelles.

Les projets ultérieurs de l'empereur Alexandre font foi que ces conditions de contrôle étaient prises par lui au sérieux et devaient, dans sa pensée, servir de véritables garanties contre les abus et l'arbitraire de l'administration. L'avenir démontra que si l'institution avait pour but de garantir les droits des particuliers, ce but fut atteint dans une certaine mesure. Déjà, à elle seule, l'affirmation du principe de la stabilité et de l'inviolabilité des droits particuliers, placés sous la garde d'un corps indépendant des organes directs du pouvoir suprême, valait quelque chose. De plus, il faut reconnaître qu'en thèse générale et dans la masse des affaires ordinaires, où des intérêts puissants ne se trouvaient pas en jeu, l'autorité du Sénat servit réellement de frein à l'arbitraire des chefs de bureaux et de divisions.

Mais si l'on considère que les sénateurs eux-mêmes n'étaient, après tout, que des fonctionnaires nommés par le pouvoir et attendant du ministre de la Justice les distinctions et les faveurs dont ils ne manquaient pas d'éprouver le besoin, et que, d'un autre côté, le conseil de l'Empereur n'était composé que des ministres actuels ou de ceux qui l'avaient été ou pouvaient le devenir, l'on saisira facilement le côté faible de l'institution, au point de vue des garanties qu'elle pouvait offrir à ceux qui avaient à lutter contre des influences puissantes.

D'ailleurs, quant au contrôle du Sénat sur la marche générale des affaires, cette espérance fut bien vite déçue. Non seulement les ministres ne lui permirent pas de surveiller leur manière de gouverner le pays, mais ils se gardèrent de présenter au Sénat ne fût-ce qu'un seul des comptes rendus qu'ils étaient pourtant obligés de lui faire parvenir.

Ce que l'on appelle généralement « l'esprit bureaucratique » se montrait si puissant que les ministres se hâtèrent d'user de leurs récents pouvoirs pour effacer, chacun au sein de son département, les restes du principe de collectivité inauguré par Pierre Ier et dont quelques vestiges subsistaient encore sous la forme « collégiale », qu'avaient gardée jusqu'alors certaines branches d'administration.

L'institution, dans l'ensemble, conserva pourtant son caractère primitif jusqu'à l'année 1810, mémorable dans l'histoire des progrès accomplis dans l'organisation des services publics en Russie.

Pendant que les bureaux travestissaient ainsi à leur manière une réforme qui, dès lors, perdait toute sa portée politique, Alexandre était occupé à un projet tendant à améliorer le sort des paysans et à mieux faire valoir le sol de son immense Empire. On attachait, dans le cercle restreint des amis de l'Empereur, une importance particulière à l'idée de rendre la propriété du sol accessible aux capitaux qui se trouvaient entre les mains de la bourgeoisie. Or, la terre, dans un pays aussi peu peuplé que la Russie d'alors, ne valant presque rien sans bras pour la cultiver, il s'agissait d'accorder aux bourgeois et aux paysans libres, c'est-à-dire ne relevant que de la Couronne, le droit d'acquérir des terres peuplées, ou, en d'autres termes, le droit de posséder des serfs.

Ce projet fut arrêté dans le cours des deux derniers mois de l'année 1801, au sein du « comité non officiel ». Pour prendre part à ces travaux, le prince A. Czartoryski avait été appelé d'Italie, N. Nowosiltzow de Londres, le comte W. Kotchoubey de ses terres ; le comte P. Strogonow, le comte N. Mordwinow et La Harpe étaient aussi présents aux débats.

Loi agraire du 12 décembre 1801.

Le comte Strogonow, dans ses notes sur l'activité du « comité non officiel » (1), raconte que l'Empereur ne consentit pas à employer, dans le texte de la loi, le terme « nos sujets », terme qu'il évitait généralement dans ses actes, et qu'il le fit remplacer par l'expression « les sujets russes ». Le projet ayant ensuite passé dans le conseil, appelé dès cette époque « conseil de l'Empire », la loi fut publiée le 12 décembre 1801. Elle accordait aux marchands, aux bourgeois et aux paysans des domaines le droit d'acquérir les propriétés foncières.

En même temps, le gouvernement poursuivait, dans ses mesures administratives, le but qu'il s'était proposé de soulager la situation des serfs. Les propriétaires qui se déshonoraient par leur cruauté envers leurs sujets étaient enfermés dans des couvents sous prétexte de faire pénitence et leurs biens étaient placés en curatelle. Les personnes qui recevaient du gouvernement des terres en récompense de services rendus à l'État étaient placées sous l'obligation de « ne pas vendre les paysans ainsi que du bétail ». En outre, le gouvernement s'empressait de ratifier les arrangements à l'amiable entre propriétaires et paysans, conclus à l'effet d'accorder à ces derniers la franchise personnelle et des lots de terrain dont le prix devait être remboursé par eux aux propriétaires en rentes annuelles (2).

Le principe de l'émancipation graduelle des serfs.

Ces arrangements servirent de base à la loi importante sur les « agriculteurs libres », promulguée par l'oukaze du 20 février 1802. Elle offrait une solution provisoire de la grande question de l'affranchissement, en consacrant le principe de l'émancipation graduelle au moyen d'arrangements particuliers conclus entre les parties intéressées. Ce fut la limite où s'arrêtèrent, dans cette question brûlante, les velléités réformatrices d'Alexandre Ier, bien que la question fût encore plusieurs fois soulevée.

La situation générale à cette époque laissait déjà entrevoir la probabilité d'une guerre avec la France pendant qu'à l'intérieur tout était encore à réorganiser et que les intentions de l'Empereur, loin d'être à l'abri des doutes qui hantaient son esprit lorsqu'il n'était encore qu'héritier du trône, flottaient continuellement entre les inspirations généreuses de sa nature et les craintes que tâchaient de lui inculquer les partisans de l'ancien régime, de l'esprit de caserne et d'immobilité. Sur un hori-

(1) *Extraits des procès-verbaux du Comité non officiel*, pp. 36-58.

(2) BOHDANOWICZ. *Histoire du règne d'Alexandre Ier*.

zon encore éloigné, mais inévitable, on voit déjà se dessiner la sombre figure d'Araktchéïew, qui devint ministre de la Guerre en 1808 et qui, plus tard, devait être le mauvais génie d'Alexandre et son vizir tout puissant.

Menées réactionnaires.

Le moyen principal auquel avait recours la réaction pour souffler à l'oreille de l'Empereur les défiances de lui-même et des conseils de ses amis personnels était le même alors que dans des temps plus rapprochés. On tâchait de lui persuader que la société russe elle-même n'était pas préparée pour les réformes qu'il voulait accomplir, qu'elle ne les demandait pas et était mécontente même de ce qui s'était déjà fait.

Ces tiraillements continus ne laissaient pas à Alexandre une liberté d'esprit suffisante pour faire marcher de pair les améliorations les plus pressantes dans les divers services publics, ce qui explique le fait qu'il n'avait encore réussi à entreprendre rien de sérieux dans le domaine des finances et du progrès économique en général. Une courte esquisse des premières mesures financières du règne suffira pour donner la preuve de ce qui vient d'être dit.

La banque des assignats mise à la disposition des commerçants.

Après avoir, dès les premiers mois de son règne, aboli les restrictions apportées par Paul au commerce extérieur, le gouvernement autorisa, en juillet 1801, la banque des assignats à accorder aux commerçants des prêts sur marchandises, non seulement en papier-monnaie, mais encore en numéraire, ce qui fut d'un grand secours au commerce extérieur, vu le cours forcé et la dépréciation des assignats.

La banque nobiliaire fusionnée avec la banque d'emprunts.

Un oukaze rendu en 1802 fit cesser l'existence séparée de la banque appelée communément « nobiliaire », qui fut réunie à la banque d'emprunts. La banque nobiliaire, ou « banque de secours à la noblesse », née en 1797, avait mis en circulation des billets émis par elle au montant de 50,084,200 roubles. La presque totalité de cette émission avait été absorbée par des rachats, des compensations et des acquittements à divers titres, en sorte que sur le total précité 48,525,000 roubles en billets de la banque nobiliaire avaient été soit amortis, soit acceptés en paiement par les administrations, et il ne restait aux mains du public que 1,158,700 roubles en billets de la « banque de secours à la noblesse ». L'existence indépendante de cette institution dès lors fut reconnue inutile et la banque nobiliaire fusionna avec la banque d'emprunts, par l'oukaze du 19 juillet 1802, qui ne lui accorda qu'une durée provisoire de 25 ans. Ce service continua les opérations et comptes de la banque nobiliaire, d'après les règles qui y avaient été en vigueur, jusqu'à ce que ces opérations, décroissant de plus en plus, fussent devenues insignifiantes, ce qui amena déjà en 1812 son incorporation définitive à la banque d'emprunts.

Institutions de crédit en Livonie et en Esthonie.

Par un oukaze du 13 octobre 1802, deux millions de roubles furent assignés pour la fondation de caisses de crédit foncier en Livonie et en Esthonie et permission fut donnée de créer dans ces provinces des banques privées. Quelques changements dans la distribution de divers bureaux relevant du ministère des Finances et la création de comptoirs d'escompte à Moscou, Arkhangel, Odessa, Taganrog et Théodosie, comptoirs dépendants de la banque des assignats, qui était alors la véritable banque d'État, voilà à peu près tout le bilan des années suivantes, jusqu'en 1807.

Les banquiers de la Cour.

Les relations avec l'étranger en matière de finances étaient conduites à cette époque par l'entremise d'un syndicat « de banquiers de la Cour », institution tout originale et digne d'une mention à part. Ce n'était pas là un syndicat occasionnel comme il s'en forme souvent de nos jours pour aider un gouvernement à effectuer une grande opération financière, exigeant le concours et l'autorité de plusieurs maisons. L'institution dont nous parlons, tout en gardant l'indépendance et la liberté d'action qui distinguent les entreprises commerciales, était cependant revêtue d'un caractère officiel et s'appelait « le bureau des banquiers de la Cour ». Il était représenté par quatre maisons de banque qui s'étaient consacrées spécialement aux transactions financières du gouvernement. Les paiements de toute espèce que le gouvernement avait à effectuer à l'étranger, de même que les commandes d'articles étrangers dont il pouvait avoir besoin, ne pouvaient se faire que par l'intermédiaire du bureau. Par contre, les banquiers qui le composaient avaient formellement renoncé à toute participation aux affaires lancées par d'autres maisons et à une part quelconque dans les intérêts de celles-ci.

Le bureau des banquiers recevait, pour ses frais d'administration, une indemnité annuelle que le gouvernement lui payait, outre des bénéfices proportionnels à l'importance des affaires. Le bureau jouissait d'une prime de 5/8 0/0 sur toutes les sommes que le gouvernement faisait passer à l'étranger, ainsi que sur les traites qu'il faisait acheter pour soutenir le cours du change. Il jouissait de plus d'une bonification de 3 0/0 sur le prix de tous les articles commandés pour le compte du gouvernement à l'étranger. La prime ou prix de commission que le Trésor redevait aux banquiers officiels à ces deux titres était payable dans la huitaine pour les opérations financières, et dans la quinzaine (14 jours) pour les marchandises livrées. Quant au bénéfice qui pouvait résulter des opérations d'arbitrage, il devait être partagé également entre le Trésor et le bureau des banquiers.

L'idée originaire sur laquelle cette institution était basée était mise en relief par un détail très caractéristique. Les membres du bureau ayant renoncé, en vue de leur mission officielle, à toutes les opérations privées, leurs débiteurs étaient affranchis par la loi de toutes les obligations contractées vis-à-vis de ces banquiers, ces obligations constituant en elles-mêmes une violation du contrat passé entre les banquiers de la Cour et le gouvernement.

Le bureau ou comptoir des banquiers de la Cour, créé en 1798, n'exista officiellement que jusqu'à la formation du ministère des Finances, constitué en 1811. Mais effectivement, le bureau continua à exercer ses fonctions jusqu'en 1816. Dans cet intervalle de temps, le bureau effectua pour 67 millions de roubles de paiements au compte du gouvernement et versa au Trésor la somme de 1,972,392 roubles, prélevée sur les opérations dont il s'était trouvé chargé, cette somme représentant le bénéfice net qui revenait pour la part du Trésor. Il est, de plus, digne de remarque que, dans le cours de ces 18 années, le montant des lettres de change, acceptées par le bureau et dont les endosseurs n'avaient pas fait honneur à leur signature, ne s'éleva qu'à la modique somme de 26,137 roubles.

La marche des réformes arrêtée par la guerre.

Cependant, une collision imminente avec la puissance de Napoléon s'approchait rapidement, comme une nuée grosse d'orages. Le 30 août, parut un manifeste déclarant l'éventualité de la guerre et il fut suivi, le 16 novembre, d'un second manifeste annonçant l'ouverture des hostilités.

Naturellement, les préoccupations d'une guerre dangereuse absorbèrent complètement l'esprit du gouvernement et une accalmie presque absolue se fit dans les efforts consacrés aux améliorations intérieures. La guerre déclarée, défense fut faite d'exporter les produits russes à l'étranger, à l'exception du royaume de Prusse, et jusqu'à la paix de Tilsitt (1807), nous n'avons à enregistrer ici qu'un manifeste, publié le 1er janvier 1807, par lequel la classe commerçante recevait de nouvelles prérogatives et les compagnies commerciales de nouveaux droits.

Rupture des relations diplomatiques avec l'Angleterre.

La paix de Tilsitt, du reste, ne rendit ni au gouvernement la tranquillité d'esprit nécessaire pour entreprendre de nouvelles réformes, ni au commerce extérieur la sécurité et la liberté des transactions. A la suite des stipulations de Tilsitt, les relations diplomatiques furent rompues entre la Russie et la Grande-Bretagne au mois d'octobre de la même année et le ministre du Commerce eut l'ordre d'empêcher l'importation en Russie des denrées provenant d'Angleterre, ainsi que l'entrée des bâtiments de commerce anglais dans les ports de la Russie, qui venait d'adhérer au système continental. Une conséquence ultérieure du même système fut la rupture des relations avec la Suède au mois de mars 1808.

Réformes financières accomplies en 1808 et 1809.

Nous ne ferons que mentionner les quelques mesures relatives à l'administration financière, qui marquèrent les années 1808 et 1809 : un département des domaines remplaça les neuf offices qui régissaient jusque-là les biens de la couronne, l'expédition des recettes fut réformée, un règlement nouveau détermina les procédés de la revision des comptes et le fonctionnement du service revisionnaire, en même temps que le collège de revision, dont il avait pris la place, fut supprimé. Notons encore l'oukaze du 25 août 1809 qui prescrivait la forme des emprunts intérieurs.

La banque d'Anfilaktow.

Nous citerons de plus, pour 1809, un fait alors unique et curieux pour l'histoire du développement du crédit privé en Russie. En se fondant sur la charte municipale de 1785, un marchand de la ville de Slobodsk (gouvernement de Wiatka), Anfilaktow, se proposa de fonder une banque municipale fonctionnant d'après les règlements de la banque d'emprunts et des bureaux d'escompte de l'État. Il destina à cet effet un fonds de 25,000 roubles sur ses propres ressources ; trois autres mille roubles furent ajoutés par quelques concitoyens d'Anfilaktow. Malgré l'opposition de la municipalité de Slobodsk, qui avait rejeté l'offre de ce dernier sous prétexte qu'elle n'avait pas rencontré le consentement unanime des habitants, Anfilaktow fit parvenir son projet au ministre des Affaires étrangères et du Commerce. Le ministère appuya ce projet devant le comité des ministres et, en juin 1809, Anfilaktow fut autorisé à fonder une banque, dont il devait être le directeur et le curateur, et qui devait porter son nom. Un oukaze au Sénat promulgué le 29 octobre confirma les statuts de la banque d'Anfilaktow. Cette institution ouvrit en effet ses opérations le 2 janvier 1811, mais nous ne possédons malheureusement aucunes données sur son sort ultérieur, puisque les archives du ministère des Finances ne contiennent que l'indication que nous venons de citer. Elle nous a paru intéressante, l'origine des banques municipales aujourd'hui existantes se rapportant à la seconde moitié du siècle présent.

Le gouvernement se bornait en matière de finances à des remaniements insignifiants, sans rien entreprendre pour établir un système plus rationnel ou augmenter les ressources naturelles. Cependant, la guerre exigeait constamment des dépenses considérables que l'on ne pouvait couvrir que par des voies extraordinaires. Un coup d'œil rapide sur les fluctuations de la politique extérieure est nécessaire avant de nous arrêter sur les ressources employées à couvrir les frais de la guerre.

Alexandre était monté sur le trône au moment où son père avait projeté de quitter l'alliance anglaise pour celle de la France. Le nouvel Empereur conclut en 1801 et en 1802 des traités avec les deux pays et jusqu'en 1805 la Russie jouit du repos. En 1805, la France étant déjà maîtresse de presque toute l'Europe occidentale et menaçant l'Orient à son tour, Alexandre conclut contre elle une alliance avec l'Angleterre et l'Autriche. Mais la défaite éclatante des armées alliées autrichienne et russe à Austerlitz (20 novembre-2 décembre) en 1805 déjoua les plans de réduire la France aux limites qu'elle avait possédées avant la Révolution.

Suites de l'entrevue des deux Empereurs à Tilsitt.

Une nouvelle guerre contre la France, entreprise par Alexandre, cette fois allié avec la Prusse, ne fut pas plus heureuse. Les armes françaises triomphent des armées unies de la Prusse et de la Russie à Friedland et la paix de Tilsitt est conclue comme résultat de cette nouvelle défaite. L'entrevue d'Alexandre avec Napoléon à Tilsitt fait passer la Russie du côté de la France. Les provinces polonaises qui appartenaient à la Prusse sont constituées en duché de Varsovie, excepté la province de Bialystok qui est réunie à la Russie. Selon le désir de Napoléon exprimé à Tilsitt, l'empereur Alexandre abandonne son projet d'une guerre avec la Turquie et en revanche, par suite d'une clause secrète des pourparlers de Tilsitt, il déclare le 25 octobre 1807 la guerre à l'Angleterre et le 16 mars 1808 à la Suède. La politique russe à ce moment marchait entièrement à la remorque de celle de la France.

Une seconde entrevue des deux Empereurs qui eut lieu à Erfurt, en 1808, les rapprocha encore davantage, ce qui poussa l'Empereur des Français à rendre à la Russie pleine liberté d'action vis-à-vis de la Turquie.

La Finlande cédée à la Russie.

Quant à la guerre avec la Suède, elle aboutit au traité de Friedrichsham et à la cession de la Finlande à la Russie à titre de duché autonome et conservant ses institutions représentatives.

Le gouvernement forcé de recourir à de nouvelles émissions de papier-monnaie.

Cinq années de guerres presque continues et l'adhésion de la Russie au « système continental » qui était défavorable à son commerce exercèrent une influence désastreuse sur les finances de l'Empire. Les dépenses extraordinaires que comportait la guerre et la série de déficits qu'elle entraîna à sa suite obligèrent le gouvernement à puiser à pleines mains et sans considération des conséquences qui pouvaient en résulter à la seule source qui se trouvait être à sa portée, c'est-à-dire aux émissions réitérées et de plus en plus considérables du papier-monnaie. Il faut alléguer à son excuse qu'il ne pouvait faire autrement, une fois qu'il croyait la guerre inévitable, car il était dans l'impossibilité de conclure des emprunts à l'étranger.

Le tableau qui suit (1) montre la mesure dans laquelle le gouvernement exploita ce moyen dangereux.

La circulation des assignats fournit les totaux suivants :

En 1802	pour.....	230.464.000	roubles-ass.
1803	—	250.000.000	—
1804	—	260.658.000	—
1805	—	292.199.000	—
1806	—	319.239.000	—
1807	—	382.329.000	—
1808	—	477.368.000	—
1809	—	533.201.000	—
1810	—	579.373.000	—

Ainsi, dans le cours de huit années (1802-1810), on avait augmenté la circulation du papier-monnaie d'environ 350 millions de roubles-assignats (348,909,000 r.).

Un recours si fréquent et tellement exagéré au crédit, agissant d'accord avec le chômage forcé de la production, pendant la guerre, eut pour résultat naturel de discréditer les assignats.

Voici, du reste, comment se présentait pendant cette période la valeur réelle du rouble-assignat, en kopecks-argent. Ces chiffres cor-

(1) Bohdanowicz. *Histoire du règne d'Alexandre Ier.*

respondent à la cote journalière de Londres et depuis le 10 mai à celle d'Amsterdam, à cause de la rupture avec l'Angleterre.

MOIS	1802	1803	1804	1805	1806	1807	1808	1809	1810
Janvier	79,5	82,8	88,3	81,5	83,4	67,6	57,9	43,3	36,1
Février	80,2	84,7	84,1	80,5	80,9	68,9	57,2	43,8	34,6
Mars	77,8	82,8	80,9	79,5	78,5	70,8	57,2	42,8	32,4
Avril	76,3	82,5	77,8	80,9	78,9	70,2	52,4	42,8	30,4
Mai	75,0	82,8	78,2	78,9	78,2	71,8	49,8	41,0	30,2
Juin	75,0	87,3	75,6	79,5	81,8	70,5	39,1	41,8	31,6
Juillet	76,6	89,6	82,1	81,8	81,2	70,8	44,5	41,0	30,2
Août	76,9	92,5	80,9	81,5	81,2	69,5	43,3	40,0	29,7
Septembre	77,8	96,4	82,1	82,8	79,5	64,0	45,5	36,3	26,4
Octobre	80,9	95,7	80,2	83,7	76,3	63,4	44,3	36,3	24,7
Novembre	80,3	93,5	79,9	83,7	—	52,4	43,0	35,8	22,0
Décembre	83,4	91,1	79,5	83,4	68,5	56,2	44,5	35,3	19,8
Moyenne annuelle	78,3	89,4	80,8	81,4	78,9	66,3	48,2	40,0	29,0

Baisse des assignats.

Ainsi que le montre ce tableau, la valeur réelle du rouble-assignat baissa successivement jusqu'à ce qu'elle ne représentât plus que les 19 0/0 de sa valeur nominale, le rouble-papier étant descendu en décembre 1810 à 19 0/0 kopecks-argent.

Une multiplication aussi démesurée des assignats entraîna naturellement leur dépréciation. Toutefois, ce résultat ne marcha pas de pair avec les émissions. Au contraire, le cours était plus élevé en 1805 qu'en 1800, quoique le chiffre de la circulation eût augmenté de 212 à 292 millions de roubles. Ce ne fut qu'à la suite de nouvelles émissions, qui portèrent la circulation à un total excédant plus de deux fois et demie le chiffre qu'elle avait eu en 1800, que le cours fléchit définitivement. Un fait digne de remarque est que les assignats à cette époque ne circulaient qu'à l'intérieur de l'Empire, les provinces occidentales et baltiques continuant à se servir de métal pour toutes les transactions privées.

Dans les localités limitrophes le papier-monnaie n'était reçu pour sa valeur nominale que par les fonctionnaires de l'État et par les militaires, ces personnes ne pouvant faire autrement. Aussi s'en défaisaient-elles à grande perte et le gouvernement lui-même, obligé de payer ses fournitures en métal, en était réduit à retirer le numéraire de la circulation dans les provinces du centre et dans les capitales, où il en faisait provision pour subvenir à ses besoins dans les provinces plus rapprochées des frontières. Comme suite naturelle, les assignats éprouvaient une dépréciation encore plus rapide dans ces dernières qu'à l'intérieur de l'Empire.

Trois manifestes concernant les assignats.

Le gouvernement s'occupa sérieusement en 1810 de la nécessité de remédier à cette dépréciation du papier-monnaie. Trois manifestes consécutifs furent consacrés dans cette année à la régularisation de cette dette flottante. Le manifeste du 2 février commença par proclamer que le gouvernement continuait à regarder les assignats comme dette effective contractée par l'État et garantie par toutes ses ressources. Le manifeste annonçait en même temps que l'on ne ferait plus de nouvelles émissions et le rôle de la banque des assignats se bornerait dorénavant à l'échange des billets détériorés par l'usage contre des billets nouveaux destinés à remplacer ceux-ci. Un nouveau manifeste, daté du 13 avril 1810, bornait la circulation du papier-monnaie au montant de 577 millions de roubles, ordonnant que l'excédent fût détruit. Ce manifeste peut être considéré comme le prototype de l'oukaze qui a été rendu de nos jours dans un but semblable.

Manifeste du 26 mai.

Vint enfin le manifeste du 26 mai de la même année qui visait la diminution du papier-monnaie se trouvant déjà en circulation. Cette dernière mesure ordonnait la vente partielle de terres appartenant à l'État, le produit de cette vente devant être affecté à l'amortissement d'une partie de la circulation du papier. Une commission spéciale était instituée à cet effet sous le nom de commission d'amortissement. Mais, pour accélérer le rachat des assignats, le manifeste en question autorisait l'administration financière à ouvrir un emprunt intérieur, divisé en plusieurs catégories de 20 millions de roubles-assignats chaque, jusqu'à concurrence de 100 millions de roubles. Cet emprunt comportait que 2 roubles en papier seraient reçus comme équivalant à 1 rouble-argent. L'intérêt de l'emprunt était fixé à 6 0/0 par rouble-argent, le capital devant être remboursable en 1817 ; les placements à fonds perdus étaient favorisés par le cours de 1 r. 50 kop.-assignats pour 1 rouble-argent, le taux de l'intérêt pour ces placements devait être de 4 1/2 0/0 par rouble-argent.

Dépenses et recouvrements.

La dépréciation des assignats n'était d'ailleurs pas la seule forme du mal dont souffrait le Trésor. Les dépenses allaient toujours en augmentant, tandis que les recouvrements faiblissaient ou du moins restaient stationnaires.

Les recouvrements en 1801 et 1802 s'élevaient à 77 et jusqu'à 78 millions de roubles-assignats, tandis que les dépenses montaient à 107 millions. La plus grande partie de ce dernier total, naturellement, était absorbée par l'armée de terre et par la marine. Les dépenses pour l'armée de terre atteignaient pour 1801 la somme de 34 millions roubles-assignats (soit 24 millions 1/2 roubles-argent); pour 1802, 31 millions 1/2 roubles-assignats (22 millions 1/2 roubles-argent). La marine demanda 12 millions roubles-assignats en 1801 et 10 millions roubles-assignats en 1802. Les dépenses de la Cour impériale furent de 11,300,000 roubles-assignats pour la première de ces deux années, de 9 millions 1/2 roubles-assignats pour la seconde.

Le tableau ci-dessous donne, en chiffres approximatifs, la comparaison des recouvrements et des dépenses pour les quelques années suivantes :

DATES	RECOUVREMENTS	DÉPENSES
1803	95,500 mille roubles-ass.	109,412 mille roubles-ass.
1804	97,000 —	122,160 —
1805	100,000 —	125,349 —
1806	100,000 —	122,500 —
1807	121,000 —	170,000 —
1808	111,500 —	(les seules dépenses de la guerre s'élevant à 140 millions.)
1809	127,500 —	278,500 mille roubles-ass.

Pour couvrir les écarts de plus en plus considérables entre les recouvrements et les dépenses, on recourait principalement à de nouvelles émissions d'assignats. Cependant cela n'empêchait pas de conclure en outre des emprunts réguliers tant intérieurs qu'étrangers, quand la possibilité s'en présentait. Il va sans dire que ces emprunts, faute de confiance et d'épargne dans le pays, ne pouvaient se réaliser qu'à des conditions très onéreuses.

Wassiliew dissimule l'état réel des finances.

Nous lisons dans le compte rendu présenté au conseil de l'Empire par le trésorier général, baron Wassiliew, au mois d'avril 1801, que le

8

total de la dette de l'Etat, évalué à 297,094,217 roubles en 1797, avait été réduit au moyen de diverses opérations de 169,989,403 roubles, et que pour amortir tout le restant de la dette intérieure et extérieure, on n'aurait plus besoin de rembourser que 85,933,242 roubles.

Ce même document affirme que sur le chiffre de 16,293,996 roubles, qui représentait en 1797 les arriérés d'impôts et autres sommes dues au Trésor, il ne restait plus à exiger en 1800 que 9,319,535 roubles, le reste ayant déjà été levé pour le compte du fisc.

Ces données semblent prouver que la direction des finances, à l'époque dont il s'agit, ne laissait rien à désirer. Mais ce n'était là qu'un arrangement de chiffres peu soucieux de la vérité et destiné uniquement à faire valoir auprès de l'Empereur les services personnels du baron Wassiliew. Ce but fut atteint, car il reçut le titre de comte au couronnement d'Alexandre. Quant à la connivence tacite du conseil de l'Empire qui accepta ces chiffres, il est permis de supposer que les membres qui eussent été capables de les discuter avaient leurs raisons pour ménager le chef du département des finances.

Naturellement le relevé présenté par Wassiliew faisait entièrement abstraction du papier-monnaie qu'on avait émis depuis 1797, de même que les émissions abondantes qui en avaient été faites ne constituaient nulle dette pour l'État. Mais, en outre, les données que nous avons citées étaient fausses en elles-mêmes.

La preuve en est fournie par un autre compte rendu, présenté au conseil de l'Empire, en 1805, par le même Wassiliew, non plus baron et trésorier, mais déjà comte et ministre des Finances. Il appert de ce nouveau document que le total de la dette s'élevait pour 1801 à 133,013,266 roubles. De ce total il avait été remboursé, jusqu'en 1805, 5,823,415 roubles seulement et il restait à la charge du Trésor 127,189,856 roubles, soit un tiers en plus du chiffre donné pour 1801.

De tout temps, d'ailleurs, les intérêts personnels ont concouru à l'élasticité des chiffres officiels. Nous en citerons encore un exemple, emprunté à la même époque et assez caractéristique en lui-même. Le gouvernement anglais s'était engagé à payer une subvention mensuelle de 37,500 livres sterling au corps d'armée du général Rymsky Korsakow, ainsi que 88,000 livres sterling à l'armée qui devait se mettre en marche de Réval. Cependant quand le moment d'effectuer ces paiements fut venu, le ministère britannique se crut en devoir de refuser le subside promis, par la raison que le corps du général Korsakow, quoique devant être fort de 45,000 hommes, n'en compta jamais en réalité plus de 35,000.

Subsides anglais.

Les subsides anglais apportèrent d'ailleurs des ressources très opportunes dans l'état où se trouvait le Trésor. En vertu de conventions conclues entre le gouvernement britannique et les gouvernements alliés contre la France, le premier s'engageait à payer aux autres des subsides annuels dans la proportion de 1,250,000 livres sterling sur chaque centaine de mille hommes tenant la campagne. Le roi de Grande-Bretagne s'obligeait de servir ces subsides aux alliés pendant tout le temps que durerait la guerre. Les paiements devaient être calculés d'après le nombre des combattants, selon la proportion qui vient d'être indiquée et être effectués mensuellement.

Les comptes des subsides reçus par le Trésor russe font foi que l'argent était versé ponctuellement. On trouve aux archives du ministère des Finances les tableaux du mouvement des sommes reçues de cette source, c'est-à-dire la distribution des subsides anglais entre les divers corps d'armée russes. Durant l'année 1800, l'Angleterre versa ainsi 1,435,150 livres 16 shillings 8 pence; pendant l'année 1800, 717,419 livres avec un supplément de shillings et pence égal au précédent.

Comité des finances.

Sentant la nécessité de mettre plus de méthode dans l'administration des finances, le gouvernement créa à cet effet, en 1806, une commission séparée avec le titre spécial de « comité des finances ». Ce comité dut son origine, principalement, aux préoccupations qu'inspirait la croissance rapide de la circulation fiduciaire. Ce fait ressort clairement d'un document très intéressant : un rescrit adressé par l'empereur Alexandre à « MM. les membres du comité des finances » en date du 22 décembre 1807. Le comité s'étant vu forcé de conseiller de nouvelles émissions de papier-monnaie, pour parer aux dépenses militaires, le souverain exprime son regret de ce que l'on en soit réduit à persévérer dans les anciens errements et signifie que le comité lui-même avait été créé spécialement en vue de mettre des bornes à l'excès des assignats. L'Empereur, tout en approuvant par nécessité les projets du comité, lui rappelle l'inconvénient qu'il y avait de couvrir la majeure partie des dépenses extraordinaires par ce moyen et commande au comité de rechercher d'autres voies pour remédier au mal.

Le comité ayant proposé de revêtir les nouvelles émissions d'assignats de la forme d'un emprunt à terme, dans l'espoir qu'elles seraient remboursées aussitôt que possible, le monarque fait observer que des engagements pareils, pris vis-à-vis de soi-même, n'ont souvent mené à rien : « Plus d'une fois de semblables emprunts sont restés sans rachat; les besoins de l'année suivante rendaient vaines les prévisions de l'année précédente, et le comité lui-même, en reculant aujourd'hui l'amortissement d'emprunts semblables, conclus précédemment, fait foi, par cette disposition, que l'on n'arrive par cette voie qu'à reculer la solution d'une année à l'autre. »

George Kankrine.

La situation difficile du Trésor en vue des éventualités de guerre faisait songer à découvrir des ressources nouvelles. Et ici nous voyons se reproduire un exemple curieux que nous avons déjà cité en parlant des finances sous le règne de Pierre le Grand. Comme de son temps un simple particulier communiquait au gouvernement des projets de son invention pour faire affluer dans les coffres de l'État l'argent dont le Trésor avait un besoin pressant, de même à l'époque dont nous nous occupons, nous voyons un fonctionnaire subalterne du ministère de l'Intérieur tracer tout un système de taxes nouvelles et proposer son plan au gouvernement, qui le prend en considération et en tire parti. Le fait est d'autant plus digne de fixer notre attention que ce modeste employé, qui s'élève ainsi de sa propre initiative au rôle de réformateur ou de pourvoyeur des finances, est appelé à jouer un rôle important dans la suite de notre récit. Cet « inventeur » d'impôts n'était autre que George Kankrine qui depuis fut l'un des ministres les plus remarquables que la Russie ait eus.

Le titre officiel de « pourvoyeur (Pribilchtchik) », dont étaient décorés autrefois ceux qui s'offraient à indiquer des sources nouvelles pour augmenter les revenus de l'État ne fut pas accordé à Kankrine. En revanche son plan fut sinon adopté en entier, du moins pris en sérieuse considération, car nous voyons se réaliser dans la suite plusieurs des idées développées dans le mémoire présenté par Kankrine en 1806. Les considérations générales dont il accompagne ses propositions, quoique très brèves, sont intéressantes pour l'histoire des principes financiers et importantes en outre comme émanant d'une personnalité aussi marquante dans l'histoire positive des finances russes elles-mêmes.

Projets de Kankrine.

Le mémoire de Kankrine, dont l'original se trouve aux archives du ministère des Finances et porte la date du 16 octobre 1806, contient trois tableaux d'impôts projetés : 1° impôts permanents ; 2° impôts institués pour la durée d'une année en vue des nécessités de guerre ; 3° ressources tout à fait extraordinaires auxquelles on ne devait recourir qu'une seule fois. Dans ce total se trouvent mêlés les impôts les plus différents de nature et quelques-uns assez bizarres.

Ainsi, dans le premier tableau, l'auteur proposait d'exiger des marchands de 3e guilde ou classe qu'ils déclarassent un capital supérieur à celui qu'ils avaient réellement accusé jusque-là ayant en vue de se soustraire à un droit de patente trop élevé. La productivité de cette seule mesure était évaluée à 3/4 de million de roubles. Venaient ensuite l'élévation de la rançon militaire de 600 à 1,000 roubles, ainsi qu'une taxe de 15 kopecks par déciatine sur les terres possédées par les marchands et les petits bourgeois hors de l'enceinte des villes et des pâturages suburbains.

Comme base pour l'établissement de ces impôts, Kankrine pose la nécessité de remédier à un abus pratiqué par des individus appartenant aux classes inférieures et consistant en ceci, qu'ils se soumettaient à la patente et se faisaient enregistrer en qualité de marchands sans s'occuper réellement de commerce, mais exclusivement dans le but de se soustraire au recrutement, auquel n'étaient soumises que les classes inférieures, ou « classes imposées », appellation qui a existé en Russie jusqu'à nos jours.

Parmi les autres menus impôts à établir, nous en trouvons un qui se présente avec le caractère de taxe somptuaire ; il s'agit d'une redevance de 200 et de 500 roubles moyennant laquelle les officiers supérieurs et les marchands de première guilde auraient le droit de faire atteler quatre chevaux à leurs voitures, droit qui autrement serait réservé aux généraux et aux fonctionnaires des quatre premières classes sur les quatorze qui, d'après le « tableau » de Pierre le Grand, continuent à constituer en Russie l'échelle bureaucratique. Mais dans le nombre des taxes nouvelles projetées par Kankrine, se trouvent deux impôts sérieux qui existent encore actuellement : l'accise des tabacs, prélevée au moyen de banderoles ou rubans de papier collés sur les boîtes et paquets, et l'impôt sur les immeubles dans les capitales, perçu indépendamment de la taxe qu'ils portent au profit de la ville. Kankrine proposait encore d'élever le prix du sel de Crimée, tenu en régie, ainsi que le droit d'entrée du sel étranger. Tout ce total d'impôts permanents qu'il reconnaissait utiles devait rapporter, selon son évaluation, 5,950,000 roubles.

Bases hypothétiques du projet de Kankrine.

D'autre part, il proposait d'établir à titre de taxe extraordinaire, justifiée par la guerre et ne devant exister que durant une année, un véritable impôt de classe ou de revenu, calqué sur la Klassensteuer existant en Prusse. Pour fixer l'assiette de cet impôt, Kankrine procédait d'une façon très sommaire dans sa naïveté. Il admettait, par pure hypothèse, — vu l'absence d'autres données statistiques que celles du recensement pour la capitation, à laquelle n'étaient pas soumises les classes supérieures, — que le nombre général des familles dans le pays était de 6 millions, dont 2 millions 1/4 se trouvaient dans une situation nécessiteuse et ne devaient pas être soumises à cet impôt. Restaient donc 3,750,000 familles, que l'auteur rangeait en douze classes d'après leurs revenus supposés. La première classe comprenait la majorité, savoir 2 millions de familles, possédant un revenu annuel de 100 à 300 roubles, et pouvant apporter à la levée générale un appoint de 1 rouble par famille. Il plaçait dans la seconde classe 1 million de familles au revenu présumé de 300 à 1,000 roubles et les soumettait à une contribution de 2 roubles. En continuant cette progression, Kankrine arrivait à la douzième classe comprenant les familles jouissant d'un revenu de plus de 250,000 roubles et fixait leur part de la contribution commune à 500 roubles. Le nombre des familles de cette catégorie était évalué à 500.

Tout cet échafaudage reposait, il faut le dire, sur des bases purement hypothétiques. De plus l'impôt, loin d'être progressif, diminuait sensiblement à mesure qu'il montait de classe en classe et atteignait enfin les sommets de la société. Le chef d'une famille au revenu de 250,000 roubles, soit 1 million de francs au cours nominal, ne devait être passible de l'impôt qu'à un degré cinq fois plus faible que celui qui aurait été réclamé du paysan. Quoi qu'il en fût, l'auteur du projet comptait retirer par ce moyen 13 millions de roubles à titre de « subsides de guerre ».

Quant au mode de perception d'un impôt sur le revenu exigible une fois et par conséquent dépourvu de l'organisation compliquée qu'entraîne « l'income-tax », il devait consister dans la déclaration libre des propriétaire fonciers devant les maréchaux de la noblesse, des bourgeois devant leurs municipalités et des paysans devant les chefs de leurs communes, de la valeur de leurs biens. Les propriétaires seraient tenus de déclarer le nombre « d'âmes » qu'ils possédaient, les paysans, toute propriété excédant la valeur du domicile et d'un inventaire minimum.

L'auteur s'en reposait sur l'honneur personnel des contribuables pour l'exactitude des déclarations de leur avoir et interdisait toutes recherches vérificatives. En revanche, il proposait de publier les noms et d'exclure des fonctions honorifiques tous ceux qui seraient convaincus par quelque circonstance future d'avoir célé l'état réel de leur fortune pour éviter l'impôt.

Spéculations basées sur la vanité, l'honneur et le patriotisme.

Kankrine proposait encore à titre de ressources extraordinaires la distribution de croix d'or, médailles et même de la décoration de Saint-Wladimir donnant le droit de noblesse pour des offrandes d'argent plus ou moins considérables faites au Trésor. C'était là la vente régulière de distinctions honorifiques et l'auteur du projet semble avoir spéculé sur la vanité humaine presque autant que sur les sentiments d'honneur et de patriotisme, puisqu'il évaluait le produit de cette vente dans le courant d'une année à 12 millions de roubles, c'est-à-dire à peu près autant qu'il attendait de l'impôt sur tous les revenus, ce dernier poste devant s'élever dans ses prévisions au chiffre de 13 millions. Ces deux sommes réunies, avec le chiffre coté plus haut des impôts permanents à introduire, constituaient le total de 30,950,000 roubles de ressources nouvelles. Il est curieux d'observer que, dans le mémoire explicatif joint à ce projet, Kankrine se déclarait partisan décidé de l'impôt direct comme base du système des finances, en rejetant les impôts indirects, lesquels, selon lui, représentaient un mal inévitable dans les pays de l'Occident où toutes les ressources naturelles étaient déjà épuisées. Ce fut Kankrine cependant, qui devenu dans la suite ministre des Finances, donna une extension extraordinaire au fermage des boissons.

L'influence fâcheuse des années de guerre (1805-1810) ne se borna pas à empirer la situation des finances. Elle se manifesta en outre dans la physionomie morale de l'empereur Alexandre et le changement qui s'opérait dans son esprit prépara dans l'avenir des conséquences très graves pour toute la direction de sa politique.

Les témoins oculaires de ses entrevues avec Napoléon prétendent que l'échange d'opinions qui s'y fit ne resta pas sans influence sur l'esprit si impressionnable du monarque russe. Les conversations de ces souverains, au cours desquelles étaient surtout discutées les questions générales, servirent à augmenter encore la défiance naturelle d'Alexandre envers tout le monde et à ébranler son respect pour les droits de la personnalité humaine et pour la légalité, c'est-à-dire contribuèrent à affaiblir précisément la qualité qui l'avait le plus distingué — à son avantage — de tous ses prédécesseurs.

Le « triumvirat » congédié.

Quoi qu'il en fût, un revirement soudain dans la manière de voir d'Alexandre se manifesta par le changement qu'il fit de son entourage. L'ancien « Triumvirat » fut mis de côté et remplacé par Spéransky, l'Italien Pozzo di Borgo et le Grec Capo d'Istria.

Spéransky.

Le premier d'entre eux porta sur ses épaules pendant les cinq années qui succédèrent à l'entrevue de Tilsitt, et jusqu'en 1812, tout le poids des affaires intérieures de l'État. L'activité de Spéransky dans une sphère aussi large fut multiple, étonnante par sa vigueur et riche en résultats. L'on peut dire, qu'à l'exception des ministères de la Guerre et des Affaires étrangères, toute la besogne du gouvernement était confiée à lui seul. Il tomba plus tard victime des circonstances exceptionnelles qui excitèrent contre lui l'opinion publique et de la réaction complète qui s'était opérée dans l'esprit de l'Empereur. Mais la Russie est redevable à cet homme d'État de toute une série de réformes et l'on peut dire que c'est en lui que se personnifia le reste des dispositions libérales que l'Empereur gardait encore, mais qu'il était à la veille d'abandonner.

Plan général de Spéransky.

Pour ce qui regardait les finances, Spéransky procéda dès 1809 à l'élaboration d'un plan général. Mais, en véritable homme d'Etat, il voyait clairement que les finances ne représentant qu'une partie de l'organisme entier, on ne pouvait songer à les améliorer sérieusement sans de profonds changements dans l'ordre général du gouvernement. Tout le passé de la Russie démontrait que les institutions patriarcales et le mode absolu de gouverner qui subsistaient encore rendaient impossibles l'accord entre la législation et les besoins réels du pays, la stricte observation des lois établies, l'intégrité des fonctionnaires chargés de les appliquer, enfin un règlement durable et obligatoire pour le gouvernement lui-même dans l'emploi des deniers publics.

Il était évident que le gouvernement n'était pas suffisamment renseigné sur les ressources du peuple, comme, en général, sur les conditions où il vivait, ainsi que sur ce qu'il y avait de plus urgent à faire pour remédier aux maux dont il avait à souffrir. Force était de recourir dans une certaine mesure à l'opinion publique, de demander aux intéressés eux-mêmes les lumières qui ne pouvaient être empruntées aux plus belles théories.

C'était précisément à défaut d'information sérieuse sur les besoins du pays que le gouvernement, même sous un prince animé d'intentions libérales, comme l'avait été Alexandre à ses débuts, avait perdu son temps en hésitations et n'avait encore rien fait pour donner suite à ses intentions si larges en principe.

Spéransky et la bureaucratie.

L'administration continuait à être de tout point semblable à ce qu'elle avait été sous les règnes précédents, sous des chefs d'Etat qui n'avaient ni les vues éclairées d'Alexandre, ni ses instincts généreux. Elle seule servait d'intermédiaire entre le souverain et ses millions de sujets.

Or, au lieu de présenter le reflet fidèle des désirs du peuple, ce milieu opaque ne laissait arriver jusqu'aux marches du trône que ce qui n'était pas contraire aux intérêts personnels de la bureaucratie omnipotente.

C'était bien l'Empereur qui donnait aux lois leur force obligatoire; mais chacun des gouverneurs, des chefs de police, etc., commentait à sa guise la loi et l'appliquait d'après son propre entendement.

Pour sortir de cet état de choses, Spéransky le sentait nettement, il était avant tout nécessaire de créer une institution ferme qui fût réellement à même de veiller à l'inviolabilité des lois et à leur application fidèle.

Dans sa pensée, c'était le conseil de l'Empire qui, réformé et chargé de pouvoirs plus étendus, pouvait représenter l'organe pondérateur dont il avait besoin pour réformer ensuite toutes les branches d'administration.

Réorganisation du conseil de l'Empire.

Son projet sur la nouvelle organisation du conseil de l'Empire fut approuvé par l'Empereur et la promulgation en eut lieu avec une solennité inaccoutumée.

Au premier jour de l'an 1810, à neuf heures du matin, la totalité des membres du conseil fut réunie, d'ordre suprême, dans les salles du Palais d'Hiver à lui destinées. L'Empereur, étant entré dans la salle de l'assemblée générale, ordonna aux assistants de prendre place d'après l'ancienneté de leurs grades et ouvrit ensuite la séance. Le discours qu'il prononça en cette occasion, après avoir constaté que le conseil a pour but de former le centre de toutes les affaires du gouvernement général, continuait en ces termes :

Discours prononcé par Alexandre Ier à l'inauguration du conseil de l'Empire, en 1810.

« Tout ce qu'il y a de plus ferme et de plus inébranlable dans la pensée et dans la volonté humaine sera consacré par moi à fonder l'ordre et à doter l'Empire de la garantie qu'offrent de bonnes lois. Vous vous chargez du devoir sacré de m'aider dans l'accomplissement de cette tâche, vous aurez à en répondre devant Dieu et devant la patrie. En face de ces noms augustes, toutes considérations personnelles doivent disparaître. Comptez les millions d'hommes qui attendront de vous l'affermissement de la propriété, de la tranquillité et du bon ordre, et mesurez par là l'étendue de vos devoirs et de la confiance que je place en vous. En invoquant la bénédiction du Très-Haut, je m'impose la tâche de prendre part à vos travaux. Je ne rechercherai d'autre gloire que la seule à laquelle mon cœur soit sensible, celle-là notamment que dans l'avenir, dans un temps reculé, où je ne serai plus, les vrais enfants de la patrie, en appréciant l'utilité de cette institution, gardent le souvenir qu'elle a été fondée de mon règne et par mes vœux sincères pour le bien de la Russie. »

Le manifeste décrétant l'institution du conseil de l'Empire fut publié ce jour même. D'après la définition qu'en donnait le manifeste, le conseil devait servir de lien commun à toutes les parties de l'administration et leur imprimer la direction désirable, en prévenant l'arbitraire des ressorts séparés. L'idée prédominante dans tous les projets de Spéransky, relatifs à la réforme des grands corps de l'Etat et des organes supérieurs — conseil de l'Empire, Sénat et ministères — c'était la division des pouvoirs, la distinction entre les fonctions législatives, administratives et judiciaires.

Attributions du conseil de l'Empire.

Cette séparation n'avait jusque-là été réalisée en partie que dans les institutions provinciales et c'était une tentative toute nouvelle que de l'introduire dans l'organisation centrale. Le manifeste statuait que tous les projets de lois devaient à l'avenir être débattus dans le conseil de l'Empire et parvenir par son intermédiaire à la sanction suprême, de même que nulle loi ne devait émaner du conseil, ni recevoir une force obligatoire sans la sanction souveraine. On voit par là que le conseil de l'Empire était privé par sa constitution elle-même du droit d'initiative en matière de législation. Les résolutions de cette assemblée ne devaient, en outre, être nullement obligatoires pour le souverain qui, tout en prenant l'avis du conseil, gardait la plénitude de son droit suprême pour donner la préférence à telle ou telle autre des résolutions proposées, sans égard pour le nombre relatif des voix qu'elle avait réunies.

A part ces restrictions, le rôle du conseil, en sa qualité de chambre législative, devait néanmoins être très important, et tout porte à faire croire que, dans la pensée de Spéranski, partagée par l'Empereur, ce rôle devait être encore étendu dans la suite. Les attributions de cette assemblée devaient être élargies et « ses formes devaient être rendues publiques ». Nous nous bornons ici strictement à la définition officielle, sans préjuger si les formes dont il s'agissait impliquaient la publicité des débats ou l'admission d'une représentation quelconque de l'opinion publique au sein du conseil.

Quoi qu'il en fût, l'institution d'un corps appelé à débattre tous les projets de lois constituait à elle seule un progrès sensible. Jusque-là, le conseil, tel qu'il avait existé avant cette réforme, n'avait pas eu la signification d'un organe législatif régulier. Les mesures nouvelles étaient quelquefois portées devant lui et d'autres fois se passaient de son approbation. Ainsi, les lois les plus importantes avaient été, sous les deux règnes précédents, promulguées sans que l'avis du conseil eût été pris sur l'opportunité et la nature de ces mesures.

Composition du conseil de l'Empire.

Nous devons placer ici une courte esquisse de la composition du conseil de l'Empire dans la forme qu'il reçut à l'époque où nous sommes arrivés. La présidence du conseil fut attribuée au souverain en personne. Les ministres devenaient membres d'office. Quatre « départements » ou sections permanentes devaient servir à la discussion préalable des projets et à l'élaboration de rapports. C'étaient les départements des lois, des affaires militaires, du culte et des affaires civiles, enfin de l'économie d'État. Les membres du conseil étaient distribués entre ces sections selon les connaissances spéciales qui leur étaient supposées d'après les fonctions qu'ils avaient précédemment remplies.

A l'origine, trente-cinq membres furent appelés à siéger au conseil de l'Empire et ce fut Spéranski qui se trouva investi de la qualité de « secrétaire de l'Empire », équivalente aux fonctions réunies de chef de la chancellerie du conseil (appelée chancellerie de l'Empire) et de premier référendaire. La présidence des quatre départements spéciaux fut confiée aux personnages suivants : département des lois, président : prince Lopoukhine ; affaires militaires : comte Araktchéïew ; culte et affaires civiles : comte Zawadowski ; économie : amiral Mordwinow. Dès le mois de janvier 1809, Spéranski soumettait déjà les procès-verbaux du conseil réformé à l'approbation souveraine. Au sein du conseil, son autorité était si grande qu'il pouvait passer pour l'inspirateur de la plupart des résolutions.

Progrès réalisé du fait de l'établissement du conseil d'État.

L'institution qu'il avait aidé à créer lui inspirait un juste orgueil. Voici comment il s'exprimait sur le sens général de cette réforme dans le compte rendu qu'il présenta à l'Empereur pour l'année 1810 : « Le but de cette institution est de donner à la fonction législative, jusque-là dispersée et variable, une première consistance, une garantie élémentaire de régularité, de stabilité, de fermeté et d'uniformité... Cette institution à elle seule représente déjà un pas immense : de l'arbitraire aux vraies formes monarchiques. Il n'y a pas plus de deux ans que les esprits les plus hardis eussent difficilement pu admettre que l'Empereur de Russie trouverait convenable d'user dans son oukaze de la formule : « Adoptant l'avis du conseil » ; une semblable supposition eût paru toucher de près au crime de lèse-majesté (1) ».

Ce pas important dans la vie nationale, cette transition d'un pouvoir absolu à une monarchie régulière, dans la conviction de Spéransky, se trouvaient réalisés par l'institution du conseil sous lequel le pouvoir souverain avait donné à la société une certaine garantie des voies qu'il se proposait de suivre. Ainsi donc, le but du système de gouvernement inauguré par la première réforme de Spéransky devait être la confiance de la société, confiance placée non plus dans un homme, mais dans la stabilité des institutions qui garantissent les droits du citoyen et la sécurité des intérêts nationaux. Ce ne fut, certes, pas la faute de l'initiateur si le conseil de l'Empire s'écarta dans la suite du rôle qui lui avait été tracé.

Il est évident qu'aussi longtemps que les représentants et les gardiens de la loi sont nommés par le souverain et que leurs agissements ne sont pas soumis au contrôle du public, ces personnages — si haut qu'ils soient placés dans l'échelle hiérarchique — ne pourront être en réalité que des serviteurs, et cela non du monarque lui-même, mais aussi des courtisans qui l'entourent. C'est ce qui rend impossible en Russie d'appeler à la vie une institution capable de garantir le peuple de l'arbitraire bureaucratique, si cette institution n'est pas basée sur le principe électif, ou, tout au moins, n'est pas garantie elle-même par la publicité de ses séances.

(1) Baron Korff. *Vie du comte Spéransky.*

L'entourage du trône intéressé à maintenir le pouvoir absolu.

Or, ceux qui entourent le trône, les ministres, les affidés et les favoris sont trop intéressés au maintien d'un pouvoir absolu qui couvre leur responsabilité et laisse ouverts les sentiers clandestins où s'exerce leur libre arbitre, pour qu'ils consentent jamais à admettre le contrôle du public. Ce contrôle une fois établi, il deviendrait bien plus difficile de mettre à profit les audiences intimes, de guetter les moments propices pour saisir au vol les distinctions, l'influence et les faveurs qui perpétuent le régime de l'arbitraire. Avec le temps, ces procédés finiraient même par disparaître au grand jour de la surveillance exercée par le public sur la marche générale des affaires. Il est vrai que ce serait avant tout l'autorité personnelle du monarque qui profiterait en réalité de ce changement. Les intérêts dynastiques ne gagnent rien à l'exploitation du pouvoir absolu du souverain par la foule de gens intéressés à recouvrir de ce manteau les calculs de leur ambition et de leur bien-être personnels.

Quoi qu'il en soit, l'histoire doit savoir gré à Spéransky de sa généreuse tentative. Le conseil de l'Empire, dans la pensée de cet homme d'État, devait évidemment servir d'intermédiaire entre les vrais besoins du peuple et les bonnes intentions du monarque et porter au pied du trône la connaissance de la situation réelle du pays. Seulement, et les événements vinrent bientôt en apporter la triste preuve, Spéransky avait trop présumé de son influence personnelle sur l'esprit du souverain, de la persévérance qui manquait au caractère de ce dernier, ainsi que de la possibilité d'écarter le milieu opaque qui avait tant d'intérêt à intercepter la lumière.

En même temps qu'il s'occupait de réformer l'administration supérieure, Spéransky porta son attention sur les finances. Celles-ci se trouvaient, à cette époque, dans une situation déplorable. Une suite non interrompue de déficits et une vraie inondation de papier-monnaie avaient épuisé les ressources et pesaient lourdement sur le marché. La dette croissait à vue d'œil. Le budget pour 1810 éclaire cette situation avec une éloquence navrante : 577 millions de dette, 230 millions de dépenses et rien que 125 millions de recettes pour subvenir aux besoins.

Spéransky chargé d'esquisser un plan de réformes financières.

La direction des finances se trouvait entre les mains d'hommes tantôt positivement incapables, tantôt ne s'élevant pas au-dessus d'une expérience toute routinière. En 1810 il n'en restait que peu, même de cette dernière catégorie. L'Empereur ne savait à qui confier ce malheureux portefeuille ; chacun s'empressait de refuser une tâche qui paraissait ingrate. Enfin le choix de l'Empereur s'arrêta sur le conseiller intime actuel Gouriew, qui remplaça aux finances le conseiller intime actuel Goloubtzow, chargé de ce département depuis 1806. Mais ce fut à Spéransky que l'Empereur confia la tâche difficile d'esquisser un plan de réformes financières.

Mesures énergiques et sacrifices proposés.

Ce plan fut préparé avec la promptitude habituelle qu'apportait Spéransky à l'élaboration de ses projets administratifs. Un mémoire, divisé en deux cent trente-huit articles, fut bientôt placé par lui sous les yeux du souverain. Ce mémoire partait de ce principe fondamental que « tout plan financier qui se borne à des expédients faciles et ne tend pas à réduire les dépenses doit être considéré comme un leurre funeste, propre à entraîner le pays à sa perte ». — « Pour tirer la Russie du triste état où elle se trouve, il est besoin de mesures énergiques et d'importants sacrifices. » Les mesures énergiques en question devaient être les suivantes : 1° renonciation aux émissions ultérieures d'assignats ; 2° réduction des dépenses ; 3° établissement d'un contrôle plus satisfaisant sur les dépenses ; enfin, 4° introduction de nouveaux impôts. Quant à la nécessité de ces derniers, Spéransky s'exprimait en ces termes : « Notre situation financière exige irrévocablement l'imposition de taxes nouvelles et importantes ; sans cela il est impossible de rien entreprendre. Mais les impôts paraissent onéreux par cette raison surtout qu'ils semblent arbitraires. La nécessité n'en saurait être démontrée à chacun en particulier. Cette évidence doit donc être mise à la portée de tous par ce fait que ce n'est pas en vertu de l'arbitraire, mais bien à la suite d'une nécessité reconnue et représentée par le conseil que les charges nouvelles sont établies. » Ce passage était caractéristique des idées générales qui avaient présidé à l'institution du conseil de l'Empire, dont le but était d'inspirer au public la confiance, en lui offrant une garantie de stabilité dans l'organisation elle-même du gouvernement.

Le projet financier de Spéransky adopté.

Le projet financier de Spéransky, discuté préalablement dans une commission composée de Baloughianski, Potocki, Mordwinow, Kotchoubey et Kampenhausen, fut dès l'inauguration du conseil de l'Empire porté à la commission ou département de l'économie. Trois des membres de ce département : Kotchoubey, Potocki et Mordwinow étaient les partisans de Spéransky ; les deux membres restants Sabloukow et Toutalmine ne possédaient pas de connaissances spéciales.

Aussi le projet passa-t-il rapidement par l'examen de la commission et fut adopté par le conseil en assemblée générale à une majorité imposante. Un mois s'était à peine écoulé depuis l'ouverture du conseil, quand parut le manifeste du 2 février 1810, destiné à porter à la connaissance du public les vues du gouvernement touchant l'organisation des finances.

Le manifeste de 1810 comprend les bases de toutes les réformes ultérieures.

Le manifeste de 1810 mériterait d'être cité ici *in extenso*, ne fût-ce que pour mieux faire ressortir l'écart inévitable qui doit se produire entre les bonnes intentions du pouvoir et l'influence des conditions dans lesquelles il est exercé, dans l'absence d'un élément pondérateur. En effet, nous voyons proclamés dans ce manifeste presque tous les principes des réformes qui se succédèrent dans la sphère des finances russes jusqu'à nos jours. Renonciation aux nouvelles émissions de papier-monnaie; admission de représentants de municipalités dans le conseil des établissements de crédit de l'État ; amortissement successif de la dette fiduciaire au moyen d'un emprunt intérieur; réduction des dépenses ; soumission de tous crédits extraordinaires à l'approbation préalable du conseil de l'Empire ; unité des caisses de l'État, c'est-à-dire concentration dans un trésor unique de toutes les branches spéciales des revenus et de tous les fonds particuliers ; la publicité enfin des budgets ou du moins du projet des recettes et dépenses pour l'année suivante — tout cela se trouve dans l'acte en question.

Ainsi, presque toutes les idées réputées nouvelles et dues à l'initiative des esprits vraiment supérieurs auxquels échut dans la période des quelque soixante-dix années suivantes la tâche de diriger les finances ou de concourir à mettre quelque ordre dans cette branche si incorrigiblement prompte à se désorganiser, toutes ces inventions ingénieuses qui, à l'avenir, devaient faire la gloire de tant de hauts fonctionnaires vraiment capables, se trouvent déjà en germe dans le manifeste de 1810 ! Nous dirons mieux : la plupart de ces principes qui devaient servir de base aux réformes postérieures sont explicitement proclamés et motivés dans le manifeste rédigé par Spéransky.

Que signifient cette double besogne d'invention administrative et cette révélation continue d'idées proclamées depuis longtemps avec l'espoir, sans doute, qu'elles seraient, dès l'origine, mises définitivement en pratique et fonderaient pour l'avenir, à la satisfaction générale, l'ordre dans les finances ? Tout cela, évidemment, porte en soi la même instruction que les efforts infructueux d'asseoir le fonctionnement de la machine gouvernementale tout entière sur les bases solides d'une action commune du pouvoir suprême et de l'opinion publique, de mettre par un effet de la volonté éclairée du souverain lui-même des bornes à l'arbitraire de son entourage. Il est bien plus facile de proclamer le désir de réformer ses propres actes, de mettre un frein aux exigences qui nous enveloppent de tous côtés, que de donner suite à ces desseins salutaires et de persévérer dans une carrière hérissée d'obstacles, alors que nulle impulsion venant du dehors ne nous y guide constamment et ne nous aide à nous y maintenir.

Une communication séparée, publiée simultanément avec le manifeste, tendait à préparer l'opinion publique pour une réforme monétaire, en expliquant que c'était l'argent et non le billon qui avait toujours constitué, en Russie, l'étalon légal; que les assignats s'étant dépréciés à la suite d'émissions qui excédaient le besoin qui s'en était fait sentir, il suffirait de diminuer la quantité des billets en circulation, ce qui devait se réaliser par le rétablissement de l'échange et la destruction du papier remboursé.

Mécontentement soulevé par les innovations apportées par Spéransky.

Nous devons faire observer que la plupart des dispositions impliquées dans le manifeste et devant servir de règles générales pour la politique financière s'offraient dans ce temps-là sous l'aspect d'innovations dont on n'avait jamais entendu parler. Elles furent donc accueillies de mauvaise grâce par tout le parti disposé aux réformes, soit par esprit d'animosité contre Spéransky qui en était l'initiateur reconnu, soit à cause de certains sacrifices personnels que ces réformes exigeaient. Malgré ce sourd mécontentement, toutes les mesures relatives à l'ordre des finances pendant les deux années suivantes, jusqu'en 1812, furent strictement conformes au programme que l'on s'était tracé.

Cependant cette tutelle constante exercée par Spéransky sur les affaires financières, à l'administration desquelles il n'avait aucun titre officiel, excita contre lui le nouveau titulaire de ce département, Gouriew. En conséquence, ce dernier, quoiqu'il eût dû son avancement à Spéransky, s'allia contre celui-ci avec le parti qui était hostile à sa personne autant qu'à ses projets de réforme.

Réduction des dépenses.

Conformément au manifeste, les dépenses avaient été réduites pour l'année 1810 de plus de 20 millions de roubles, et pour plus de régularité dans la distribution des ressources, tous les capitaux ou fonds spéciaux appartenant aux divers départements avaient été déclarés être la propriété indivisible du Trésor ; de sorte que nulle administration ne fut plus libre d'outrepasser les bornes des crédits qui lui étaient assignés, sans requérir, le cas échéant, l'avis du ministre des Finances et le consentement formel du conseil de l'Empire.

Oukaze du 22 mars.

Cette dernière disposition fut encore mise en relief par un oukaze spécial au ministre des Finances, daté du 22 mars et intitulé : « Des moyens de pourvoir aux besoins extraordinaires. » Il y est dit entre autres : « Le manifeste du 2 février de l'année courante a statué que toutes dépenses extraordinaires ne pourront être effectuées qu'alors que l'utilité en aura été considérée et admise par le conseil de l'Empire sur les rapports présentés par les chefs des divers ressorts ministériels. En ce qui concerne, en outre, les dépenses imprévues pour besoins courants, ces dernières ont été autorisées, mais à la condition d'être portées sur des comptes présentés à termes réguliers, pour en faciliter l'examen et la régularisation dans l'avenir.

« Or, il appert des comptes par vous présentés, qu'à partir du 1er janvier jusqu'à la publication des dispositions précédentes, ainsi que depuis ce moment jusqu'au 15 mars, il a été assigné pour frais de guerre en Moldavie, ainsi que pour d'autres besoins des ministères de la Guerre, de la Marine, de l'Intérieur et des Affaires étrangères....., ce qui offre un total de 19,184,569 roubles avec fractions. » C'était là un fait qui devait évidemment être écarté dès le début de l'action du nouveau règlement des dépenses. L'oukaze procède donc à la définition plus précise des dispositions générales contenues dans le manifeste, en confiant au ministre des Finances une somme spéciale de 500,000 roubles pour faire face aux dépenses imprévues, et en l'obligeant à présenter un compte général de celles-ci chaque fois que ce crédit aura été épuisé.

La circulation du papier-monnaie limitée.

Un nouveau manifeste, paru le 13 avril, déterminait la circulation du papier-monnaie en la limitant au chiffre de 577 millions de roubles, chiffre qui n'est pas éloigné de celui que pourra présenter aujourd'hui la circulation non garantie, en supposant que d'une part les émissions « temporaires » faites pour la dernière guerre (1877-78) auront été rachetées et que le fonds métallique déposé à la banque d'État aura gardé ses proportions actuelles.

Mais le projet de réforme financière élaboré par Spéransky ne s'arrêtait pas là. Il fallait, de plus, constituer un fonds d'amortissement pour racheter une partie des assignats et relever le cours du reste.

Création d'un fonds destiné au rachat des assignats.

Pour former ce fonds, on avait imaginé de mettre en vente pendant la durée de cinq ans une certaine quantité de terres domaniales et de réaliser, en outre, un emprunt à terme du chiffre de 100 millions de roubles, divisé en cinq parts. Cet emprunt fut ouvert par un manifeste daté du 27 mai. La commission de l'amortissement fut autorisée à cet effet d'accepter des dépôts de 1,000 roubles chaque et au delà, et de délivrer, en échange, des obligations à 6 0/0 en métal, avec le rachat du capital au terme de 1817, en métal aussi. Les capitaux placés à fonds perdus étaient reçus au cours de 150 kopecks-assignats pour 1 rouble-argent, mais ne devaient rapporter que 4 1/2 0/0. Les billets retirés de la circulation par cette voie étaient détruits. Pour inspirer plus de confiance au public, des représentants choisis par la classe commerciale figuraient parmi les membres de la commission.

Quant à la circulation des espèces sonnantes, Spéransky prit pour étalon du système monétaire le rouble-argent, lequel effectivement garda cette signification depuis lors. Il se proposait, en outre, d'augmenter la circulation de la menue monnaie de change et de remplacer la grosse monnaie de bronze par un billon plus portable.

Toutes les mesures projetées par Spéransky furent effectivement réalisées, en ce sens que des oukazes, règlements spéciaux et instructions destinés à cet effet, furent sanctionnés et mis en vigueur.

Nouvelle émission d'assignats.

Mais l'exécution réelle et précise des projets se montra bien plus difficile. En 1810 même, le déficit ayant atteint le chiffre de 100 millions, le gouvernement se vit obligé de continuer pendant cette année et l'année suivante les émissions d'assignats. Il en fut émis en 1810 pour la somme de 46,172,000 roubles, et le total de la circulation s'éleva à 579,373,880 roubles.

Emprunt intérieur de 1811.

L'emprunt intérieur fut accueilli assez favorablement et à la clôture de la souscription, en mai 1811, il avait produit 6 millions 1/2 en assignats et billets de banque, que le public échangeait contre les obligations de 6 0/0. La vente de parcelles de biens domaniaux fut moins heureuse. La valeur des propriétés offertes avait été fixée à 4,429,000 roubles-argent; il n'en fut vendu que pour la moitié environ de cette somme, sur laquelle 292,458 roubles seulement rentrèrent en argent, le reste étant formé d'assignats et d'obligations.

Témoin des difficultés que rencontra, dès ses premiers pas, la réforme financière projetée par Spéransky, le comte Kotchoubey, dans un mémoire présenté à l'Empereur en 1810, tout en approuvant les projets de son collègue du comité des finances, exprime la crainte que ce n'est pas cette année seulement que des dépenses imprévues (entraînant la nécessité de recourir à la presse des assignats) pourront non seulement exiger des ressources nouvelles, mais élever, en outre, les prix des produits et, par là, rendre insuffisants les crédits alloués à presque toutes les branches de l'administration. Le mémoire de Kotchoubey proposait de se renfermer, pour le présent, dans la mesure des améliorations possibles, en réservant à une période plus éloignée le soin de fixer un système monétaire régulier, etc. Il insistait principalement sur la réduction des dépenses, en conseillant de mettre pour cela à profit la conclusion heureuse des guerres avec la Perse et avec la Turquie.

Peut-être le mémoire de Kotchoubey était-il destiné à rassurer l'Empereur sur les obstacles qu'avaient rencontrés les espérances fondées sur le plan optimiste de Spéransky.

Manifestes du 25 juillet 1810 et du 25 juin 1811.

Cependant Spéransky continuait de travailler à l'achèvement de la grande réorganisation politique dont il avait précédemment posé la base en fondant le conseil de l'Empire, sous sa nouvelle forme. Il insista, dans un rapport à l'Empereur, sur l'insuffisance des ministères, tels qu'ils étaient sortis de la loi de 1802, sans responsabilité déterminée et sans délimitation précise des fonctions entre leurs diverses parties. Deux actes législatifs nouveaux, revêtus de la forme des manifestes et portant les dates du 25 juillet 1810 et du 25 juin 1811, vinrent régler ces questions et donner aux ministères leur forme définitive.

Ministère des Finances et Trésor.

En ce qui touche le ministère des Finances, Spéransky ne réalisa pas dans cette branche l'uniformité et l'unité d'action qu'il se plaisait généralement à introduire dans les institutions qu'il créait. Il ne se borna pas à séparer le contrôle de la direction des finances, ce qui était juste, mais divisa l'administration même des finances entre deux ressorts, dont l'un fut appelé « ministère des Finances » et l'autre le « Trésor ». Le ministre des Finances se trouvait chargé de tout ce qui avait rapport aux sources du revenu et aux recouvrements eux-mêmes : les douanes, les mines, la monnaie, les domaines, les banques, l'établissement et la perception des impôts lui furent confiés, et les bureaux chargés de l'administration de ces diverses branches constituèrent le ministère dont il était le chef.

Par contre, le mouvement ultérieur des recettes, les diverses dépenses et le service de la dette publique furent confiés à un haut fonctionnaire spécial, appelé le trésorier de l'Empire ou chef du Trésor. Le Trésor se subdivisait en plusieurs caisses distinctes, comme la caisse des dépenses courantes, la caisse des reliquats ou fonds de réserve, etc.

Contrôleur de l'Empire

Enfin le contrôle d'État, chargé de la revision et de la vérification de tous les comptes, était placé sous la direction d'un contrôleur de l'Empire. Ce fonctionnaire fut admis au rang des ministres.

Le manifeste du 25 juin, qui établissait une délimitation plus précise entre les attributions des différents services, imposa au ministre des Finances les obligations conformes au plan financier de Spéransky : l'établissement du budget annuel, devant ensuite être discuté par le conseil de l'Empire, la présentation au conseil des demandes de crédits supplémentaires au cours de l'exercice annuel, etc. Notons, en passant, qu'il fut fait mention dans cet acte de la possibilité de dépenses supplémentaires ayant pour objet des besoins secrets; celles-ci pouvaient être accordées, indépendamment du conseil, par ordres souverains.

Pour apprécier à leur juste valeur la distribution des pouvoirs administratifs, telle qu'elle fut établie par les lois que nous venons de citer, il faut naturellement se placer au point de vue historique et prendre en considération les avantages relatifs qu'elle offrait à cette époque, sans se laisser entraîner à considérer seulement les défauts manifestes qu'elle présente à nos yeux... L'organisation des ministères, telle qu'elle avait été ébauchée en 1802, avait réellement besoin d'être complétée, et ce but fut atteint par « l'institution générale des ministères » de 1811. Le mécanisme intérieur, commun à tous les ministères et introduit par cette dernière loi, offrait surtout un progrès incontestable.

Spéransky prend pour modèle l'ordre administratif de la France.

Le mouvement des affaires et la distribution du travail au sein de chaque ministère avaient été empruntés par Spéransky à la France, comme les dénominations et les rapports entre les divers services ministériels. Nous n'avons donc pas besoin de retracer ici ce mécanisme. Spéransky poussa l'imitation de l'ordre administratif adopté par la France napoléonienne jusqu'à ajouter aux départements créés précédemment un ministère spécial de la police. En revanche, il eut tort de s'écarter de l'original en supprimant le ministère du Commerce et en fusionnant avec l'administration des finances les services qui avaient fait partie du département dissous.

Subdivisions du ministère des Finances.

Un oukaze spécial fut consacré à l'organisation du ministère des Finances. Ce ministère fut composé de quatre divisions (départements) et d'un secrétariat général (chancellerie). Les divers services furent distribués ainsi qu'il suit : un département des domaines, un département des mines et salines, le commerce extérieur et les impôts et contributions formant l'objet des deux départements restants. L'administration des forêts entrait, naturellement, dans les attributions du département des domaines. Nous ferons observer qu'à cette époque-là on comptait dans la Russie d'Europe seule 126 millions 1/2 déciatines de forêts.

Nous citerons, en outre, un passage digne de remarque dans le manifeste de 1811. « Tous les ministères — y est-il dit — et ceux-là surtout dont les fonctions ont rapport aux intérêts économiques et à l'industrie générale, doivent veiller à ne pas gêner l'entreprise privée par un contrôle trop minutieux et des règlements trop complexes. Les vrais moyens dans ces branches de l'administration consistent plutôt à écarter les obstacles qu'à imposer des tâches et qu'à prescrire les voies propres au développement de l'industrie et du commerce. L'intérêt privé est, dans ce domaine, un guide plus sûr que les prévisions de la loi. »

Ce conseil salutaire est, malheureusement, resté lettre morte. L'initiative privée pour des entreprises qui s'élèvent quelque peu au-dessus du niveau du simple négoce en gros et en détail a toujours été paralysée par l'excès de réglementation et de tutelle. A tel point que, lorsque le gouvernement se fut convaincu, un demi-siècle après l'époque dont nous nous occupons actuellement, de la nécessité de doter la Russie d'un réseau de voies ferrées, ce ne fut qu'à l'aide d'une forte infusion d'éléments étrangers que le gouvernement, mieux avisé à la fin, parvint à secouer la torpeur où lui-même avait plongé l'industrie nationale.

Le point le plus faible dans l'ordre de l'administration supérieure établi par Spéransky se trouve au sommet de l'édifice, là précisément où devaient être placées, en guise de clef de voûte, l'unité des vues et la responsabilité des actions.

Pour donner aux divers ressorts l'unité nécessaire, Spéransky comptait sur un Sénat réformé d'après des principes nouveaux. Il n'attendait rien du comité des ministres, institution absorbée dès l'origine par des questions de détail et qu'il se proposait même de supprimer. C'était l'ancien Sénat qui, après certaines modifications, était appelé, selon lui, à servir de lien entre les organes supérieurs de l'administration générale. Pour cela, il fallait débrouiller le chaos d'attributions mi-partie administratives et mi-partie judiciaires où le Sénat languissait depuis que les successeurs de Pierre le Grand l'avaient maintenu, après l'avoir fait descendre de son rôle prédominant.

Projet concernant la réorganisation du Sénat.

Le ministre réformateur conçut le projet de diviser le Sénat, en séparant les deux sphères d'action qui s'y rencontraient. L'ensemble de ce corps d'État, d'après ce projet, devait comprendre deux Sénats distincts : l'un administratif et composé des ministres, de leurs adjoints et des chefs des services généraux ; l'autre judiciaire, véritable cour suprême de justice (siégeant à Pétersbourg, Moscou, Kiew et Kazan). Ce nouveau projet de Spéransky fut d'abord soumis à l'examen d'une commission nommée *ad hoc* et composée de Zawadowski, Lopoukhine et Kotchoubey, puis fut porté (en juin 1811) au conseil de l'Empire, où il fut débattu pendant plusieurs mois (jusqu'en septembre).

Opposition réactionnaire.

La nouvelle réforme rencontra au conseil une opposition très vive. Le projet de Spéransky ayant jeté l'alarme parmi les personnages qui trouvaient bien plus commode le rapport personnel au souverain, de nombreuses considérations furent alléguées contre cette tentative de solidariser les branches séparées du gouvernement et d'enchaîner l'arbitraire de chacun par le contrôle de tous. Contre cette idée de rendre au Sénat l'influence réelle qu'il n'avait plus, on fit valoir précisément le danger supposé qu'il y aurait eu à diminuer son autorité en le divisant. Ce qui provoqua le plus d'objections de la part des adversaires de la réforme, c'était la compétence définitive en matière judiciaire que le projet voulait attribuer au Sénat, dont les jugements eussent été sans appel. L'on ne manqua pas, certes, d'alléguer l'argument dont les réactionnaires se font jusque aujourd'hui une arme contre l'indépendance, déjà réalisée, du pouvoir judiciaire ; un tribunal, des jugements duquel il n'y aurait plus de recours, même à la faveur du souverain, semblait une innovation trop dangereuse, puisqu'elle devait apporter de fait une limite à un pouvoir qui n'en avait pas eu.

Pour comble de témérité, l'organisation nouvelle admettait au sein du Sénat judiciaire un certain nombre de membres électifs, envoyés par la noblesse. Or, les détracteurs de la réforme n'hésitèrent pas à représenter l'influence pernicieuse qu'une noblesse indisciplinée et riche pourrait exercer sur l'intégrité et l'autorité suprême de la justice. Enfin, la subdivision de cette Cour supérieure en départements siégeant dans divers chef-lieux de province et le déplacement hors de la capitale d'un corps aussi vénérable furent allégués, avec quelque raison, à titre d'arguments supplémentaires contre la réalisation du projet de Spéransky.

Le projet adopté, mais ajourné.

Cependant, telle était la confiance qu'inspirait à l'Empereur le ministre qu'il regardait à bon droit comme le représentant de ses dispositions personnelles, favorables jusque-là au courant libéral, que le conseil ne put se décider à décliner la réforme du Sénat. Le projet sortit victorieux des discussions du conseil, reçut la sanction souveraine et eût probablement été mis à exécution, si le manque de moyens d'abord et l'imminence d'une guerre redoutable ne l'avaient fait ajourner à un moment plus propice, lequel, dans la suite, s'obstina à ne pas se présenter.

Spéransky partisan de la décentralisation et du principe électif.

Nous ajouterons que les vues réformatrices de Spéransky ne se bornèrent pas à une métamorphose presque complète du pouvoir central. L'administration provinciale, l'ordre judiciaire tout entier appelèrent son attention et des plans spéciaux furent mis à l'étude pour régénérer l'ensemble des organes secondaires à l'aide de la décentralisation et du principe électif. Quelques projets dans ce sens, esquissés par Spéransky, furent agréés par l'Empereur, mais ne sortirent pas du limbe législatif.

La guerre approchait, une guerre terrible, celle de 1812. L'invasion ennemie, un brusque revers dans la situation personnelle de Spéransky et le changement complet qui s'opéra dans les idées d'Alexandre Ier, non seulement arrêtèrent la réalisation de réformes ultérieures, mais vinrent paralyser dans leur esprit vital celles-là même qui avaient déjà été mises en vigueur.

Effets salutaires et durables des réformes de Spéransky.

Pour les finances, les réformes de Spéransky produisirent quelques effets salutaires et durables. L'histoire de cette branche doit une reconnaissance particulière à cet homme d'État.

Ce n'est qu'à partir de son temps qu'une tenue des comptes, sinon satisfaisante, du moins plus régulière, rend possible une étude plus sûre et plus détaillée des opérations financières et des résultats produits par les mesures successivement adoptées. Ainsi que nous l'avons déjà dit, c'est la loi du 29 août 1810 qui marqua l'ère de la série continue de budgets annuels plus ou moins complets.

Nous avons vu que l'année 1810 apporte déjà une première pierre d'achoppement à la réalisation régulière du plan général des finances tracé par Spéransky. Ce furent les armements en vue d'une grande guerre qui neutralisèrent ses efforts pour la réduction des dépenses et une balance effective du budget. Le déficit de 100 millions, couvert presque à moitié par le moyen même que l'on venait de condamner à tout jamais, c'est-à-dire par une émission nouvelle de papier-monnaie, réclamait encore des ressources nouvelles pour 56 millions. Les impôts dont nous avons parlé furent destinés à combler ce manque considérable. Spéransky avait eu le courage de les établir. Comme il le fait observer lui-même dans l'un de ses rapports, « depuis vingt ans chacun des ministres successifs avait préféré éviter le poids du reproche attaché à l'augmentation des charges; il fallait, cependant, qu'il se trouvât quelqu'un qui fût disposé à l'accepter ».

Tarif douanier u 19 décembre 1810.

Un nouveau tarif douanier, promulgué le 19 décembre 1810, était le fruit des conventions politiques précédemment passées avec Napoléon. En reflétant l'idée du « système continental », le tarif de 1810 donne un certain essor à l'industrie nationale. Le change, ou plutôt la valeur des assignats ayant subi une dépréciation que rien ne semblait pouvoir arrêter, Spéransky s'appliqua à remédier à cet état de choses en rétablissant, en faveur de la Russie, la balance du commerce. Le nouveau tarif douanier, élaboré par lui, favorisait l'introduction en Russie des denrées les plus nécessaires, en frappant de droits élevés celles dont le pays pouvait se priver plus aisément, et en interdisant purement et simplement l'importation des articles de luxe. Le tarif réalisait en même temps des conditions propres à favoriser l'exportation, ainsi que l'entrée des navires étrangers dans les ports russes, vu le manque presque absolu de bâtiments nationaux pouvant servir à l'exportation. Ces dispositions furent adoptées par le conseil de l'Empire, d'abord pour l'année 1811, ensuite prorogées pour l'exercice 1812.

D'après le témoignage des contemporains, le tarif de 1810 fut la seule mesure de Spéransky qui ne souleva aucune opposition. Pour s'expliquer ce fait, il faut avoir présent à la mémoire la disposition de l'esprit public à cette époque. La paix de Tilsitt, suivant les défaites des armées russes, ainsi que l'adhésion au système continental pesaient au sentiment national et s'identifiaient dans l'esprit public avec une déférence absolue de la Russie envers la politique du conquérant.

Le tarif de 1810, en favorisant l'accès des bâtiments anglais dans les ports russes, était acclamé — ainsi que le fait observer le baron Korff — comme un premier acte d'indépendance du gouvernement russe vis-à-vis de Napoléon. Il est constant que Napoléon vit en réalité dans cette mesure une dérogation sous main à l'alliance continentale et une concession évidente au profit de l'Angleterre. En réalité, plus de deux cents bâtiments anglais, portant le pavillon des îles Canaries (de Ténériffe) entraient dans les ports de la Russie, avides de cargaison, et coopéraient, dans une mesure importante, à élever l'exportation des matières premières produites par ce pays.

Les bâtiments anglais reparaissent dans les ports russes.

Aussi le cours du change ne tarde pas à porter témoignage de ce succès réel, bien que passager, dans la politique commerciale de l'Empire. Le rouble-argent n'était coté, en janvier 1811, qu'à 19,8 kopecks métalliques, c'est-à-dire 19,8 0/0 de sa valeur nominale. Successivement il monta, dans cette même année, à 24,9, pour s'élever subséquemment, en 1812, à 31,6 (janvier), et après une nouvelle baisse très sensible, motivée par la guerre et abaissant le cours à 26,9 en avril et en mai 1812, le cours se releva vers la fin de l'année, au point d'atteindre 64 au mois de septembre, pour fléchir derechef à 42 en décembre.

Le cours du change se relève.

Il est curieux d'observer les diverses fluctuations de l'esprit national qui se faisaient jour à cette époque. Ainsi, l'affluence des navires anglais de commerce — bien que ce fussent des bâtiments étrangers — était considérée comme une circonstance très favorable au commerce russe, et, de plus, comme une revendication d'indépendance, — en un mot, était populaire. Indépendamment de cela, le chancelier de l'Empire, comte Roumiantzew, disposé, il est vrai, favorablement pour la France, se croyait autorisé à proposer une confiscation pure et simple d'un certain nombre de ces navires anglais pour donner satisfaction aux griefs que pouvait faire valoir le gouvernement de Napoléon. Vu la disposition de l'esprit public, cette proposition de Roumiantzew est bien plus propre à nous étonner que l'opposition qu'elle rencontra de la part du comte Mordwinow, président du département de l'économie au conseil de l'Empire. Mordwinow se déclarait adversaire avoué du système continental.

Mordwinow adversaire du système continental.

« Bien que, par suite des circonstances, la Russie se soit vue forcée de souscrire au système continental — écrivait-il dans une lettre particulière à l'Empereur — son accession à ce système n'était que conditionnelle et devait se borner à une certaine humiliation de l'Angleterre dans l'empire qu'elle exerce sur les mers. Les motifs qui avaient dicté notre accession ne pouvaient être que temporaires, et ne devaient pas aller plus loin que cet affaiblissement apporté au commerce de l'Angleterre. Or, l'expérience ayant démontré que les résultats de cette politique avaient été tout autres, et que ce qui était calculé pour tenir en échec l'Angleterre n'avait tourné qu'au détriment de la Russie elle-même, il est évident qu'avec le déplacement du but, le sens des obligations encourues se trouve lui-même complètement transformé.

« Il est patent que, par suite de l'application du système continental, l'extension du commerce anglais ne fit que s'augmenter. Dès la deuxième année, après la mise en vigueur de ce système, l'exportation des produits de l'Angleterre augmente dans la proportion de 10 millions de livres de valeur, pendant que son trafic des produits étrangers augmente dans la mesure de 25 jusqu'à 35 millions de livres. Grâce à ces circonstances, l'Angleterre parvint à amortir pour plus de 200 millions de livres sterling de ses dettes, ce qui, d'après le cours déplorable qui nous est imposé, à nous, comporte non moins de 4 milliards de roubles. »

Les forces organiques de l'Angleterre jugées par Mordwinow.

Le sentiment patriotique, ou plutôt le ressentiment des défaites essuyées sur les champs de bataille se fait jour dans la lettre de Mordwinow, en prenant corps dans un optimisme outré vis-à-vis des forces organiques de la Grande-Bretagne. « C'est ainsi — poursuit-il — que l'expérience ne tarde pas à nous convaincre qu'il est impossible de réduire à la dépendance un peuple qui, d'un côté, est vivement animé du sentiment patriotique, pendant que, d'autre part, il dispose de capitaux gigantesques, ainsi que de connaissances profondes et variées sur l'agriculture et les arts, un peuple qui a élevé son agriculture jusqu'à la perfection et possède en même temps un nombre de bras suffisant pour atteindre, dans l'industrie, tous les progrès désirables. »

La lettre ou mémoire de Mordwinow continue ensuite à exposer que l'Angleterre n'avait fait que gagner aux obstacles apportés à son importation des matières premières, et que ce progrès s'était réalisé notamment au préjudice de la Russie. Privée du fer russe, l'Angleterre mit tous ses soins à favoriser l'exploitation de ses propres mines, et l'Irlande, à elle seule, livrait dès lors toute la quantité de fer autrefois importée de Russie, de même que, pour le chanvre, au lieu d'en acheter dans ce dernier pays, comme précédemment, l'Angleterre avait consacré 22 millions d'acres à la culture de cet article. « Il ne saurait y avoir de doute — continue Mordwinow — qu'une nation riche en capitaux, en savoir, en habiles conducteurs de travaux, pourra toujours produire à meilleur marché que d'autres peuples privés des mêmes moyens. » C'est ainsi que, forts de l'abondance en toute matière, du savoir-faire et de la commodité qu'ils trouvaient pour tout dans leur propre pays, les marchands des villes principales d'Angleterre, ceux-là même qui, par le passé, s'étaient spécialement occupés du commerce avec la Russie, ont pu, ainsi que cela est notoire, insister aujourd'hui auprès de leur ministère pour que toutes relations commerciales avec nous fussent interrompues. »

Mordwinow soupçonne Napoléon de machiavélisme.

Mordwinow, jusqu'ici, ne fait que constater, un peu étroitement sans doute, les conséquences pour l'Angleterre du système continental. Tout en infligeant au commerce anglais des pertes sensibles, inséparables d'une perturbation aussi violente dans les échanges entre nations, ce système ne manqua pas, certes, de provoquer une réaction naturelle, en favorisant l'exploitation des richesses minérales et autres dans ce pays, de même que pour la France et, depuis, pour plusieurs autres contrées, l'interdiction de l'importation du sucre de canne créa une industrie nouvelle dans la culture et l'exploitation de la betterave. Mais, non content d'appuyer sur ces résultats, Mordwinow tombait dans un paradoxe évident en supposant que Napoléon lui-même avait prévu que le système continental profiterait à l'Angleterre et qu'en introduisant ce système, c'est-à-dire en frappant d'interdiction tout le commerce anglais avec le continent, il n'avait eu pour but réel que celui de faire prospérer l'Angleterre aux dépens de la Russie.

Le passage qui contient ce « morceau », fruit d'une imagination malsaine, mérite d'être reproduit, sur la ressemblance frappante qu'il présente avec un genre particulier d'élucubrations toutes contemporaines et destinées à révéler en tout des calculs machiavéliques supposés, dépassant toute portée du raisonnable. « Il est juste de reconnaître — écrivait Mordwinow — que l'initiateur du système continental est doué d'une sagacité peu commune dans l'appréciation des résultats à venir, car ici il avait sans nul doute pénétré d'avance ce qui ne devait arriver que dans quelques années. Il prévoyait certainement que l'inauguration de ce système devait livrer aux Anglais le sceptre des mers et la prédominance dans trois parties du monde; mais ce sacrifice lui était nécessaire pour s'assurer à lui-même la prépondérance en Europe.

« Dans sa marche vers ce but, c'est précisément la Russie qui représente l'obstacle le plus difficile à surmonter. Avec son étendue, ses forêts inaccessibles, l'état sauvage (?) de ses steppes, et surtout l'esprit viril de sa population, malgré sa propre disposition guerrière et entreprenante, c'est la Russie qui trouble cruellement son esprit. C'est pour cela qu'il a résolu de paralyser préalablement cet empire dans ses forces intérieures, de détruire toutes les relations de ce pays avec les autres puissances, et c'est dans ce but-là qu'il a puisé dans la force de son esprit le système continental. En inaugurant ce système, c'était toujours l'Angleterre qu'il prétendait viser; mais, sous cette apparence illusoire, dans le fond mystérieux de sa pensée, c'était la Russie qui se trouvait désignée en effet sous le nom de l'Angleterre... »

Mordwinow concluait que la Russie, en continuant à observer le système continental, contribuait à faire réussir le plan perfide ourdi contre elle, et, par là même, au lieu de détourner une agression probable dans l'avenir, ne faisait que la rendre plus inévitable; tandis qu'en suivant une ligne de conduite toute contraire, elle pourrait non-seulement déjouer les combinaisons conçues à son détriment, mais encore mettre une barrière « parfaite » à toutes les hostilités dirigées contre elle.

Toute cette argumentation — nous le répétons — est curieuse, surtout comme spécimen caractéristique du défaut de perspective, où l'esprit de suspicion, bien que mû par un sentiment patriotique très sincère, place le jugement. Il semble, à lire ce document, que la fièvre ardente de succès qui dévorait un grand génie militaire pouvait être calculée propre à durer plusieurs dizaines d'années. Car il en fallait autant pour qu'un système douanier quelconque pût, à lui seul, produire un déplacement complet de forces économiques supposé par l'auteur. Le système continental, calculé pour atteindre l'Angleterre dans la source de sa puissance, dans son commerce, pouvait entraîner des circonstances fâcheuses pour la Russie; mais s'il devait préparer sa ruine, ce résultat ne pouvait, certes, se réaliser que dans le cours d'une période prolongée. Tandis qu'en violant des conventions passées, en quelque sorte, d'hier, la Russie non seulement ne pouvait espérer accumuler des forces économiques suffisantes pour en profiter dans la perspective d'une guerre alors imminente, mais ne faisait évidemment que rapprocher le terme d'une collision formidable.

L'opinion de Mordwinow prévaut.

Mais l'opinion de Mordwinow n'en prévalut pas moins, simplement parce qu'elle répondait au sentiment national, irrité par les défaites précédentes et les concessions qui en avaient été le résultat. Tous les partisans de la neutralité absolue s'y joignirent et l'Empereur lui-même accéda. Du reste, un adversaire constant de Spéransky, le baron Rosenkampf, admet lui-même que le tarif de 1810 marqua une ère nouvelle pour le développement de l'industrie russe et qu'en réalité ce ne fut qu'à partir de la promulgation de ce tarif que les fabriques russes furent garanties dans leur existence (1).

L'extension de l'industrie manufacturière trouva, d'ailleurs, dans Mordwinow un avocat énergique et persévérant. Ce fut sur sa proposition qu'un fonds spécial fut formé dans le but de favoriser le développement de l'industrie au moyen de prêts accordés aux fondateurs de fabriques nouvelles. Il est vrai que ce fonds, créé le 27 janvier 1811 (2), par la fusion de divers reliquats, ne s'éleva guère qu'au chiffre de 114,248 roubles, ce qui ne correspondait point à la grandeur du but. Lorsqu'en 1810, à la suite de la guerre de Turquie, l'exportation des blés fut interdite dans les ports de la mer Noire, cette mesure trouva dans Mordwinow un adversaire décidé. Il adressa à ce sujet à l'Empereur une lettre, où, avec sa franchise habituelle, il démontrait l'injustice qu'il y avait de sacrifier ainsi les intérêts privés, tout en exigeant des contribuables les impôts établis.

Complications diplomatique et disette.

L'année 1811 amena des circonstances de plus en plus défavorables à l'état économique général. Les complications extérieures paralysaient le commerce, pendant qu'une mauvaise récolte affligeait la plupart des provinces et produisait la famine. Pour comble de mésaventure, les incendies prirent une extension inusitée : Kiew, Woronèje, Kazan, Oufa, Jitomir, Berdytchew et plusieurs autres villes, ainsi qu'un nombre

(1) Korff. *Vie de Spéransky*, I, 233.
(2) *Recueil complet des lois*, W, 24501.

considérable de villages, furent réduits en cendres. La voix populaire, toujours prompte à accuser des agences mystérieuses dans les fléaux qui frappent conjointement une nation, ne manqua pas d'attribuer l'œuvre de destruction à un plan infernal, conçu par l'ennemi extérieur, de même que Mordwinow avait entrevu dans le système continental, infligé à toute l'Europe, un attentat dirigé spécialement contre la puissance et le bien-être de la Russie.

Insolvabilité des débiteurs de la banque d'État.

L'intensité de la crise économique se fit jour dans l'insolvabilité d'un grand nombre de débiteurs de la banque d'Etat. Aussi le ministre des Finances dut-il proposer un « moratorium » ou atermoiement, accordant aux obligations contractées pour huit années un sursis de quatre ans, ainsi qu'abrogeant pour un temps indéfini les ventes par exécution et la mise sous séquestre des biens grevés de dettes.

Impopularité de Spéransky.

Malgré la perturbation produite par les calamités dont le pays était victime, le gouvernement ne pouvait songer à diminuer le poids des impôts. Une guerre avec la France semblait imminente. Aussi les impôts furent maintenus sur le pied de 1810, malgré une plus-value de 100 millions de roubles que le Trésor réalisa dans les recouvrements de cette année, comparativement à l'exercice précédent. A l'opinion publique, comme cela arrive presque toujours dans un temps de crise, il fallait une individualité que l'on pût rendre responsable de tous les maux, tant intérieurs qu'extérieurs. Spéransky, passant pour être ami de la France, se trouvait, de ce chef seul, exposé à l'impopularité et aux supçons de toute nature. Mais il était en outre l'auteur du plan financier et, à ce titre, l'on faisait peser sur lui la responsabilité de la dureté des temps et de l'élévation des impôts. Malgré l'absence d'institutions qui eussent pu servir d'organes, pour exprimer la disposition hostile de l'opinion vis-à-vis de Spéransky, l'animosité qu'il éveillait devait se faire sentir bien vivement, puisque dans le budget pour 1811 l'impôt de guerre dont avaient été frappés les revenus des propriétaires ne figurait plus.

En revanche, un nouveau recensement général opéré dans cette année vint augmenter, d'un côté, le nombre des contribuables et, de l'autre, le mécontentement général contre le secrétaire de l'Empire. Une nouvelle émission d'assignats pour 3 millions en 1811 n'offrit qu'une maigre ressource aux besoins toujours croissants, produits par les préparatifs militaires. Aussi le fonds spécial, créé pour l'amortissement des dettes, fut détourné de sa destination et servit à couvrir les besoins du jour. Malgré ces expédients, le budget de 1812 se présentait déjà à l'avance avec un déficit de 106 millions. Le ressentiment public s'accumulait de plus en plus sur la tête de Spéransky. Il va sans dire que la plupart des accusations portées contre lui et colportées par ses adversaires, au nombre desquels se trouvait le ministre des Finances Gouriew, étaient soit erronées, soit simplement mensongères. Le désordre dans les finances avait été préparé de longue date, et deux années seules pouvaient d'autant moins suffire à y remédier que les besoins de la défense nationale avaient pris un immense accroissement.

Spéransky persévère dans l'exécution de son plan.

Spéransky n'en persévérait pas moins dans l'exécution de son plan de réorganisation. Le manifeste du 25 janvier 1811, concernant la « classification des revenus » pour cette année, témoigne de l'intention où était le gouvernement de ne pas dévier du plan proposé par Spéransky. Les réformes projetées par lui ne devaient pas se borner aux finances. La nouvelle organisation du conseil de l'Empire n'était qu'un premier pas dans la réforme des institutions. Le manifeste du 25 juillet 1810, dont il a déjà été fait mention, n'avait fait qu'établir le caractère et les attributions des différents ministères; un nouveau manifeste, paru le 25 juin 1811, apporta une délimitation plus exacte de la sphère d'action dévolue à chacun de ces départements, de même qu'il donnait à l'ensemble des ministères un règlement uniforme.

Le gouvernement se préoccupe d'augmenter les ressources du Trésor.

Dans le domaine des finances, les soins du gouvernement se portaient au début de 1812 presque exclusivement sur l'augmentation des ressources du Trésor pour parer à la guerre que tout le monde croyait inévitable. Dans le nombre des mesures touchant le commerce, nous devons citer le règlement du 21 janvier sur « le commerce extérieur avec les neutres », qui contenait quelques élévations de droits.

La commission chargée de l'amortissement des dettes reçut une nouvelle organisation à l'époque même où le capital, dont elle avait disposé, avait reçu une autre destination. Cette réforme, portant la date du 11 février 1812, maintenait les stipulations d'un manifeste précédent (du 27 mai 1810), par lesquelles une certaine quantité de biens-fonds appartenant à l'État devaient être détachés, pour être parcellés et vendus en vue de la formation d'un fonds spécial servant à l'amortissement des dettes. En outre, le manifeste nouveau ajoutait, pour accélérer la fondation de ce capital, des surtaxes additionnelles et quelques impôts nouveaux, comme l'impôt sur la bière, sur les listes de réquisition de chevaux de postes (cartes de voyage), sur l'industrie minière des particuliers, etc.

La commission ainsi réorganisée ne parvint même pas à aborder la tâche qui lui était imposée, mais les charges spéciales, mises à sa disposition, n'en furent pas moins introduites et exigées; seulement, au lieu de servir à l'amortissement, elles se confondirent avec les autres pour parer aux besoins militaires.

La guerre de 1812.

La guerre mémorable de 1812, depuis longtemps prévue, finit enfin par éclater. Malgré toutes les prévisions, les préparatifs étaient loin d'être aussi complets que l'on eût été fondé à le supposer, d'après la concentration de la plupart des ressources financières vers ce seul but. Une guerre avec la Turquie précédait celle avec la France, et la guerre de Turquie avait absorbé une partie des ressources extraordinaires dont le gouvernement pouvait disposer.

Chute de Spéransky.

Mais, avant de caractériser les événements militaires de 1812, nous avons à parler d'un changement important dans la direction des affaires de finances. Le commencement de l'année 1812 fut marqué par la chute de Spéransky. La disgrâce et l'exil succédèrent brusquement à la faveur dont il avait joui, et vinrent interrompre l'œuvre réformatrice que cet homme remarquable avait poursuivie avec une rare persévérance, à travers de grandes et nombreuses difficultés. Le but auquel avaient tendu les efforts de Spéransky, ainsi que les projets qu'il se proposait de réaliser successivement, consistait dans une organisation du pouvoir central forte, mais pondérée par l'accès d'éléments indépendants de la bureaucratie et par l'établissement d'une certaine publicité.

Il avait dû remettre à un temps plus favorable l'exécution de l'œuvre dans toute son étendue. Cette pensée est exprimée dans les lignes suivantes, où, en rendant compte à l'Empereur des premiers résultats obtenus dans le fonctionnement du conseil de l'Empire, Spéransky laissait entrevoir des réformes ultérieures, devant, dans son idée, couronner l'œuvre qu'il n'avait pu qu'ébaucher. « Le laps de temps écoulé depuis que chez nous l'on a commencé à s'occuper des affaires publiques — disait-il — est encore trop restreint, la quantité de personnes qui s'y exercent est très limitée, et dans leur nombre l'on n'avait encore pu choisir que celles qui décemment pouvaient être appelées à siéger. Dans cette composition du conseil, l'on n'était donc pas autorisé à s'attendre que cette assemblée pût montrer, dès le début, la solidité de jugement et l'étendue des connaissances que font voir les institutions analogues, existant dans d'autres pays. Cependant, dans la mesure du progrès que nous aurons réalisé dans d'autres institutions politiques, celle-là aussi (le conseil de l'Empire) deviendra plus parfaite » (1).

Quelle devait être la nature des « autres institutions politiques », dont la réforme était mentionnée dans ce passage ? Il n'est pas difficile de le deviner : Spéransky partageait les convictions politiques d'Alexandre, qui désirait doter la Russie d'institutions indépendantes par leur nature même de l'omnipotence bureaucratique. Mais, doué d'un esprit pratique supérieur à celui qu'avaient montré les premiers confidents de l'Empereur, Spéransky voulait procéder avec prudence et méthode, en commençant son œuvre par une refonte complète de l'administration elle-même, ce qui se présentait en réalité comme le premier besoin du temps. Cette même prudence qu'apporta Spéransky dans la pose des fondements d'une réforme plus générale évita peut-être à la Russie une tentative politique vouée à l'insuccès et dès lors capable plutôt de compromettre que de réaliser les généreuses aspirations du monarque.

Les haines contre Spéransky.

Quoi qu'il en fût, l'ensemble des changements déjà accomplis se trouva suffisant pour exciter contre le ministre réformateur les haines et les délations des partisans de l'arbitraire absolu. La création d'une assemblée législative, quoique composée de membres nommés par l'Empereur, la responsabilité des ministres devant cette assemblée — inscrite dans les lois, sinon mise en pratique, — l'introduction de comptes rendus exigés de toute l'administration, l'obligation d'examens pour les aspirants aux fonctions, la réduction des services de la maison impériale, la mise en œuvre, enfin, d'un nouveau système financier — tout cela fut représenté par les séïdes de l'arbitraire comme autant d'atteintes portées au principe de l'autocratie et de provocations calculées pour exciter le mécontentement général. D'autre part, il ne manqua pas de gens officieux qui tâchèrent d'inspirer au souverain des sentiments de jalousie et de méfiance contre son ministre, en représentant ce dernier comme s'attribuant toute la gloire des réformes et les

(1) Korff. *Vie du comte Spéransky*, II, 4.

élargissant au delà des intentions personnelles de l'Empereur et du programme qu'il avait primitivement arrêté. Nous avons déjà constaté plus haut que les détracteurs de Spéransky ne se privaient pas de répandre contre lui les plus grossières calomnies, en l'accusant de connivence avec Napoléon.

Causes de la chute de Spéransky.

Les causes de la chute de Spéransky n'ont pu jusqu'à ce jour être analysées avec suffisamment de preuves en main, pour les classer d'après la mesure de l'influence réelle qu'elles exercèrent sur l'esprit d'Alexandre Ier. L'Empereur a-t-il cédé réellement aux méfiances que de toutes parts l'on tâchait de lui inspirer, ou bien crut-il devoir abandonner ses propres idées de réformes en vue de l'orage formidable qui grondait à l'Occident, et, pour masquer sa propre irrésolution, préféra-t-il les noyer dans la disgrâce personnelle frappant le ministre? Ou bien, encore, voyant approcher le moment d'une lutte décisive avec Napoléon, fit-il semblant d'adopter le ressentiment public qui pesait sur Spéransky, accusé par ses ennemis, depuis la paix de Tilsitt, de se montrer sympathique à la France.

La disgrâce qui accabla Spéransky ne fut-elle pas dictée en dernier lieu par un calcul politique, par la résolution de faire à l'opinion publique, tout aveugle et injuste qu'elle se montrât, le sacrifice d'un ministre impopulaire, pour se décharger sur sa personne de toutes les accusations de mollesse vis-à-vis du grand ennemi national et pour dissiper toutes les préventions au moment où la lutte avec ce dernier se montrait enfin inévitable?

Il est à présumer que plusieurs d'entre les mobiles que nous venons d'indiquer vinrent se combiner pour accabler le ministre qu'Alexandre devait considérer comme le représentant de ses idées personnelles. Seulement, nous le répétons, les preuves manquent jusqu'aujourd'hui pour établir le degré d'importance de chacune de ces hypothèses dans l'accomplissement du fait même.

L'Empereur ordonne de surveiller Spéransky.

Déjà, depuis février 1811, Spéransky, en présentant son compte rendu annuel à l'Empereur, lui avait exposé la situation difficile que créaient au secrétaire de l'Empire les « passions excitées » et surtout « le manque d'entendement », contre lesquels il avait à lutter. Spéransky l'avait prié alors de le relever de ses fonctions, en offrant de continuer à travailler dans la commission des lois (1). L'Empereur déclina à ce

(1) Korff. *Vie de Spéransky*, II, 4.

moment la démission que sollicitait Spéransky, mais déjà, au mois d'août de la même année, il donna au ministre de la Police l'instruction secrète de veiller sur les agissements de Spéransky (1). Ce dernier avait dès lors abandonné tout espoir de voir se réaliser les plans ultérieurs de réforme qu'il continuait à nourrir.

Spéransky exilé.

Le renvoi de cet homme éminent s'accomplit enfin le 17 mars 1812, et cela dans des conditions qui s'accordaient bien plus avec les traditions anciennes qu'avec l'esprit des réformes dont il avait été le collaborateur persévérant et dévoué : Spéransky fut simplement exilé à Nijni-Nowgorod, d'abord ; à Perm, ensuite.

Cette chute aussi imméritée qu'imprévue, du moins dans la forme dont elle fut revêtue, portait en soi un enseignement irrécusable, en prouvant combien il peut être difficile et dangereux pour un ministre, même sous un règne aussi libéral que celui d'Alexandre, et malgré toute la pureté de ses intentions, de prendre pour tâche la défense des intérêts réels du pays contre les courants qui agitent le niveau des Cours. Pour éviter les écueils cachés et n'y point faire naufrage, combien sont placés plus avantageusement les hommes d'État dans les pays où les fonctions d'un ministre ne sont pas considérées comme une distinction honorifique et entraînent avec elles une véritable responsabilité devant la nation, dans la personne de ses représentants. C'est cette responsabilité qui, en rattachant la personnalité du ministre à un programme plus ou moins défini, lui permet en même temps de savoir au juste ce qui est demandé de lui, et de se rendre compte à tout moment du degré de confiance dont il jouit, du soutien ou de l'opposition que doivent rencontrer les mesures qu'il croit devoir proposer. Dans ces conditions, un projet présenté par le ministre ne peut recevoir force de loi qu'après l'approbation de la représentation nationale. Ainsi, toute la sphère d'action des ministres est déterminée par des limites rigoureuses, ce qui facilite aux hommes d'État la connaissance de leurs devoirs, mais leur garantit aussi le sentiment exact de leurs droits.

Triomphe des ennemis de Spéransky

Les ennemis de Spéransky triomphaient et le prince Kotchoubey lui-même, qui jusque-là avait soutenu le plan financier de Spéransky, présenta à ce moment un mémoire tendant à prouver que ce plan, n'ayant pas été conçu dans un esprit pratique, avait nécessairement dû aboutir à

(1) IKOUNIKOW. *Le Comte Mordwinow*, 124.

l'insuccès. Quant au ministre des Finances, Gouriew, ce dernier avait été dès le début l'adversaire décidé de la politique de Spéransky, dont il sentait l'intervention dans la branche spécialement confiée au ministère des Finances. La chute de l'homme d'État influent déliait les mains à Gouriew qui, du reste, n'avait à opposer aux vues réformatrices de Spéransky que la simple routine des émissions de papier-monnaie.

Campagne contre le système financier de Spéransky.

Aussi, à peine Spéransky eut-il disparu de la scène, qu'un coup décisif fut porté à l'ensemble de son système financier. L'absence de l'Empereur, qui allait partir pour la guerre, nécessitait une certaine délégation de pouvoir pour l'expédition d'affaires financières urgentes. L'oukaze du 3 avril 1812 instituait dans ce but une réunion composée des membres des départements réunis « des lois » et « de l'économie d'État » au conseil de l'Empire, et autorisait cette assemblée d'accorder au ministre des Finances, en cas de besoins urgents, des crédits extraordinaires au delà de 10,000 roubles, en vertu de décrets rendus à cet effet au nom de l'Empereur. Les départements réunis pouvaient dès lors agréer les dispositions que le ministre des Finances se verrait dans la nécessité de prendre au cas où le Trésor manquerait provisoirement de ressources en espèces, en ayant soin toutefois de garantir régulièrement ces assignations, aussitôt que possible.

Une semblable extension des pouvoirs de deux commissions du conseil, agissant d'accord avec le ministère des Finances, n'était en elle-même qu'une question d'opportunité. Il fallait faire fonctionner plus rapidement la machine administrative, sans l'entraver par la nécessité d'attendre chaque fois l'agrément personnel du souverain pour les mesures qui ne pourraient souffrir de délai.

Mais ce qui ne dérivait nullement de ce besoin, c'était l'élargissement de la tâche confiée aux départements réunis, un élargissement qui, au lieu de borner leur compétence aux affaires courantes, les érigeait en quelque sorte en cour de revision, appelée à se prononcer sur l'utilité de toutes les mesures financières prises dans le cours des années précédentes. Les adversaires du ministre disgrâcié profitaient ainsi de la combinaison nécessitée par le départ de l'Empereur pour faire remettre en question tout ce que Spéransky avait entrepris dans le domaine des finances. En effet, l'oukaze du 3 avril recommandait au ministre des Finances de mettre sous les yeux des départements réunis toutes les dispositions quelconques, prises depuis 1810 et ayant trait au crédit, au système monétaire, à l'amortissement et aux impôts, avec ses considérations sur les résultats que ces mesures avaient produits ou pouvaient produire dans la suite, conjointement avec ses conclusions sur les modifications qu'il jugerait nécessaire de faire subir aux dispositions déjà adoptées. Les départements réunis étaient de plus invités à rechercher les moyens propres « à rétablir », ainsi qu'à assurer la confiance dans les « bonnes intentions et la consistance » des mesures adoptées par le gouvernement par rapport aux affaires financières.

Comme on le voit, l'oukaze laissait à la discrétion des départements du conseil le choix des moyens pouvant conduire à ce but, défini d'ailleurs uniquement par une allusion récriminative à l'activité de Spéransky. Le seul passage que l'on pût prendre pour l'indication d'un principe à suivre dans la poursuite du but était rédigé ainsi qu'il suit : « Les départements réunis auront principalement en vue de faciliter la libre circulation des assignats d'État, en augmentant les moyens servant à l'échange de ces derniers, ainsi que la quantité de la monnaie de change ».

Le nouveau système.

Le système nouveau, succédant à celui de Spéransky, adoptait pour principe, au lieu de la réduction d'une dette que l'État était en réalité incapable de garantir, « la circulation libre » des assignats, fondée sur un compromis quelconque, attendu qu'il était clair qu'un simple retour aux émissions nouvelles ne pouvait plus assurer au crédit de l'État ni confiance, ni solidité. C'était en un mot la reconnaissance du fait accompli, succédant aux efforts tentés pour neutraliser ce fait, pour relever la valeur des assignats par la réduction de leur circulation. Il est donc évident que le principe nouveau était diamétralement opposé à celui que Spéransky avait pris pour fondement de son système.

Le rouble-assignat comme unité de valeur.

Les mesures ultérieures, destinées à réaliser le plan nouveau, ne tardèrent pas à se faire jour. Dès le 5 avril de la même année, parut un manifeste qui fondait toute la circulation et tous les comptes commerciaux uniquement sur l'étalon de la monnaie fiduciaire. Les paiements dus tant au Trésor qu'aux particuliers devaient dorénavant se calculer uniquement sur l'unité de valeur représentée par le rouble-assignat. Les versements d'impôts, des dettes courantes ou arriérées dus au Trésor devaient s'effectuer à l'avenir en assignats, dans le rapport de 2 roubles contre 1 rouble pour les impôts, de 3 roubles pour 1 rouble dans le paiement des redevances de douane, de poste et de forêts. Quant aux paiements du Trésor dus aux particuliers, ils devaient, comme auparavant, s'effectuer soit en argent, soit en assignats, mais conformément au cours du jour. Toutes transactions et contrats entre particuliers devaient à l'avenir se fonder sur la base du rouble-assignat (cours forcé), tandis que pour les obligations antérieures, les particuliers étaient déclarés libres d'y faire droit soit en payant leurs obligations en numéraire, soit en ajoutant à la valeur réelle des assignats la différence du cours.

Le « rétablissement de confiance » et de « la libre circulation des assignats », dans ces conditions, accusaient simplement l'incapacité déclarée du Trésor de faire honneur à ses engagements. Malgré ce sacrifice de dignité, la mesure inaugurée par le gouvernement provisoire des finances ne parvenait pas à rétablir l'équilibre dans la circulation et à maintenir une certaine stabilité dans la valeur des assignats, par cette simple raison que le papier-monnaie, malgré la fixation nouvelle de sa valeur courante, n'équivalait pas en solidité au numéraire qu'il prétendait remplacer. C'est là un exemple instructif pouvant servir à démentir les étranges idées sur l'indépendance de la circulation intérieure et un « patriotisme » spécial du papier-monnaie, qui, d'après ces raisonnements, suffit parfaitement aux besoins du pays, en même temps qu'il décourage l'importation des produits étrangers.

Les taxes imposées par Spéransky.

Nous noterons en passant que le motif principal de l'impopularité qui avait frappé le système de Spéransky, était en réalité représenté par les taxes nouvelles imposées par ce ministre. Nous ferons observer simultanément que jusqu'à l'époque actuelle, ce sont précisément les impôts établis par le fisc qui ont le privilège d'exciter l'animadversion publique : de nos jours, notamment depuis la mise en vigueur des lois sur l'administration locale élective (le Zemstwo et les municipalités urbaines), le public supporte beaucoup plus patiemment une augmentation de charges, à laquelle il a pris part par l'intermédiaire de ses propres organes, que toute augmentation d'impôt, simplement décrétée par le gouvernement.

Spéransky entreprend de se réhabiliter auprès de son souverain.

Spéransky, dans son exil, ne resta pas inactif et ne supporta pas passivement les coups portés à son plan de réorganisation des finances. Nous préférons citer à cette place même les considérations principales qu'il fit valoir dans un mémoire rédigé pour l'Empereur et daté de Perm, en janvier 1813. Dans cette étude (1) Spéransky prenait pour point

(1) *Lettres intimes à P. G. Mossalsky*, 39.

de départ les soucis qu'avaient depuis longtemps inspirés au souverain les faits relatifs à la dépréciation de la valeur des assignats et à l'inoculation aux budgets d'État d'un déficit qui venait fatalement clore chaque exercice financier. « La sollicitude de Votre Majesté, écrivait le ministre du fond de son exil, s'était particulièrement portée sur le déficit pour l'année 1810, calculé à la somme considérable de 105 millions de roubles. Divers projets parvenaient au gouvernement pour faire face à cette difficulté. Mais tous paraissaient dangereux, se bornaient à proposer des palliatifs. Il vous a plu, sire, de porter votre attention sur la racine elle-même du mal et de vous occuper des moyens qui le pouvaient guérir ; ce fut à votre initiative, je prends la liberté de l'affirmer, que les finances du pays sont redevables d'avoir évité à ce moment la banqueroute.

« Après maintes discussions consacrées à ce sujet, un plan général de réorganisation des finances fut rédigé et soumis au comité. Ce plan, après des débats, qui prirent environ deux semaines, fut reconnu nécessaire et de ce fait porté à la connaissance du conseil. Ce plan, il est vrai, offrait matière à des divergences d'opinions ; pourtant, il fut sanctionné par une majorité considérable, et l'on procéda dès lors à son exécution.

« Ce fut dans cette exécution du plan que des membres du gouvernement, qui y avaient donné leur adhésion, prirent soin de soulever toute sorte de difficultés et celui-là même qui se trouvait spécialement appelé à veiller à l'exécution du plan, le ministre des Finances, sans le renier ouvertement, en devint, dans la réalité, le principal adversaire. »

Le mémoire justificatif de Spéransky était écrit avec chaleur en même temps qu'avec dignité. En se défendant contre des ennemis qui n'avaient pas dédaigné la calomnie pour le combattre, il se montre très réservé dans ses accusations. « D'où provenait cette contradiction ? — poursuit l'auteur du mémoire. Elle s'expliquera par ce qui suit. Il était facile de dire : Point de nouvelles émissions d'assignats ! Mais, pour se priver de cette ressource, il fallait trouver le moyen de la remplacer. Pour cela, tout un ensemble de mesures était nécessaire.

« Il fallait d'abord réduire et régulariser les dépenses. Pendant que chaque ministre avait précédemment pu puiser librement dans les sommes dites « extraordinaires », toute dépense, dans le nouvel ordre de choses, devait être préalablement inscrite au budget, lequel subissait une double discussion au sein du conseil de l'Empire. L'on se trouvait donc exposé à essuyer des refus et à se soumettre presque toujours à une diminution, pour, en résultat final, s'attendre encore à une revision générale des comptes par le contrôleur. Le ministre des Finances lui-même fut assujetti à l'observation de ces règles. Cet ordre nouveau, pouvait-il se trouver du goût de qui que ce fût ?

« Il fallait en second lieu augmenter les impôts. Depuis les vingt années précédentes, la Russie n'avait pas éprouvé une augmentation des charges publiques; chaque membre du gouvernement évitait de prendre sur soi le poids de ce reproche. Il a bien fallu cependant que quelqu'un se décidât à s'en charger. Le sort et l'injustice des hommes ont voulu que je devinsse la victime exigée par ce sacrifice. A moi les quolibets et les injures ; d'autres restaient à l'abri (1). »

Spéransky rappelle plus loin que déjà, lors de la présentation de son compte rendu, en 1810, il avait offert sa démission en se voyant en butte à toute sorte d'intrigues ; il rappelle de plus qu'en 1811, le ministre des Finances avait trouvé bon de proposer de nouveaux impôts, lesquels, cette fois, furent repoussés par le conseil, et que malgré les prévisions sinistres du chef du département des finances, prédisant qu'à la moitié de l'année « tout s'arrêterait », rien ne s'arrêta cependant et l'excédent des dépenses sur les recettes se montra insignifiant. « Pourtant — ajoute l'auteur — à ce moment-là aussi je continuais à passer pour un perturbateur de l'ordre et un homme dangereux. »

Après avoir ensuite évoqué le souvenir de sa chute, les changements que fit subir le conseil à une série d'impôts très onéreux proposés à nouveau par le ministre des Finances et le mécontentement du ministre et de ses partisans, qui choisirent ce moment pour rejeter sur lui, le secrétaire de l'Empire, toutes les difficultés de l'époque, Spéransky passe à la seconde partie de sa justification.

« J'aborde maintenant des détails qu'il m'est personnellement très douloureux de me remémorer. J'ignore le sens exact des délations portées contre moi. Toutefois, en me fondant sur les paroles que Votre Majesté a daigné prononcer en me congédiant, je conclus qu'il y avait contre moi trois principaux chefs d'accusation : 1° que dans les affaires financières je tâchais de mettre le désordre dans l'Etat ; 2° que je m'appliquais à exciter la haine contre le gouvernement par les impôts; enfin 3° les jugements que je portais sur le gouvernement.

« Or, le total des recettes de l'État comprenait, vers 1810, 125

(1) Allusion au ministre des Finances Gouriew.

millions ; depuis lors et jusqu'en 1812, ce total fut porté à 300 millions. Dans le cours de deux années, les ressources avaïent donc augmenté de 175 millions. Les mots peuvent être interprétés diversement ; les faits résultant d'une simple comparaison entre les chiffres ne sauraient être intervertis. »

L'auteur du mémoire procède ensuite à démontrer que, sans l'adoption de son plan de réorganisation, l'État aurait dû passer par une banqueroute inévitable et n'aurait pas trouvé de ressources pour la guerre de 1812 ; il rappelle que la création de nouvelles charges n'a jamais été séparée de plaintes, mais que ces plaintes superficielles et passagères ne ressemblaient en rien à un mécontentement réel et à une désaffection véritable vis-à-vis du gouvernement. « Si les impôts, établis au mois de février 1812, avaient provoqué des murmures dangereux — demande Spéransky — en quoi donc ce danger se continue-t-il dans les événements dont furent témoins les mois de mars, mai et juin? Par quel enchantement, ce même peuple et cette même noblesse — dont en février on faisait valoir les murmures à titre de danger réel — se montrèrent-ils en mai et en juin prêts à sacrifier tout leur avoir? Les impôts, cependant, n'avaient pas été réduits ; au contraire, ils avaient été encore élevés en maints endroits. Le danger qui devait résulter du mécontentement général et des murmures qui l'accompagnaient se montra ainsi n'avoir été qu'une fable éclose dans des esprits superficiels, inventée par des gens qui, ayant passé leur vie dans des commérages de bonne femme, n'élèvent pas au-dessus de ce niveau les jugements qu'ils portent, soit sur l'administration provinciale de Moscou, soit sur les affaires d'État, et de plus — chose triste à penser — prétendent encore à conduire eux-mêmes ces affaires. »

Par suite de son absence de la capitale, l'Empereur ne reçut le mémoire justificatif de Spéransky qu'en juillet ou en août 1814.

Mordwinow résigne ses fonctions.

Voyant le tour qu'avaient pris les choses, le comte Mordwinow profita de l'union des deux départements au conseil de l'Empire, pour résigner ses fonctions de président dans celui de l'économie. Il donna sa démission et quitta Saint-Pétersbourg.

rojet d'Armfeld et Rosenkampf.

Ce départ des deux hommes d'État qui s'étaient montrés les partisans résolus de l'économie dans les dépenses et du rétablissement du cours normal des assignats, entraîna avec lui l'abandon des principes cardinaux sur lesquels était basé le plan pour la réorganisation des finances.

Les émissions de papier-monnaie reprirent de plus belle. Deux d'entre les adversaires du système de Spéransky, Armfeld et Rosenkampf, proposèrent l'ouverture d'un emprunt intérieur à 6 0/0 négociable contre toutes espèces de valeurs nettes : métal, papier-monnaie, or et argent, diamants, provisions de blés, papiers sûrs. Cette proposition fut toutefois déclinée par les deux départements réunis, délibérant qu'une tentative semblable de la part du gouvernement était propre à produire une impression très défavorable (1).

Baisse des assignats.

Les subsides servis par l'Angleterre aidaient le Trésor à supporter les dépenses de la guerre. En 1813, quand les armées russes eurent passé la frontière occidentale, 70 millions de roubles en papier-monnaie furent exportés ; sur cette somme il n'en rentra dans la même année que pour 20 millions. Une baisse rapide du cours des assignats s'ensuivit. Coté précédemment à 16 deniers (pence) d'Angleterre, le rouble-assignat tomba à 14, puis à 12 pence, c'est-à-dire que la livre sterling traduite en assignats valait 20 roubles, au lieu de 15 roubles qu'elle avait valu auparavant.

On appréhendait même à ce moment une baisse du rouble-assignat à 10 kopecks-métal (2).

La baisse des assignats amena comme conséquence naturelle le renchérissement de tous les produits. Gouriew, pour combattre ce résultat de l'expatriation des assignats, eut l'idée de les retirer des marchés étrangers, où leur prix s'était avili, en les attirant au moyen d'un emprunt émis à l'étranger, en titres de 100 et de 1,000 thalers, emprunt devant servir à racheter tous les dix mois un douzième des assignats jetés sur les marchés étrangers. Ce projet ne fut pas approuvé par l'Empereur, par la raison qu'il était réellement difficile d'admettre qu'il eût pu être couronné de succès (3).

Une crise financière s'annonçait de plus en plus inévitable. L'année 1810, les recouvrements produisirent 191 millions 1/2 de roubles, ce qui, conjointement avec d'autres ressources, restes (4), etc., portait les sommes entrées au Trésor à 278,600,000 roubles-assignats (90 millions en métal). En même temps, les dépenses s'étaient élevées à

(1) BOHDANOWICZ. *Histoire d'Alexandre Ier*, p. 137.

(2) *Ibidem*, p. 140.

(3) *Ibidem*, p. 143.

(4) Sous cette dénomination de « restes, etc. », il faut entendre les nouvelles émissions de papier-monnaie, ainsi que divers autres emprunts.

279 millions de roubles-assignats, dont 128 millions dépensés par le ministère de la Guerre et 19,000,600 roubles par celui de la Marine.

La balance définitive de 1811 se traduisit par les chiffres suivants : recouvrements, 256 millions de roubles et avec l'apport des « restes, etc., etc. », 337 millions 1/2 de roubles, au total environ 84 millions 1/2 de roubles-métal. Le montant des dépenses correspondait justement au total des recettes. Le ministère de la Guerre dépensa 122 millions 1/2 et celui de la Marine jusqu'à 14 millions 1/2 de roubles. Balance de 1811.

Bien que, au 1er janvier 1812, le compte rendu général des recettes et dépenses accusât un reliquat considérable, notamment 83,398,278 roubles, cette somme ne représentait nullement un excédent des recettes sur les dépenses, attendu que ce prétendu « reste » fut porté au compte de l'exercice précédent et ne servit qu'à équilibrer le budget définitif de 1811. Durant l'année 1812, il entra jusqu'à 332 millions de roubles. Quant aux dépenses de cette année, elles s'élevèrent (sans compter les offrandes particulières en argent et en nature qui atteignirent presque le chiffre de 100 millions de roubles) à 342 millions de roubles, dont 160 millions 1/2 portés au compte du ministère de la Guerre. Les finances en 1812.

La lutte contre les forces réunies de tout le continent, que le César victorieux poussait devant lui, s'était enfin dressée devant la Russie comme un problème redoutable. L'Empire des Tsars avait grandi si rapidement qu'une partie très considérable de son territoire européen n'y était rattaché que de fraîche date. A ce jeu de conquête, la Russie avait elle-même profité, dans le cours d'un demi-siècle à peine, d'un bonheur remarquable. L'invasion de légions innombrables, conduites par un capitaine jusqu'alors invincible, paraissait remettre en question tout l'agrandissement auquel l'Empire devait sa situation de puissance de premier ordre. Or, cette lutte s'ouvrait pour la Russie après une période de plusieurs années d'efforts extraordinaires pour soutenir la position qu'elle avait acquise. Depuis 1805, le peuple russe avait eu à supporter des charges exceptionnelles, nécessitées par les guerres précédentes avec la France, la Turquie et la Suède, charges multiples, frappant soit la personne, soit le revenu des contribuables.

Les recrutements s'étaient suivis dans une progression rapide ; on y avait eu recours en 1805 et en 1806 ; le manifeste du 30 novembre 1806 avait de plus convoqué dans trente et un gouvernements la milice, c'est- Recrutements. Sacrifices en hommes et en matériel.

à-dire tous les hommes capables de porter les armes. Cette milice devait produire 600,000 soldats, mais l'appel fut restreint après la bataille de Pultusk et ne produisit que 252,000 hommes, ce qui, du reste, représentait un conscrit par 57 âmes mâles portées sur le cadastre. Après la paix de Tilsitt, la milice fut renvoyée dans ses foyers. Mais les guerres de Turquie et de Suède nécessitèrent de nouvelles levées dans la proportion de 5 conscrits sur 500 âmes, en 1808, puis en 1809 ; de 3 sur 500 en 1810, de 4 en 1811, enfin de 2 recrues sur 500 âmes en 1812, à la veille de la guerre. Les réquisitions de chevaux, de bœufs, de chariots et d'hommes destinés au service des parcs de transport, avaient suivi la même proportion.

Désarroi économique en 1812.

A ces sacrifices en hommes et en matériel, exigés par les besoins de guerres qui succédaient l'une à l'autre, il faut, pour se faire une idée de la situation du pays à cette époque, ajouter les embarras financiers, la dépréciation de la monnaie par l'application de la seule ressource qui jamais ne faisait défaut, l'émission d'assignats, la stagnation du commerce et de l'industrie. La guerre de 1812 venait porter un coup de grâce aux ressources économiques dont le pays pouvait disposer.

Vices de l'administration.

Les vices de l'administration elle-même n'avaient pas joué un rôle médiocre dans les difficultés qui s'accumulaient autour du gouvernement. Les malversations qui, d'ailleurs, n'avaient jamais disparu dans la bureaucratie russe, eurent libre carrière pour se développer et fleurir dans un temps où toute prévoyance dans les ravitaillements, ainsi que toute régularité dans les comptes des fournitures, avaient forcément dû disparaître. Aussi la rapine des employés de l'intendance en était arrivée à ce point, que, lors de la guerre de 1807 contre la France, l'on avait vu l'armée russe en haillons, privée de chaussures, manquant littéralement de pain, malgré les dépenses énormes de l'administration militaire, dépenses qui ruinaient le pays. Les choses avaient pris un tel aspect que l'empereur Alexandre, en proie à une juste indignation, défendit aux employés de l'intendance de porter l'uniforme qui était attaché à leur grade. Mais cette disgrâce n'avait été sensible qu'à ceux d'entre eux qui, personnellement, n'avaient rien fait pour la mériter. Quant aux autres, ceux-là ne prenaient nul souci de cette mesure infamante, ni même de l'instruction criminelle qui était intentée contre eux. Grâce au défaut de preuves concluantes, ainsi qu'à la lenteur de la procédure, ils menaient joyeuse vie et parvenaient au terme de leur carrière avant que la justice eût pu les atteindre.

Traité de Bucharest.

La guerre avec la France une fois déclarée, le premier soin du gouvernement russe se porta naturellement sur la conclusion d'une paix à tout prix avec la Turquie. Un congrès de délégués, réuni à Bucharest, amena la signature du traité du 16 (28) mai 1812 mettant fin aux hostilités entre la Turquie et la Russie.

Passage du Niémen, le 12 juin 1812.

Cependant, Napoléon franchissait, le 12 juin 1812, le Niémen à la tête d'une armée formidable et la nouvelle de cet événement était portée par le courrier à l'empereur Alexandre, au moment où il présidait, avec sa grâce et son amabilité chevaleresques accoutumées, à un bal que lui donnait la ville de Wilna.

Nous n'avons pas à décrire ici les péripéties diverses de cette lutte mémorable : la retraite des Russes dans l'intérieur du pays, à la façon des anciens Scythes, les épisodes sanglants et héroïques de Smolensk et de Borodino, l'incendie de Moscou, sacrifié par son gouverneur Rostoptschine, la revanche qui commença pour les Russes aux approches des frimas, la débâcle gigantesque de la Grande Armée, le passage tragique de la Bérésina, les souffrances sans nombre et les hécatombes de vies humaines offertes en sacrifice au dieu ou bien plutôt au fléau de la guerre. Cette guerre était provoquée par l'ambition démesurée d'un homme, mais il ne faut pas perdre de vue la « carrière » trop rapide qu'avaient réalisée précédemment les deux grandes puissances militaires des temps modernes, la Prusse et la Russie.

La première surtout, dans le demi-siècle précédent, s'était, d'un chétif électorat, élevée, dans la même voie de conquête, au rang de grande puissance. La Russie, dans la même période de temps, avait augmenté d'un tiers par les mêmes moyens, c'est-à-dire par la force des armes, son territoire européen. En définitive, elles triomphèrent du génie militaire, qui représentait en somme le même principe, celui de Frédéric le Grand et de Catherine la Grande, elles triomphèrent de Napoléon le Grand, lui aussi au même titre, et comme représentant par excellence le principe de l'annexion par la force du canon, de l'agrandissement rapide, subit, d'un territoire, d'un État.

A ce compte, tout en reconnaissant fondées les accusations formulées contre l'ambition du conquérant français, de l'homme qui remaniait d'un jour à l'autre la carte de l'Europe, sans égard pour le principe de justice, comme pour celui des nationalités, faut-il s'avouer que les reproches de ce genre dans la bouche des admirateurs passionnés de Frédéric le Grand et de Catherine la Grande paraissent exagérés. Ils font résonner à l'oreille d'un observateur délicat et impartial une note légèrement forcée. Napoléon, du reste, s'il avait eu la franchise de prendre pour sa devise la légende si populaire aujourd'hui : « C'est par le fer et le sang que se fondent les grands empires », serions-nous en droit de le mettre au ban du droit des gens et de la civilisation (Kultur, en allemand), tels qu'ils sont encore entendus de nos jours?

La guerre des « vingt tribus » ou des « vingt langues » comme elle est appelée dans le rituel de l'Eglise russe pour la fête de Noël, où des actions de grâces pour la défaite de l'invasion sont dites jusqu'aujourd'hui, la grande guerre de 1812-1814 ayant abouti à l'entrée des Alliés dans Paris, le 19 (31) mars 1814, l'empereur Alexandre revint dans sa capitale le 13 juillet 1815. Il fut accueilli par un peuple rempli d'enthousiasme, et les grands corps de l'État, le conseil de l'Empire, le Sénat et le Saint-Synode lui offrirent le titre de « Béni ».

Congrès de Vienne, Sainte-Alliance.

Bientôt après, Alexandre se rendit à Vienne pour prendre part au congrès qui devait pacifier l'Europe. Le retour d'Elbe et les Cent Jours vinrent interrompre cette œuvre, qui fut reprise après Waterloo et aboutit à la « Sainte-Alliance », ou traité destiné à poser une barrière aux empiètements de l'esprit révolutionnaire, à sauvegarder les intérêts dynastiques et dans la pratique à faire servir le prestige de la Russie aux vues d'un Metternich et à la prépondérance des deux grandes puissances allemandes. Nous n'avons pas à nous occuper des suites que la Sainte-Alliance eut pour l'Occident. Quant à la Russie, ce pacte exerça une influence fâcheuse sur la politique tant extérieure qu'intérieure du gouvernement russe, en lui faisant placer au premier rang un principe discutable et non les intérêts nationaux réels. Ceux-ci n'avaient rien à voir dans le rétablissement des Bourbons en Espagne, ni dans la réprobation du mouvement national, soit en Belgique, soit en Allemagne ou en Italie. Les intérêts nationaux de la Russie réclamaient en revanche une politique décidée en faveur de l'affranchissement de la Grèce, de même qu'une continuation résolue des réformes à peine entreprises, pour mettre quelque ordre dans le chaos et l'arbitraire tout asiatiques qui régnaient dans l'administration du pays.

Alexandre Ier mal disposé pour l'insurrection grecque.

Or, l'empereur Alexandre, se laissant considérer comme l'initiateur et l'âme de la Sainte-Alliance, crut devoir au contraire se montrer mal disposé pour l'insurrection grecque, et quant à l'intérieur, il ne fit depuis 1815 qu'une seule tentative libérale, celle de reconstituer la Pologne en nation jouissant d'institutions libres et autonomes. Quant aux affaires de l'Empire, ce souverain, généreux et bienveillant par nature, se laissa de plus en plus vaincre par un étrange désenchantement, provenant en partie du doute dans ses forces pour accomplir une tâche vraiment grande, doute que nous avons déjà vu hanter son esprit avant même qu'il eût ceint la couronne des Tsars. A ce doute, ou, si l'on veut, à cette faiblesse de caractère, venait se joindre l'impression ineffaçable des circonstances qui avaient accompagné son avènement.

Mme de Krüdner, Photius et Araktchéïew.

Des influences personnelles comme celle de la fameuse baronne de Krüdner, des illuminés ou mystiques d'abord, des fanatiques outrés dans la suite, contribuèrent à faire tomber Alexandre Ier dans une espèce d'apathie, mêlée de soupçon et de rancune. Il finit par devenir la dupe de grossiers imposteurs, comme l'archimandrite Photius, qui avoua plus tard lui-même les artifices au moyen desquels il était parvenu à impressionner le monarque. Derrière les moines, comme cela arrive naturellement, marchait le représentant du « glaive séculier », de la force brutale, du régime purement soldatesque. Comme Louvois se montrait derrière le père Letellier, Araktchéïew vint après Photius.

Les illuminés et les mystiques eux-mêmes, comme le prince Galitzyne, ministre de l'Instruction, tombèrent alors en disgrâce. Les universités furent livrées aux sicaires d'une bureaucratie despotique et de l'ignorance monacale, comme Magnitzky et Rounitch. En dernier résultat, ce fut l'homme de la caserne, le farouche représentant d'une discipline cruelle et vide de sens, Araktchéïew, le ministre de la Guerre, qui devint le vrai dépositaire du pouvoir impérial et le dernier confident de ce souverain si éclairé, si rempli de bonnes intentions, qui, après avoir atteint le sommet de la gloire, traîna les dernières années de sa vie dans une espèce d'abdication et dans un sentiment de déception amère.

Après ce coup d'œil général sur l'esprit qui se fit jour dans la seconde moitié du règne d'Alexandre Ier, après cette appréciation des tendances dont le souverain rapporta en lui le germe à la suite des congrès de Vienne, de Laybach et de Vérone, et qui ne firent que grandir depuis, nous devons reprendre le cours chronologique de notre récit et revenir spécialement à l'exposé des mesures financières qui marquèrent la période dont nous nous occupons.

Suites de la guerre et de l'absence de l'Empereur.

Une guerre vraiment formidable avait duré deux ans. L'invasion d'abord, les efforts extrêmes nécessités ensuite par la continuation de la lutte loin des frontières, avaient ruiné le pays. De plus, l'absence prolongée de l'Empereur avait porté le trouble dans la machine administrative, calculée sur le principe de centralisation. « Les finances, la justice, le soin de la sécurité et du bien-être, tout cela, écrit un témoin autorisé (1), offrait un sombre tableau d'abus et de désordres. »

Pertes et indemnisations.

La population du gouvernement de Smolensk, placé sur la route de l'invasion au cœur de la Russie, avait le plus souffert. Les paysans avaient abandonné leurs champs et leurs habitations, ils s'étaient réfugiés dans les bois. Dès le 10 décembre 1812, le comité des ministres, sur le rapport du gouverneur de Kalouga, faisant fonctions du gouverneur de Smolensk, décrète que 1 million de roubles était destiné à l'achat de blé, avec distribution à titre de prêt aux paysans des domaines ou propriétés privées, pendant que ceux des apanages impériaux devaient recevoir des secours de la part de l'administration spéciale dont ils relevaient.

De plus, des allègements d'impôts furent accordés. Aux paysans, il fut fait remise de tous leurs arriérés de paiements et de la somme intégrale des impôts dus pour les années 1812 et 1813. Les marchands des villes qui avaient été occupées par l'ennemi furent de même délivrés de la taxe calculée sur leurs revenus, à cette condition qu'ils restassent dans les mêmes endroits et les mêmes corporations (guildes) où ils avaient précédemment exercé leur commerce. Enfin, le comité recommanda au ministre des Finances de présenter en outre un projet spécial pour l'indemnisation des propriétaires ruinés par l'ennemi (2).

Distribution de céréales.

Au commencement de 1814, le comité des ministres édicta une mesure plus générale, destinée à venir en aide aux habitants de toutes les provinces qui avaient eu à souffrir de l'invasion. Il ordonna de dres-

(1) Lettre du prince S. Worontzow du 7 juin 1814 au comte Rostoptschine.
(2) *Recueil complet des lois*, n° 25288.

ser des tableaux où toutes les localités manquant de vivres devaient être enregistrées avec les détails nécessaires, et décréta des achats de blés sur une grande échelle pour être distribués à la population nécessiteuse, dans la limite toutefois de 1 tchetwert 1/2 de seigle par tête pour assurer la subsistance jusqu'à la récolte nouvelle et de 2 tchetwerts d'avoine par déciatine de terre de labour, pour l'ensemencement des champs au printemps. De plus, le comité ordonna d'acquérir et de tenir prête dans les magasins d'approvisionnements toute la quantité de seigle nécessaire à l'ensemencement des champs en automne (1).

Ces prêts étaient accordés sans intérêt et le remboursement des sommes employées par le Trésor à l'achat des blés ne devait commencer qu'après l'échéance des trois premières années et s'accomplir dans le terme des sept années suivantes, en parts égales. Les prêts accordés aux paysans de la Couronne étaient garantis par les communes, les propriétaires répondaient de ceux qui étaient avancés aux paysans attachés à leurs terres, tandis que les municipalités garantissaient le remboursement des avances faites aux marchands et aux bourgeois des villes (2).

Secours donnés aux habitants de Moscou.

Pour venir en aide aux habitants de la ville de Moscou, dont les maisons avaient été brûlées ou détruites lors de l'invasion, une « commission des bâtiments » fut instituée et dotée à cet effet d'un crédit annuel de 1 million de roubles pour une période quinquennale. Une autre commission, composée de propriétaires désignés par les maréchaux de noblesse de district et présidée par le maréchal du gouvernement (province) de Moscou, était chargée de vérifier les demandes de secours présentées par les habitants de la capitale et de sa province (3). Cette commission reconnut comme fondé un total de réclamations s'élevant à 15,735,000 roubles, somme qui fut en effet distribuée dans le cours de trois ans, avec obligation de remboursement dans les sept années suivantes (4).

(1) Le seigle appelé « blé d'hiver » est semé en Russie en automne, l'avoine et l'orge au printemps; ces deux dernières espèces de blés, avec les pommes de terre, etc., s'appellent « blé d'été ».

(2) Règles à observer pour la distribution des secours aux habitants ruinés par la guerre, établies par le comité des ministres, le 7 janvier 1813 (*Recueil complet des lois*, n° 25313).

(3) *Recueil complet des lois*, n° 25671.

(4) WARADINOW. *Histoire du ministère de l'Intérieur*, II, 281.

Manifeste du 30 août 1814.

En outre, un manifeste publié le 30 août 1814 faisait remise de tous arriérés d'impôts accumulés au 1er janvier 1813 dans l'Empire entier. Quant aux provinces qui avaient eu spécialement à souffrir des suites de la guerre, ainsi qu'aux gouvernements du Midi, atteints de la peste, cette même mesure était prolongée à leur profit pour le cours de l'année 1813. Remise fut faite en même temps des sommes dues par les propriétaires au titre de l'impôt de guerre, dont leurs biens avaient été frappés, ainsi que de toutes espèces de comptes au profit du Trésor non acquittés depuis plus de dix ans et de toutes pertes ou dommages accidentels au détriment du Trésor, ne dépassant pas le chiffre de 2,000 roubles.

Dons volontaires.

Les sacrifices immenses de la nation, représentés en partie considérable par des dons volontaires, permirent au gouvernement russe de supporter la guerre au sein du pays et de repousser l'invasion. Mais la lutte devait nécessairement continuer, et cela hors des frontières. Cependant le gouvernement se trouvait au bout des ressources qu'il pouvait puiser à l'intérieur. Sur la somme des 14 millions 1/2 en métal, que, d'après l'évaluation postérieure du maréchal Barclay de Tolly, le gouvernement dépensa en crédits extraordinaires pour la seule guerre de 1812, 9 millions seulement purent être couverts par les ressources en numéraire dont il disposait. Force lui fut donc de s'adresser à de nouvelles émissions de papier-monnaie. Il est vrai que le gouvernement russe obtint des subsides de l'Angleterre, mais ces subsides n'arrivèrent qu'en 1813 et 1814; encore n'étaient-ils représentés que par des cargaisons d'armes, de draps et de chaussures envoyés pour l'armée russe. Ce fut dans ces conditions difficiles que le gouvernement — ainsi que nous l'avons dit plus haut — se vit forcé, lors de la campagne de 1813 à l'étranger, de payer les fonds d'approvisionnement et de transport, hors du pays, en papier-monnaie russe, ce qui provoqua une nouvelle dépréciation dans le cours du rouble-assignat.

Bilan de l'année 1813.

Citons le bilan de l'année 1813. L'encaisse du Trésor au 1er janvier de cette année s'élevait à 73,190,093 roubles. Le total des dépenses monta à 423,380,572 roubles. Or, les recouvrements budgétaires étaient si loin de satisfaire à ces besoins, immenses pour cette époque, que le gouvernement dut se procurer la somme de 191,370,054 roubles par des moyens extraordinaires, c'est-à-dire surtout par l'émission de papier-monnaie. Cette ressource facile, quoique ruineuse au point de vue économique, fut exploitée même au delà du besoin strict, de sorte que le total des revenus de l'année s'élève à 457,860,622 roubles, c'est-à-dire avec un excédent notable sur le total des dépenses effectives. Nous devons ajouter cependant que, dans le chiffre précité des ressources extraordinaires, figurent pour 2 millions de livres sterling les subsides servis en nature par l'Angleterre et évalués, au cours du temps, à la somme de 35,634,695 roubles-assignats.

Revenus et dépenses en 1814.

Les chiffres de la même catégorie se répartissent avec assez d'analogie dans les budgets définitifs des deux années suivantes. Le total des revenus pour 1814 fut de 480,138,670 roubles, dont 189,002,757 roubles de ressources extraordinaires; dans ce nombre, les subsides reçus de l'Angleterre figurent pour 2,500,000 livres, représentant 46,550,251 roubles-assignats; et l'indemnité consentie par le gouvernement français, en vertu de la convention du 28 août 1814, à titre de frais d'approvisionnements, pour 8,333,333 francs ou 7,476,243 roubles-assignats. Les dépenses de 1814 dépassèrent 457,000,000 de roubles-assignats, dont 278,500,000 destinés au ministère de la Guerre.

Revenus et dépenses en 1815

Pour 1815, les chiffres correspondants se présentent ainsi qu'il suit: revenus, 432,736,410, dont à peu près 114,500,000 en ressources extraordinaires, y compris : les subsides anglais, 2,108,725 livres ou 50,257,644 roubles-assignats; l'indemnité française, en vertu d'une nouvelle convention datée de septembre, 356,400 francs ou 337,078 roubles-assignats. Quant au total des dépenses, il dépasse 391 millions de roubles-assignats, dont 214 millions de roubles-assignats ou 53,500,000 roubles métalliques portés au compte du ministère de la Guerre. Notons que dans les chiffres précédents le rouble-papier est déjà descendu au-dessous du quart de sa valeur nominale, c'est-à-dire au-dessous de 1 franc.

Compte rendu présenté par Barclay de Tolly.

Nous croyons devoir citer ici l'évaluation des titres spéciaux des dépenses pour les guerres de 1812, 1813 et 1814, tirée du compte rendu présenté à l'empereur Alexandre par le général en chef, comte Barclay de Tolly, le 24 mars 1814, à Varsovie (1) :

(1) BARTINEW. *L'Archive russe*, 1874, II, 735.

1. Solde et appointements.	71,000,000	roub.-ass.
2. Achats de chevaux de selle.	7,000,000	—
3. Habillement des officiers	1,500,000	—
4. Achats et transports d'effets	4,500,000	—
5. Hôpitaux	2,500,000	—
6. Remonte de cavalerie	3,500,000	—
7. Rations	8,000,000	—
8. Chevaux cosaques et de train	6,000,000	—
9. Portés au compte de l'intendance à l'intérieur	5,000,000	—
10. Vivres.	12,000,000	—
11. Artillerie	2,500,000	—
12. Dépenses extraordinaires	5,500,000	—
13. Récompenses.	6,000,000	—
14. Payés à l'Autriche et à la Prusse . . .	16,000,000	—
15. Au comte Siewers pour munitions et autres	3,500,000	—
16. Divers.	1,000,000	—
TOTAL. . . .	155,500,000	roub.-ass.

L'original accuse un total de 157,450,710 roubles-assignats; notre addition reste en dessous par cette raison que nous avons arrondi les chiffres spéciaux, en faisant abstraction des sommes inférieures à 1/2 million. En divisant le chiffre original par 3, nous arrivons à une moyenne de 52,483,570 roubles-assignats par an.

Les chiffres que nous venons de citer semblent assez modestes au point de vue contemporain, attendu que les guerres modernes réclament un appareil d'armements bien plus compliqué. Une somme annuelle de quelque 50 millions de francs pour le déploiement de toutes les forces militaires d'une grande nation paraîtrait même mesquine aujourd'hui. Elle semblait toutefois exorbitante dans la gêne absolue où le Trésor se trouvait dans la période qui nous occupe. Aussi la presse spéciale chargée de « faire de l'argent » fonctionnait-elle sans presque discontinuer. Le total du papier-monnaie en circulation, valeur nominale, avait comporté 577 millions en 1810 ; au 1er janvier 1816, la circulation avait atteint 700 et en 1817, 836 millions de roubles ; en outre les sommes empruntées à la Banque d'État, ainsi qu'aux fonds des hospices d'enfants trouvés, apportaient un contingent de 153 millions aux 836 millions de l'émission de papier-monnaie.

Le cours du rouble et la politique.

Il va sans dire que la valeur réelle des assignats devait fléchir sous le poids d'émissions illimitées. Mais il mérite d'être remarqué que le cours du rouble-papier dépendait encore bien plus du degré de confiance qu'inspirait l'avenir politique du pays, que de l'étendue des émissions. Nous donnons un tableau du cours de change, coté jusqu'en août 1813 sur Amsterdam, et à partir de ce moment jusqu'en 1820, sur Londres, en prévenant que les fluctuations du cours du rouble-assignat sont marquées d'après la cote officielle de la Bourse de Saint-Pétersbourg ; c'est dire que les chiffres inscrits dans ce tableau sont plutôt au-dessus qu'au-dessous du cours qui servait de base aux opérations entre particuliers. Le rouble-assignat, représentant cent kopecks, était donc évalué à :

MOIS	1811	1812	1813	1814	1815	1816	1817	1818	1819	1820
Janvier	19,8	31,6	42,3	33,9	30,7	26,6	29,1	31,1	30,9	26,4
Février	19,3	31,1	40,7	35,9	30,2	27,0	29,7	31,1	30,7	26,2
Mars	19,8	27,4	42,0	34,9	30,0	25,8	28,3	30,7	30,4	25,8
Avril	20,8	26,9	41,4	35,9	29,4	24,7	28,2	30,4	29,4	25,6
Mai	19,3	26,9	41,2	36,3	27,3	25,2	28,2	30,0	29,0	25,7
Juin	21,5	28,4	42,7	35,7	28,6	25,8	28,3	29,8	27,8	25,7
Juillet	23,0	30,4	41,0	33,0	27,8	25,5	28,3	30,2	25,8	25,8
Août	24,7	56,2	36,2	27,8	28,6	25,5	29,7	30,5	26,8	26,0
Septembre	24,9	64,0	37,5	30,4	27,5	24,5	29,2	31,8	27,7	25,7
Octobre	25,4	53,6	31,0	29,6	28,9	24,2	30,0	33,0	26,5	25,8
Novembre	22,5	44,6	41,0	29,6	26,2	25,8	29,7	31,5	26,1	25,9
Décembre	29,7	42,0	37,8	30,7	26,8	27,1	30,0	31,2	26,6	25,7
Cours moyen de l'année	22,5	38,8	39,6	32,8	28,5	25,7	29,1	30,9	28,1	25,9

Ainsi, le cours le plus défavorable, savoir : 19,3 0/0, avec une moyenne annuelle de 22 1/2 0/0, répond à l'année 1811, où les émissions de papier-monnaie étaient encore loin d'avoir atteint le chiffre démesure auquel elles arrivèrent par la suite. Mais l'année 1811 précédait une guerre que le pays entier considérait déjà comme imminente, et ce sentiment était partagé par les Bourses étrangères. La Russie, un pays pauvre en capital, ne produisant que des matières premières, pourvu d'un système financier défectueux et affligé du cancer du papier-monnaie, allait subir le choc de la puissance de Napoléon, alors sans bornes sur le continent. C'était là une éventualité effectivement redoutable et d'où la Russie pouvait sortir amoindrie et même paralysée dans une partie de ses ressources. Aussi le monde financier ne consentait guère que dans la proportion de 19 0/0 à admettre la possibilité que la Russie se trouvât un jour en état de retirer au cours normal les obligations qu'elle était si prompte à contracter, vu la facilité du moyen dont elle se servait pour les placer.

Une preuve frappante de la prédominance des considérations politiques dans la fixation des cours est fournie par la hausse subite et n'offrant pas son égale dans la suite, qui se produisit en septembre 1812 : le cours sauta à 64 0/0 (à peu près le cours d'aujourd'hui), au moment juste où la balance dans la lutte contre Napoléon commença à pencher en faveur de la Russie ; le mois de septembre 1812 fut témoin des premières indécisions du vainqueur après la prise de Moscou et du retour offensif de l'armée russe du Midi, dégagée par la conclusion de la paix avec la Turquie.

Le cours se raffermit.

Le cours du rouble dans la suite, après des fluctuations beaucoup plus modérées, finit par se cristalliser en quelque sorte au taux de 25 1/2 0/0, avec tendance à la hausse. Un renchérissement général des produits se fit naturellement sentir, en même temps que l'aggravation des impôts élevait le chiffre des arriérés dus au Trésor.

Faux assignats.

Malgré les manifestes qui firent remise des arriérés à la suite de la guerre, la somme de ces derniers, au 1er janvier 1816, avait déjà eu le temps de monter à 60 millions de roubles. La dette étrangère (emprunts hollandais) était représentée à cette date par le chiffre de 101,600,000 florins des Pays-Bas. Quant à la dette intérieure en papier-monnaie, outre le chiffre reconnu des émissions, la masse du papier en circulation vint s'accroître d'une quantité indéterminée, mais probablement assez considérable, de faux assignats russes, introduits avec l'armée d'invasion.

Nous possédons un indice officiel de l'importance de cette contrefaçon des assignats, dans le compte rendu des établissements de crédit pour 1820, où il est mentionné qu'au cours de l'année, il a été présenté à l'échange pour 6,857,155 roubles d'assignats reconnus faux. Pour ne pas donner matière à plainte et pour éviter le discrédit qui, autrement, eût pu rabaisser encore le cours du papier, le gouvernement paya intégralement ces assignats. Il est probable que ce fait se soit reproduit plus d'une fois ; mais nous manquons de preuves pour les autres années.

VI

L'ÉTAT DES FINANCES

SOUS LE RÈGNE DE L'EMPEREUR ALEXANDRE Ier

(1816-1825)

Retour d'Alexandre Ier St-Pétersbourg.

Au retour de l'empereur Alexandre dans la capitale, un oukaze parut le 10 janvier 1816, annonçant le rétablissement des cours normaux des procédures au conseil de l'Empire (1). La vie intérieure reprit peu à peu son cours accoutumé; seulement les suites désastreuses d'une longue série de guerres, et surtout de celle de 1812, continuèrent encore longtemps à peser sur les forces économiques du pays et à le maintenir dans une disposition empreinte de mécontentement.

Les nombreuses émissions d'assignats, en avilissant la valeur de l'unité d'échanges, firent baisser d'autant le produit réel des recouvrements budgétaires, tout en enflant les chiffres apparents des recettes. Ainsi, le total des revenus avait monté de 118 à 440 millions de roubles-assignats ; mais en reportant ces chiffres à la différence du cours, nous trouvons que le total des revenus ne s'était guère accru que d'un quart environ, en comparaison de ce qu'il avait été précédemment (de 90 à 110 millions). En revanche, des charges nouvelles étaient résultées de la ruine économique de plusieurs provinces, auxquelles il fallait porter secours. Le territoire, il est vrai, s'était agrandi par l'annexion du royaume de Pologne, mais cette acquisition ne pouvait influer, dans les années les plus rapprochées, sur l'état des finances, attendu que la Pologne avait été épuisée par les réquisitions faites au profit de l'armée française; en sorte que les frais d'installation dans ce pays des autorités russes réclamèrent quelques dépenses supplémentaires du Trésor de l'Empire.

(1) *Recueil complet des lois*, n° 26065.

Bien que les comptes rendus annuels de l'époque fissent foi de certains excédents budgétaires, portés à des chiffres même assez importants, nous ne croyons pas pouvoir les prendre en considération sérieuse. D'abord, les émissions de papier allaient leur train jusqu'en 1817, ce qui offrait une contradiction manifeste avec l'optimisme des comptes. Ensuite, le gouvernement devait faire face aux emprunts considérables qu'il avait faits, notamment en 1812, aux diverses institutions comme banques, établissements de bienfaisance, administrations des apanages impériaux, fonds d'éducation du clergé, etc. Enfin, la guerre avait laissé à sa suite des comptes nombreux dont la liquidation n'avançait que lentement (1).

Nous avons déjà mentionné plus haut les secours octroyés vers ce temps aux gouvernements de Smolensk, de Kalouga et autres. De plus l'appel annuel à la conscription militaire fut suspendu pour les années 1816 et 1817. Sur l'initiative du ministère de l'Intérieur, qui faisait valoir la nécessité de donner plus d'essor à l'industrie nationale et au commerce, il fut procédé en 1815 à l'abrogation de quelques articles du tarif douanier de 1810. Cette revision du tarif s'accomplit du reste dans un sens favorable au libre-échange. Le tarif nouveau, promulgué à la fin de 1815 (2), admettait l'introduction d'un certain nombre d'articles jusque-là prohibés et bornait à une période de douze années l'interdiction dont restaient frappés certains autres articles.

Construction de routes. L'Institut des voies de communication.

L'Empereur, prenant de plus en considération les difficultés que l'absence de routes régulières opposait au développement de l'industrie et du commerce, traça personnellement un ensemble de règles pour la construction de routes. Cette préoccupation personnelle de l'empereur Alexandre datait du reste d'avant la guerre, ainsi qu'en témoignait la fondation en 1809 d'un Institut d'ingénieurs des ponts et chaussées (appelés ici ingénieurs des voies de communication). Il confia l'organisation et les cours de cette école à d'habiles techniciens et professeurs français, qui avaient été envoyés en Russie, sur sa demande, par Napoléon. L'Institut des voies de communication était à son origine un établissement tout français, puisque les cours s'y faisaient en langue française. Nous pouvons citer parmi les premiers professeurs de cet établissement, Lamé et Clapeyron, auteurs d'ouvrages

(1) *Recueil de données et statistiques sur la Russie*, livre II, p. 178.

(2) *Recueil complet des lois*, n° 26218.

scientifiques estimés. Le premier chef du service des travaux publics, ou « direction générale des voies de communication et édifices publics », fut de même un ingénieur venu de France, quoique d'origine espagnole, A. de Béthancourt (1758-1824). Grâce à lui et sous l'inspiration des premiers professeurs, d'un certain nombre d'ingénieurs praticiens, également empruntés à l'école des ponts et chaussées de Paris, comme Bazaine, Pothier, Haüy, Destrem, l'Institut des voies de communication conserva longtemps un esprit d'intégrité et de distinction qui donnait à ce corps une place tout à fait à part parmi les fonctionnaires dont le gouvernement pouvait disposer à cette époque. Nous ajouterons que le premier chemin de fer d'importance en Russie, ainsi que le premier pont permanent jeté sur la Néva, furent construits plus tard par des ingénieurs qui avaient étudié leur spécialité à l'Institut sous les auspices de l'art français.

Mordwinow rappelé et Spéransky nommé gouverneur à Penza.

Le retour de l'Empereur à Pétersbourg fut marqué entre autres par le rappel de l'amiral Mordwinow aux fonctions de président du département de l'économie au conseil de l'Empire, ainsi que par la nomination de Spéransky au poste de gouverneur à Penza. L'exil revêtait ainsi pour l'homme d'État déchu de sa grandeur une forme moins blessante. Quant à Mordwinow, son premier soin, en réassumant ses fonctions de président, fut d'affirmer à nouveau les principes qu'il avait défendus constamment avant sa retraite en 1812. Il présenta au conseil un mémoire où les suites regrettables de l'abus du papier-monnaie étaient exposées avec une franchise éloquente. Son argumentation partait de ce point de vue que, tandis que les fautes dans toute autre fonction n'entraînent généralement que la détérioration d'une branche spéciale des services publics, le désordre apporté dans le système monétaire d'un pays se communique à toutes les autres fonctions et par là même exerce une influence plus générale et plus pernicieuse. Nous citerons quelques passages de ce document remarquable.

Mémoire de Mordwinow concernant l'abus du papier-monnaie.

« Outrepasser la mesure dans l'émission du papier-monnaie — dit Mordwinow — c'est frustrer insensiblement chaque citoyen d'une partie de son avoir... Toutes les révolutions enregistrées par l'histoire ont été précédées du désordre apporté aux finances et de l'inhabileté des gouvernements à y porter remède. Une situation semblable fait que tous les sujets de l'État s'accordent à murmurer, à s'indigner et à se soulever unanimement...

« La prostration qui afflige la Russie est déjà grande et toutes les classes en souffrent... Les murmures qu'elle engendre inévitablement se sont présentement étendus à tous les confins de l'Empire. Quel est aujourd'hui le sujet des entretiens dans chaque ville, au sein de chaque famille, en toute rencontre? Qu'est-ce qui forme le fond de tous les discours et remplit d'amertume tous les cœurs? Ce sont les imprécations qu'inspirent le renchérissement général, l'atteinte portée à l'épargne, le décroissement des moyens pour parer aux dépenses les plus nécessaires. Aussi le riche se plaint-il d'être devenu pauvre, celui qui vivait jadis dans l'abondance d'être descendu à l'état de nécessiteux, le satisfait d'être passé besoigneux, et la voix collective d'un peuple innombrable se fait entendre haute et convaincante! Cet état de langueur, où le pays est plongé, renferme en soi une admonition solennelle ; des mesures doivent être prises, sans plus tarder, et cela, non des mesures palliatives et susceptibles d'être rapportées, mais des dispositions effectives et permanentes (1). »

Le gouvernement s'efforce de retirer les assignats.

Le programme indiqué par Mordwinow ne fut adopté qu'en partie, mais nous voyons cependant le gouvernement s'efforcer, depuis 1817, de retirer de la circulation les assignats, au moyen d'emprunts spécialement contractés dans ce but. Les dispositions prises en ce temps-là à l'effet de diminuer la dette flottante présentent même un ensemble plus complet que celles qui furent adoptées dans le même but en 1881. Une somme annuelle de 30 millions fut destinée au rachat du papier-monnaie, auquel devaient concourir en plus les reliquats disponibles des sommes destinées au service des dettes à intérêts, puis les sommes dues à la commission de l'amortissement pour biens domaniaux vendus aux particuliers et enfin les excédents occasionnels des recettes. Il fut décidé de recourir en outre à des emprunts à fonds perdu, dont l'intérêt devait être servi sur la somme des 30 millions que nous avons déjà mentionnée.

Emprunt de 1817.

C'était, on le voit, la consolidation de la dette flottante représentée par le papier-monnaie et la substitution à sa place d'une rente que le gouvernement se proposait de réaliser. Pour faciliter le placement de la rente, l'on essaya d'abord de l'émettre à un cours assez bas, et la différence dont bénéficiait l'acheteur portait dans la forme le caractère d'une prime plutôt que d'un rabais sur la valeur nominale. Ainsi, un premier emprunt fut ouvert en 1817, au capital de 83,259,135 roubles, aux con-

(1) Ikounikow. *N. S. Mordwinow*, p. 175.

ditions suivantes : quiconque payait 100 roubles, soit en assignats, soit en billets de la banque d'emprunts, recevait en échange une obligation de 120 roubles, portant 6 0/0 d'intérêt. C'était donc pour l'acquéreur un placement à 7 1/5 0/0 de la somme par lui versée. Cet emprunt ne rapporta que 28,252,000 roubles-assignats, pendant qu'il fut émis des titres pour la somme de 33,902,640 roubles. L'insuccès d'un emprunt aussi avantageux pour le public porte à supposer que le moment de l'émission avait été mal choisi. En effet, l'année suivante, un autre emprunt, offert à des conditions moins libérales, trouva cependant un accueil plus favorable.

L'emprunt de 1818.

L'emprunt de 1818 en était revenu au système d'un cours inférieur au titre de 100 roubles que portaient les obligations, à savoir : le souscripteur ne payait que 85 roubles-assignats, pour une obligation de 100 roubles, rapportant 6 0/0, ce qui équivalait à 7 1/17 0/0, en proportion du versement effectif. Il rentra sur cet emprunt 68 millions roubles-assignats, en échange desquels le gouvernement délivra pour 80 millions d'obligations à 6 0/0.

Mémoires de Gouriew.

Le ministre des Finances Gouriew, de son côté, soumit, en 1817, au conseil de l'Empire, trois mémoires relatifs aux mesures ultérieures pour rendre au crédit russe plus de solidité. Il ressort de ces documents que le ministre n'admettait pas que la chute du cours du change russe ait eu d'autre cause que le grand nombre des émissions de papier-monnaie. Partant de ce principe, le ministre avait la conviction certaine que le retrait des assignats de la circulation ne manquerait pas de produire l'effet opposé, c'est-à-dire de faire remonter le cours du rouble-papier au niveau du rouble métallique.

Conseil général des établissements de crédit d'État.

Les conclusions des rapports de Gouriew furent approuvées par le conseil et amenèrent à leur suite le rétablissement, par l'oukaze du 11 avril 1817, des opérations de la commission de l'amortissement sur des bases nouvelles et la création, par oukaze du 7 mai, d'un « conseil général des établissements de crédit d'État. » Ce nouvel organe, subsistant encore aujourd'hui, était appelé à exercer une espèce de tutelle, plutôt nominale qu'effective, sur les banques dépendant du gouvernement. Pour caractériser la mesure dans laquelle une pareille institution devait garantir les intérêts du crédit vis-à-vis celui du Trésor, il suffira de dire que c'est le ministre des Finances lui-même à qui est dévolue la présidence et la direction du conseil.

Les rapports présentés par Gouriew ne changèrent pas la décision prise à la suite du mémoire déjà cité de Mordwinow. Au contraire, le ministre appuya l'idée du retrait des assignats, non seulement au moyen des emprunts, mais en outre par une allocation budgétaire annuelle. Aussi, ce fut à partir du 1er septembre 1817 que furent mises en vigueur les dispositions du manifeste touchant les 30 millions destinés chaque année au rachat du papier-monnaie.

Oukazes du 7 mai et du 2 avril 1817.

Le gouvernement semblait avoir tellement à cœur la diminution des assignats, à cette époque, qu'il adressa un appel spécial au public, en invitant ce dernier à porter ses épargnes en dépôt à la banque pour faciliter au gouvernement l'extinction de la dette flottante. Nous citerons de plus, pour l'année 1817, la fondation d'une « banque de commerce », appartenant au gouvernement (oukaze du 7 mai), ainsi que l'abolition de la ferme des boissons spiritueuses, par l'oukaze du 2 avril ; la vente des boissons fut prise en régie.

Odessa port franc.

La ville d'Odessa, élevée de simple bourgade au rang de place commerciale importante, à l'aspect tout européen, par les soins de son gouverneur, le duc de Richelieu, — plus tard président du conseil en France sous la Restauration, — reçut en 1817 le privilège de port franc. Enfin, quelques mesures furent prises pour une distribution plus rationnelle et plus égale des redevances locales dans l'Empire entier ; les redevances en prestation de main-d'œuvre ou corvées — notamment pour la construction de routes — furent transformées en redevances d'argent.

En un mot, l'activité du gouvernement à l'intérieur reprenait son essor. D'un autre côté, l'issue favorable d'une guerre, où toute la grandeur récemment acquise par la Russie avait été remise en question, avait relevé le sentiment national, tandis que le long séjour à l'étranger avait inculqué aux officiers de l'armée russe des idées nouvelles. Un certain nombre d'entre eux, rentrant vainqueurs dans leur propre pays, y rapportaient des notions plus larges, des aspirations jusqu'alors inconnues, et qui faisaient de ces vainqueurs de l'Empire napoléonien les vaincus de la Révolution française.

Le mysticisme.

Un souffle nouveau semblait avoir animé la classe intelligente. Les vagues aspirations, qui avaient caractérisé le réveil en quelque sorte de la société russe au début du règne d'Alexandre Ier, prenaient plus de consistance. Le mysticisme était une des marques distinctives de cette époque. Il tenait d'un côté à la restauration de l'Église en France, au néochristianisme, aux aspirations qui trouvèrent, depuis, leur premier interprète dans Chateaubriand, pourrecevoir plus tard leur apôtre dans Lamennais; de l'autre, aux idées humanitaires et rationalistes de Rousseau et des encyclopédistes. L'empereur Alexandre et quelques personnes de son entourage, notamment le prince Galitzyne, ministre de l'Instruction et des Cultes, se trouvaient précisément sous l'influence de cet amalgame un peu étrange d'idées assez hétérogènes. Un vif sentiment religieux, avec plus de tolérance qu'on n'en avait jamais vu en Russie jusqu'alors, ni depuis, s'alliait en eux à un mysticisme déiste et humanitaire. La dévotion marchait de pair avec les idées maçonniques. Aussi, la Russie entière était-elle couverte d'un réseau de « loges » de divers rites et la mode voulait que tout homme distingué y fût affilié.

La question de l'émancipation des serfs.

Il était naturel que, dans ces dispositions, l'esprit d'hommes sincères et sérieux se portât sur la question de l'abolition de l'esclavage. C'était aussi, comme nous l'avons dit plus haut, la préoccupation personnelle de l'Empereur. Sans la timidité que lui inspiraient les réminiscences de son avènement au trône, il est probable qu'Alexandre Ier eût abordé cette question plus résolûment. Tel que les circonstances l'avaient fait, il n'abandonna jamais son intention, mais n'alla pas au delà de tentatives assez faibles pour la réaliser. Il voulait sincèrement rendre au peuple la liberté, mais à cet effet, dans les commencements de son règne, il avait trop craint le mécontentement des nobles, et à la fin du règne, il finit par craindre la liberté elle-même.

Une circonstance très caractéristique est rapportée par l'un des premiers confidents d'Alexandre, le comte Strogonow, celui-là même qui avait été l'un des principaux membres du comité dit « du salut public », et avait dressé les procès-verbaux des séances de ce cercle intime. C'était en 1803 ; le comité discutait une proposition présentée par Mordwinow et tendant à ce qu'il fût permis aux paysans d'acquérir des terrains en toute propriété. L'Empereur, de son propre mouvement, avait élargi le sens de cette proposition, en exprimant le vœu qu'il fût permis en mesure générale aux particuliers non nobles d'acquérir des propriétés foncières habitées, à la condition que les serfs attachés à ces propriétés devinssent libres de ce fait. Strogonow lui-même avait précédemment assuré l'Empereur « qu'il lui suffirait de vouloir énergiquement et que la noblesse se verrait alors forcée de céder ». Or, voici ce que lui-même dut ensuite consigner au procès-verbal de la séance : « L'on répliqua à l'Empereur — écrit-il — qu'il ne fallait pas trop léser les intérêts de la noblesse, laquelle forme aussi une classe assez nombreuse et capable de prendre de l'influence (*sic*) ; enfin, que l'opinion publique était changeante » (1). C'était là, on le voit, quelque chose qui ressemblait assez à des menaces.

L'émancipation en Livonie, Esthonie et Courlande.

Aussi, le règne d'Alexandre Ier fut-il riche surtout en projets pour l'émancipation « graduelle » des paysans. Quant aux mesures législatives, elles demeurèrent partielles et ne résolurent la question générale que dans les provinces baltiques. Par application à ces provinces, le principe de l'émancipation personnelle, de l'affranchissement sans terre prévalut et facilita la solution. Un oukaze de 1808 affranchit les paysans du gouvernement de Livonie. Cette mesure fut étendue en 1816 aux paysans d'Esthonie et en 1818 à ceux de Courlande. Les paysans des trois provinces baltiques acquéraient la liberté personnelle et la faculté de posséder en propriété les terres qu'ils achèteraient ; ils devaient en outre relever de leurs propres juges dans les deux instances inférieures. Mais comme ce droit d'acquérir la terre était soumis, d'une part, au consentement des propriétaires nobles et, de l'autre, à la possession d'un capital pour l'achat, comme de plus la police rurale était aux mains de la noblesse, les paysans livoniens, esthons et courlandais restèrent, de fait, complètement sous la dépendance de leurs anciens maîtres.

Il semble, du reste, que la conviction intime de l'Empereur lui-même n'allait pas au delà de l'affranchissement personnel. En revanche, Spéransky, quoiqu'il n'eût pas compris l'émancipation des serfs dans son plan général de la réforme des institutions, s'était cependant prononcé dans ce même projet contre l'affranchissement limité à la personne de l'agriculteur.

Oukaze du 20 février.

Pour ce qui concernait les provinces de la Russie proprement dite, la seule mesure de quelque importance à enregistrer sous ce rapport durant le règne d'Alexandre Ier est représentée par l'oukaze du 20 février qui visait la création d'une classe de « laboureurs libres ». Cette loi consacrait le droit des propriétaires de passer avec leurs serfs des contrats en vertu desquels ces derniers pouvaient acquérir la liberté personnelle avec l'usufruit de leurs terrains, à des conditions de bail ou de prestation en nature qui devaient faire l'objet d'un consentement mutuel.

Cette loi n'eut pas une grande portée en pratique. D'après une évaluation officielle, le nombre de paysans affranchis aux termes de la

(1) Ikounikow. *Le Comte Mordwinow*, p. 35.

loi, dans le cours de la période de 1805 à 1820, n'excéda pas 30,000 âmes, dont 20,000 étaient représentées par les serfs du seul prince Galitzyne, qui achetèrent leur liberté en payant ses dettes (1). De plus, au moment de l'émancipation générale, sous l'empereur Alexandre II, l'on ne comptait guère plus de 100,000 « laboureurs libres » dans tout l'Empire.

Oukaze de 1808. Loi de 1810.

Quant à d'autres mesures en faveur des serfs, elles se bornèrent à la défense, par oukaze de 1808, d'amener des esclaves aux foires pour y être mis en vente; à l'interdiction de publier dans les journaux des avis de ventes individuelles (cette prohibition ne fut pas exécutée et, sous le règne suivant, des annonces semblables paraissaient encore dans les feuilles publiques). D'un autre côté, la loi de 1810 ordonnait que tout serf qui avait acquis la liberté moyennant un acte, fût-il même reconnu illégal ou faux dans la suite, devait rester libre, le propriétaire devant être indemnisé dans ce dernier cas par une « quittance de recrutement » que lui délivrait le gouvernement. Cette disposition fut confirmée et étendue à tous les cas où l'affranchissement pouvait donner lieu à des litiges quelconques dans la suite, par deux nouvelles lois publiées en 1818 et en 1821 (2).

Si les mesures pratiques prises pour préparer l'émancipation des paysans sous le règne d'Alexandre Ier furent irrésolues et peu nombreuses, en revanche les projets présentés pour réaliser ce dessein, soit provoqués par le désir de l'Empereur, soit dus à l'initiative spontanée de leurs auteurs, forment, dans leur ensemble, l'on peut dire, toute une littérature. Quelques riches propriétaires affranchirent réellement leurs paysans : le prince Kourakine, le comte Strojnowski (économiste polonais distingué), le comte Roumiantzow, etc. C'est même aux contrats passés, ou plutôt octroyés à leurs paysans par ces propriétaires généreux, que furent empruntées les stipulations générales de la loi sur les « laboureurs libres ». Mais le gros de la noblesse n'était rien moins que disposé favorablement pour l'adoption de ces idées. Aussi, un ouvrage de Strojnowski provoqua-t-il des reparties aussi énergiques qu'absurdes de la part de Schichkow (depuis ministre de l'Instruction) et d'un certain Popow (3).

(1) *Mémoires de I.-D. Iakouchkine*, p. 37.
(2) W. Semewski. *Question des paysans, etc.*, Rousskaïa Mysl, juin 1884, p. 210.
(3) *Ibidem*, p. 184.

Kankrine élabore un projet d'affranchissement.

L'Empereur chargea Kankrine, alors intendant général de l'armée, et depuis ministre des Finances, d'élaborer un projet pour l'affranchissement des serfs. Le mémoire de Kankrine, rédigé en français (1) et basé sur les vues personnelles de l'Empereur, fait foi qu'Alexandre Ier jugeait suffisante pour l'Empire entier une réforme partant du même principe que celles qui étaient déjà appliquées aux provinces baltiques, c'est-à-dire le simple affranchissement de la personne du serf. Encore le projet de Kankrine — concordant en cela avec les projets d'Araktchéïew et de Mordwinow — n'admettait-il qu'une émancipation « graduelle ». Kankrine reconnaissait l'état déplorable où étaient les paysans russes et n'hésitait pas à déclarer que cet état était « contraire aux lois divines et humaines ». Cela ne l'empêchait pas d'admettre « qu'il serait injuste, imprudent, impossible même de libérer les paysans d'un seul coup ». L'injustice eût été pour les propriétaires, le danger pour les paysans et l'impossibilité pour le gouvernement. Aussi, l'auteur du projet ne demandait pas moins de trente ans pour l'accomplissement graduel de tout un système de mesures qui eussent abouti à l'affranchissement définitif — quoique personnel seulement — des paysans en 1850.

L'idée d'une période aussi longue pour réaliser l'affranchissement personnel peut paraître aujourd'hui bizarre. Mais il faut se mettre au niveau des convictions enracinées à cette époque dans la noblesse pour comprendre toutes les exagérations qui faisaient trouver si difficile une œuvre accomplie plus tard, et cela dans un sens beaucoup plus large, dans l'espace de quelques années. On jetterait une plus vive lumière sur les dispositions de la noblesse en faisant observer que, même au sein de la société secrète qui provoqua l'émeute de 1825, les opinions étaient fort divisées sur les conditions de l'affranchissement des serfs (2). Un petit nombre d'entre eux seulement professaient des idées radicales sur le partage de la propriété foncière ; les autres se prononçaient soit pour l'affranchissement sans terre, soit pour l'adjudication aux affranchis des terrains compris dans l'enceinte des habitations. Ainsi, quoique tous les conjurés de 1825 fussent d'avis que l'affranchissement était nécessaire, la majeure partie d'entre eux était loin d'admettre la possibilité d'un arrangement à des termes analogues à ceux pris pour bases de l'acte d'émancipation en 1861.

(1) Bogdanowicz. V, p. 289.
(2) Barténew. *Dix-neuvième siècle*, 1, p. 361.

La noblesse hostile à l'affranchissement.

La disposition hostile du gros de la noblesse vis-à-vis de l'affranchissement nous explique ce fait, qu'il y ait eu dans ce temps-là des esprits éclairés et sincèrement libéraux, comme est Tourguénew, auteur du « Traité des impôts », qui ajournaient toute tentative de réforme dans l'ordre du gouvernement jusqu'au jour où l'émancipation des paysans eût été accomplie par un pouvoir indépendant des intérêts de classe (1). Or, l'idée d'une réforme organique dans le gouvernement était bien plus sympathique à la noblesse que celle de l'affranchissement des serfs. Au sein du conseil de l'Empire lui-même, il y avait des membres, comme Mordwinow et le comte Potocki, qui inclinaient aux idées anglaises.

Mordwinow, dans son projet d'affranchissement, se prononçait, de même que Kankrine, pour une longue période de transition. Il proposait le rachat graduel des serfs par le gouvernement à des prix proportionnés à l'âge des affranchis et variant de 100 roubles (pour les enfants de moins de cinq ans) jusqu'à 2,000 roubles (pour les individus de 20 à 30 ans).

Le plan d'Araktchéïew.

Il est curieux qu'en regard de dispositions semblables, manifestées par des hommes d'un esprit supérieur et animés d'intentions vraiment libérales, l'on doive constater la supériorité du projet d'affranchissement préparé, sur l'ordre d'Alexandre Ier, par le farouche Araktchéïew, esprit étroit, nature basse et mesquine, représentant du despotisme de caserne pur et simple. Le plan d'Araktchéïew était peu compliqué : à l'aide d'un crédit annuel de 5 millions de roubles, le gouvernement devait racheter graduellement, avec leur libre consentement, les serfs, ainsi que la terre qu'ils cultivaient. Comme la propriété foncière en Russie, même dans ce temps-là, n'était rien moins que stable, il est bien possible qu'il eût suffi de deux générations pour appliquer la mesure projetée à la plus grande partie des domaines privés, après quoi, il eût été néanmoins nécessaire de compléter l'œuvre par une expropriation obligatoire pour le reste des terres cultivées par les serfs.

Le projet d'Araktchéïew fut agréé par l'Empereur et eut probablement été mis à exécution si les troubles qui avaient éclaté à ce moment dans quelques pays de l'Occident et des scènes d'insubordination, qui se passèrent dans un régiment favori de la garde impériale, n'eussent fait ajourner les mesures projetées. L'on n'y revint plus dans

(1) Ikounikow, p. 236.

la suite, vu le changement définitif qui se produisit dans la disposition d'esprit du monarque.

Le caractère d'Alexandre Ier devient ombrageux.

Nous croyons avoir assez appuyé, au cours de notre récit, sur les divers éléments du caractère de l'empereur Alexandre et sur les circonstances qui l'impressionnèrent aux diverses époques de son règne pour n'avoir plus besoin de revenir, à cette place, sur les préoccupations qui assombrirent la fin de ce règne si brillant. Déjà, lors de son retour à Saint-Pétersbourg, après la guerre, l'Empereur avait paru changé. Il se montrait triste et taciturne, recherchait la solitude, fuyait les fêtes et les cérémonies de cour. Il passait son temps à Tsarskoïe-Sélo ou bien en voyage, comme travaillé d'un sentiment constant d'inquiétude. De plus, son caractère, autrefois si doux, s'était aigri. Ainsi, le secrétaire d'Etat, Maltchanow, qui avait été quelque temps en faveur, fut subitement destitué et mis en jugement.

Disgrâce de Gortchakow.

Une disgrâce plus éclatante encore frappa le ministre de la Guerre, prince Gortchakow. Il fut soumis, avec le personnel entier de son département, à une instruction criminelle, conduite par une commission spéciale d'enquête, puisque le conseil de l'Empire était seul compétent pour juger un ministre. La commission mit sous séquestre les biens de Gortchakow, qui mourut avant la fin du procès, lequel aboutit à l'acquittement. Mordwinow avait chaleureusement défendu le ministre, ce qui déplut à l'Empereur, prévenu contre ce dernier.

Mordwinow remplacé par Golowine.

Le comte Gouriew, à ce moment-là, jouissait des bonnes grâces d'Araktchéïew et Mordwinow qui, en sa qualité de président du département d'économie, était souvent en divergence d'opinion avec le ministre des Finances, avait affaire à forte partie. Ce dernier ne manquait jamais, pour appuyer les projets qu'il présentait, de mettre en avant un argument péremptoire : « Si vous me refusez cet impôt — disait-il — je ne serai pas en mesure de satisfaire aux demandes du ministre de la Guerre » (1). De son côté, Araktchéïew ne pouvait sympathiser avec un homme du caractère de Mordwinow. « Ce n'est pas un homme sérieux — écrivit-il trois ans plus tard à l'Empereur, — c'est par malveillance personnelle qu'il met opposition aux projets du ministre des Finances, n'étant pas capable d'exécuter ce qu'il propose

(1) IKOUNIKOW, p. 271.

lui-même » (1). Ces circonstances réunies poussèrent l'amiral à donner en 1818 sa démission de président; il fut remplacé en cette qualité par le comte Golowine, un ami de Gouriew.

La réaction triomphe.

L'année 1818, la réaction finit par l'emporter décidément sur les quelques attaches qui retenaient encore l'Empereur à ses anciennes sympathies pour le progrès de l'instruction et pour les réformes. Araktchéïew, après avoir vainement essayé d'associer à sa politique de despotisme brutal le seul des amis de jeunesse d'Alexandre Ier qui restât encore au pouvoir, le ministre des Cultes, prince Galitzyne, finit par lui susciter un adversaire inattendu et redoutable. C'était un moine fanatique et ignorant, l'archimandrite Photius, abbé d'un couvent voisin de la résidence habituelle d'Araktchéïew au gouvernement de Nowgorod. Photius, présenté à l'Empereur, frappa son esprit par des prédictions et des menaces mystérieuses. Soutenu dans cette intrigue par le métropolitain de Pétersbourg, tandis qu'Araktchéïew restait à l'écart, Photius fit tant que Galitzyne perdit le portefeuille de l'Instruction, qui passa à l'amiral Schichkow, vieillard puéril, mais imbu de prétentions littéraires.

La censure.

Ce dernier devint un simple jouet entre les mains de Magnitzki, l'agent d'Araktchéïew. Une censure sévère fut établie, les cours universitaires devinrent l'objet d'enquêtes administratives et de mesures de restriction. L'importation des livres étrangers fut presque suspendue. Araktchéïew devint le chef réel du gouvernement. Tous les ministres lui étaient soumis, puisque ce n'était que par son intermédiaire que leurs rapports parvenaient à l'Empereur.

Les affaires financières cependant étaient loin de prospérer, malgré l'optimisme des comptes présentés par Gouriew. Le conseil des institutions de crédit, créé en 1817, se réunit pour la première fois le 22 février 1818, sous la présidence du prince Lopoukhine, avec le concours des représentants de la noblesse et du commerce. Le ministre des Finances et le contrôleur général baron de Kampenhausen assistaient à la séance. Ce fut devant ce conseil que Gouriew exposa son compte rendu pour l'année 1817 (2). Nous empruntons à ce document les chiffres suivants.

(1) Ikounikow, p. 308.
(2) *Compte rendu des institutions de crédit*, 1818.

Dettes étrangères et intérieures.

Les dettes tant étrangères qu'intérieures, inscrites sur le grand-livre, se composaient au 1er janvier 1818 de :

La dette hollandaise. . . . . 99,600,000 florins (1).

Les dettes intérieures :

En assignats.	244,201,184	roubles.
— argent.	3,544,852	—
— or.	18,520	—

Mesures prises en vue de réduire la circulation du papier-monnaie.

Les mesures prises pour réduire la circulation de papier-monnaie n'avaient eu pour résultat que le rachat et la destruction d'un nombre d'assignats équivalent à 38 millions de roubles. D'ailleurs, les chiffres originaux de cette opération méritent d'être cités. Dans le cours de l'année 1817, avaient été mises dans ce but à la disposition de la commission de l'amortissement les ressources suivantes :

1° Crédit spécial sur le Trésor.	10,000,000	roubles.
2° Dépôts privés, aux termes de l'emprunt du 10 mai 1817.	28,252,237	—
3° Intérêts sur les billets de la banque d'emprunts.	67,719	—
4° Produit de la vente des domaines d'Etat.	266,593	—
Total.	38,586,549	roubles.

Sur cette somme, des assignats retirés de la circulation furent effectivement brûlés pour 38,023,875 roubles.

Or, il en restait encore en cours au 1er janvier 1818 pour 800 millions de roubles et c'était là une dette indépendante de celles portées sur le grand-livre. Le conseil des institutions de crédit ne manqua pas d'approuver l'activité du ministère des Finances en déclarant que les comptes présentés par ce dernier se trouvaient parfaitement en règle.

Tout autre fut le jugement porté par Mordwinow dans les conclusions du département de l'économie. Ce département trouva que le

(1) En vertu d'une convention signée le 3 mai 1815, la moitié de cette somme devait être remboursée par l'Angleterre et les Pays-Bas.

budget pour l'année 1817 était vicieux et que les excédents de revenus dont il faisait mention étaient purement fictifs, « attendu qu'il ne saurait être question d'un excédent quelconque aussi longtemps qu'il n'a pas été pris de mesures soit pour payer les dettes, soit pour assurer l'exécution des engagements contractés à leur conclusion (1) ».

La fabrique des assignats.

Nous mentionnerons en passant la fondation en 1818 (21 août) de l' « expédition des papiers d'État ». C'était la « fabrique » des assignats qui recevait une nouvelle organisation qu'elle a conservée jusqu'aujourd'hui. L'« expédition » est un vaste établissement d'imprimerie avec toutes les branches de l'art graphique qui s'y rattachent ; elle est chargée de toutes les confections de papier timbré, passeports, titres d'emprunts, etc. Mais sa principale destination est la préparation des assignats, appelés plus tard « billets de crédit ».

Tarif douanier du 20 novembre 1819.

L'année 1819 fut marquée par la publication d'un nouveau tarif de douane. « Le tarif général pour les douanes de l'empire de Russie et du royaume de Pologne », publié le 20 novembre 1819, entra en vigueur le 1er janvier de l'année suivante. Conjointement parut (le 14 décembre) un nouveau « règlement de douane pour le commerce européen ». Ce nouveau tarif était conçu dans un esprit marqué de libre échange et, comme le démontrèrent les résultats, abondait dans ce sens beaucoup plus que ne le demandaient les vrais besoins du pays. Il porta un coup très sensible à l'industrie russe ; plus tard Kankrine, en parlant du tarif de 1819, lui reprocha, non sans raison, d'avoir simplement « tué » l'industrie nationale.

En effet, l'importation des produits étrangers prit immédiatement un grand développement. Sa valeur, qui avait atteint, pour l'année 1816, 129,801,061 roubles, avait déjà manifesté une tendance à s'accroître dans une progression assez rapide, les deux années suivantes. Seule l'année 1819 avait à enregistrer de ce côté un déficit d'environ 3 millions de roubles. Or, l'année de l'application du nouveau tarif (1820) vit s'élever la valeur de l'importation à la somme de 254,416,116 roubles.

Majoration des droits d'entrée.

Aussi le gouvernement prit-il peur et se hâta-t-il de rétablir, pour toute une série d'articles d'importation, des droits plus élevés. Cet

(1) *Recueil des rapports et conclusions de N. S. Mordwinow*, VI.

amendement du tarif, promulgué en 1822, eut pour résultat la réduction immédiate de l'entrée des denrées étrangères. Le chiffre de 254 millions que nous venons de citer avait été exceptionnel, il est vrai; déjà, en 1821, l'importation n'avait plus atteint que le chiffre de 218 millions et demi à peu près. Mais sous l'influence immédiate du tarif amendé, publié le 12 mars 1822, elle descendit dans le courant de cette même année à 158 millions seulement, c'est-à-dire à un chiffre inférieur à ceux de 1817-1821. L'importation se releva peu dans les années les plus rapprochées et ne dépassait pour 1825 que faiblement le chiffre qu'elle avait atteint en 1819, avant la publication du tarif libre-échangiste. La valeur des produits étrangers, calculée en 1819 à 185,320,236 r., n'atteignit pour l'année 1825 qu'au chiffre de 185,808,829 roubles.

Mais, malgré cet amendement précipité, le coup porté à l'industrie indigène avait été trop sensible, pour qu'elle pût se relever immédiatement. Un grand nombre d'entreprises avaient été liquidées et il ne fallait pas moins d'une série d'années pour rendre à la fabrication intérieure l'essor qui avait été si imprudemment arrêté. Crise industrielle.

Malgré le calme qui avait succédé aux grandes guerres, le gouvernement russe ne songeait nullement à réduire les impôts qu'elles avaient provoqués. L'empereur Alexandre, sur les représentations qui lui parvenaient quelquefois indépendamment du ministre des Finances, et qui rappelaient la nécessité de réduire le chiffre de l'armée, admettait bien en principe que les impôts n'étaient pas proportionnés aux forces du pays. Mais il ne manquait pas de mettre en regard le souci de sauvegarder la « prépondérance politique » que la Russie avait acquise. Cette expression de « prépondérance politique », qu'il prononçait en français, formait son argument favori (1). En effet, grâce aux augmentations d'impôts, introduites pour les besoins de la guerre, le total des revenus représentait, en 1820, 450 millions de roubles, tandis qu'il n'avait été que de 110 millions en 1810. Les dépenses avaient donc quadruplé dans une période de dix années seulement et cet accroissement n'était plus uniquement apparent, puisque le cours n'avait pas baissé comparativement à 1810.

Et encore, le Trésor continuait-il à se trouver dans l'embarras. Aussi le besoin d'un nouvel emprunt étranger se fit-il sentir en 1820, et le gouvernement négocia avec les maisons Baring à Londres et Emprunt de 1820.

(1) IKOUNIKOW, p. 305.

Hope à Amsterdam, un emprunt métallique au montant de 40 millions de roubles, portant 5 0/0 d'intérêt et destiné, selon l'usage, « à pourvoir le Trésor de ressources supplémentaires, ainsi qu'à racheter la dette antérieure ». Nous citerons encore ici, d'après le compte rendu du conseil des institutions de crédit pour 1820, les chiffres qui se rapportent à la circulation du papier-monnaie. Dans le cours de 1820, il fut retiré de la circulation pour 37 millions de roubles-assignats; le montant du papier-monnaie resté en circulation se trouvait représenté au 1er janvier 1821 par le chiffre de 639,460,270 roubles.

Loi du 2 février 1821.

Une réforme dans l'organisation du Trésor était devenue nécessaire et fut accomplie par la loi du 2 février 1821. La direction supérieure du Trésor, le contrôle de ses opérations et les communications entre ce service et les caisses gouvernementales (provinciales et régionales), ainsi que les affaires d'administration en général, furent confiés à un « département du Trésor de l'Empire »; ce département devait avoir en outre pour tâche l'élaboration du budget de l'État et des comptes rendus du ministère des Finances. Cependant la distribution des divers chapitres des recettes et des dépenses du budget continua à dépendre du département « des taxes et impôts ». Quant au Trésor lui-même, ses fonctions furent bornées au maniement des sommes, avec la comptabilité et la correspondance qui en découlaient. Le département du Trésor entra en activité le 30 juin, et le Trésor, dans son état réformé, le 30 juillet 1820.

Nous avons vu plus haut que, malgré l'élévation des impôts, les ressources dont le gouvernement disposait ne suffisaient pas à le tirer de l'état de gène où il s'était trouvé durant la guerre. Nous avons indiqué aussi la cause principale de cette situation, c'est-à-dire un effectif trop considérable sous les drapeaux et nullement justifié par les circonstances du temps. Il est vrai que d'autres causes, organiques celles-là et tenant à la nature du régime, contribuaient aux embarras du Trésor. Ainsi, l'on évaluait en 1821 à plus de 100 millions de roubles les prêts divers accordés à différentes époques et, en dehors des règles, à des particuliers privilégiés. Mais le fond de cette gêne perpétuelle qu'éprouvait le Trésor était indubitablement fourni par les dépenses militaires.

L'indemnité payée par la France fut absorbée par deux besoins nouveaux, dont le premier n'était rien moins qu'indiscutable, notamment par une forte commande de draps en Angleterre pour un habillement plus élégant des régiments de la garde, et par l'entretien des troupes dans le royaume de Pologne. Cette dernière dépense atteignait ordinairement le chiffre annuel de 17 millions. Quant aux dépenses générales du ministère de la Guerre, elles offraient les totaux suivants :

1820	197.770.936	roubles-ass.
1821	182.339.010	— —
1822	185.889.354	— —
1823	195.555.909	— —
1824	157.235.876	— —
1825	155.202.151	— —

Il ressort de ces chiffres que si le gouvernement prit quelques soins à l'effet de diminuer le fardeau des dépenses militaires, ces soins n'aboutirent réellement que dans les deux dernières années du règne. Et, pourtant, les remontrances ou plutôt la critique, dirigées contre l'excès des charges militaires, ne manquèrent pas au gouvernement.

Projet de Mordwinow concernant les charges militaires.

C'était l'amiral Mordwinow, descendu au rang de simple membre du conseil de l'Empire, qui s'en faisait l'organe. Pour atténuer les charges, il imagina même et présenta lors de la discussion du budget pour 1821 un projet de réorganisation du service militaire, fondé évidemment sur les bases de l'organisation qui venait d'être introduite en Prusse dans l'armée par Scharnhorst et Gneisenau. En se référant au principe reconnu par le conseil déjà en 1811, qu'il y avait lieu de borner la durée du service militaire actif, Mordwinow se prononçait pour l'adoption d'un terme réduit et pour l'abolition du système de recrutement pratiqué jusqu'alors. Dans son idée, la population eût acclamé avec joie le remplacement du recrutement par un impôt de 3 roubles par âme, ce qui devait fournir au Trésor 63 millions de roubles de ressources nouvelles. En outre, il proposait la réduction du chiffre des soldats maintenus sous les drapeaux, au moyen de permis d'absence annuels, délivrés à la moitié de l'armée active. C'était là, on le voit, des bases analogues à celles qui, de nos jours, ont été adoptées par tous les pays. La moitié de la force active ne devant plus, dans cette supposition, être entretenue par le gouvernement, cela devait avoir pour résultat, d'après les calculs de Mordwinow, une économie de 60 millions à ajouter aux 63 millions résultant de la taxe de conscription.

Ce projet de Mordwinow resta sans suites. Une autre tentative de sa part pour la réduction des dépenses du ministère de la Guerre, entreprise en 1822, produisit un résultat diamétralement opposé aux vœux de l'amiral. En effet, ce ministère fut autorisé à ne pas se considérer lié par les divers chapitres et articles de son budget spécial et à opérer des virements de fonds, en couvrant les besoins auxquels les articles correspondants n'avaient pas suffisamment pourvu par des économies réalisées sur d'autres positions budgétaires. Ceci, naturellement, brouilla les comptes au point qu'il devint difficile de démêler l'emploi des crédits particuliers.

Cependant, l'insistance constante de Mordwinow à réduire le budget du ministère de la Guerre et la pénurie réelle du Trésor sous la pression de ce fardeau poussèrent le ministre des Finances à rechercher des moyens propres à augmenter les recettes, c'est-à-dire à imaginer de nouveaux impôts. La situation du Trésor était réellement fâcheuse et elle était due non seulement à la prodigalité dans les dépenses pour l'armée, mais aussi, et d'après la conviction générale, à l'incapacité du ministre des Finances. Voici, par exemple, ce qu'écrivait, en mai 1822, le baron de Kampenhausen, contrôleur général, au comte Araktchéïew : « Il y a eu une nouvelle séance au comité des Finances ; le ministre nous a exposé les besoins nouveaux, en ajoutant que toutes les ressources destinées à parer aux dépenses extraordinaires dans le courant de l'année viennent d'être épuisées et cela avec usure, dans les premiers mois. Dans cette extrémité, il propose *comme dernier moyen* de mettre en vente les billets délivrés au département des apanages par la commission de l'amortissement, en paiement d'une dette antérieure, sauf à les remplacer par des billets nouveaux, avec garantie du Trésor pour le service des intérêts (1). »

Loi sur le timbre.

A court de moyens, Gouriew présenta au conseil de l'Empire ses projets d'impôts nouveaux. Ces impôts devaient porter sur les héritages d'immeubles, sur les testaments, sur les actes de ventes immobilières et sur les écritures (timbre). Le conseil de l'Empire, sur l'avis de Mordwinow et d'autres membres, rejeta décidément les projets du ministre. Néanmoins, l'Empereur confirma la loi sur

(1) Extraits de la correspondance d'Araktchéiew (*Messager d'Europe*, septembre 1870, pp. 89-90).

le timbre et sur l'impôt des ventes immobilières, qui fut publiée le 21 décembre 1821.

Un nouvel emprunt de 43 millions de roubles métalliques à 5 0/0, négocié en 1822 avec la maison Rothschild de Paris (1), offre une preuve suffisante que les embarras financiers n'avaient pas diminué. Les comptes rendus présentés par Gouriew continuaient à assurer que tout allait bien, mais ce n'était qu'à l'aide d'omissions volontaires que le ministre parvenait à justifier des conclusions semblables. Emprunt de 1822.

En attendant, les conséquences du tarif de 1819 provoquaient les plaintes unanimes de la classe industrielle et, quant au gros du public, il ne savait pas gré au ministre des Finances des efforts tentés pour relever le cours des assignats ou, ce qui revient au même, pour arrêter le renchérissement des produits. Cela était naturel, puisque le public ne sentait pas les effets des moyens employés pour atteindre ce but.

Il était vrai qu'à l'aide d'emprunts et de diverses opérations auxiliaires il avait été, dans la période quinquennale de 1817-1822, retiré de la circulation pour 240 millions d'assignats. Le total restant en circulation ne s'élevait plus en 1823 qu'à 595,776,310 roubles (2). Mais il est probable que même cette quantité de papier-monnaie inconvertible dépassait encore les besoins d'un marché opprimé par la stagnation d'affaires. Quoi qu'il en fût, le cours du rouble-papier était resté à peu près stationnaire. Et cependant les dépenses annuelles s'étaient accrues de la somme des intérêts portés par les emprunts nécessités par toute cette opération.

Ainsi le résultat final semblait démentir la confiance placée par le comte Gouriew dans la réduction du papier-monnaie comme un moyen infaillible pour améliorer l'état des finances. L'expérience n'avait pas justifié ce calcul et l'opinion publique s'y était montrée contraire. Le total des dépenses s'était, par l'adjonction des intérêts, augmenté de 5 millions par an, tandis que le cours ne s'améliora que dans la proportion insignifiante de 7 0/0 environ. Il était de 3,73 roubles-assignats pour 1 rouble-argent, au lieu des 4 roubles que ce dernier avait valu auparavant (3).

(1) L'emprunt de 1820 avait rapporté au Trésor 28,800,000 roubles-argent, celui de 1822 rapporta 32,098,073 roubles-argent. (E. LAMANSKY. *Aperçu statistique.*)

(2) *Recueil de données statistiques sur la Russie*, II.

(3) GOLDMANN. *Das russische Papiergeld*, 8, 45-46.

Gouriew finit par perdre les bonnes grâces d'Araktchéïew, qui jusque-là avaient suffi à le protéger contre ses ennemis, de même qu'à dissimuler son incapacité financière. Dès lors, son sort était décidé. Une famine redoutable sévissait au printemps de 1823 dans les gouvernements de la Russie Blanche (Witebsk et Mohylew). Gouriew tarda ou plutôt, d'après une version très vraisemblable, se trouva dans l'impossibilité d'envoyer à l'administration locale des secours d'argent, suffisants au gré de l'Empereur. Araktchéïew, de son côté, avait tenu en réserve, déjà depuis un certain temps, un candidat pour remplacer le comte Gouriew aux Finances.

Gouriew cède la place à Kankrine.

C'était le fameux Kankrine. Un oukaze impérial, signé le 23 avril 1823, appela Kankrine au poste de ministre des Finances. Le premier soin du nouveau ministre fut de rapporter la disposition qui ordonnait l'emploi annuel de 30 millions au rachat des assignats. Cependant, à partir de 1823, il ne fut pas procédé à de nouvelles émissions et le montant des assignats en circulation, qui atteignait au 1er janvier la valeur nominale de 595,776,310 roubles, resta sans changement jusqu'à la date de 1843 où se fit l'inventaire du papier-monnaie.

Kankrine prit pour tâche une amélioration sérieuse du système des finances russes, mit plus d'ordre dans les dépenses et réussit en effet à tirer le Trésor d'une situation très embarrassée. Dans la suite de cet ouvrage, nous aurons à nous occuper de ce ministre remarquable, auquel l'on a voulu appliquer le surnom de « Colbert russe ». Ici nous nous bornerons à constater que, jusqu'à l'avènement de l'empereur Nicolas, Kankrine employa son activité principalement à purger le département à lui confié de maints désordres qui s'y étaient introduits. Ce ne fut que sous le règne suivant que le nouveau ministre donna un libre cours à ses capacités et à son savoir, en arrivant décidément à assurer aux finances russes une situation plus favorable.

Nous venons de citer plus haut le montant des assignats en circulation à la fin du règne d'Alexandre Ier. Pour compléter le bilan de la dette publique, nous ferons mention des autres éléments qui la constituaient. Ainsi, conjointement avec les 595,776,310 roubles en assignats, ou dette ne portant pas d'intérêt, il y avait.

1° La dette hollandaise à terme, au montant de 46 millions de florins ;

2° La dette intérieure à terme, formée d'emprunts faits à diverses institutions, pour la somme de 17,255,617 roubles-argent ;

3° Les emprunts à fonds perdus, en obligations à 6 et 5 0/0, au total de 146,539,211 roubles-argent et les deux emprunts de 1820 et de 1822.

L'empereur Alexandre mourut à Taganrog, port de la mer d'Azoff, le 19 novembre 1825, et sa mort provoqua des regrets unanimes, qui prouvèrent l'attachement du pays pour le monarque que ses contemporains avaient surnommé « le Béni ». Mort d'Alexandre Ier.

VII

ETAT DES FINANCES SOUS LE RÈGNE DE L'EMPEREUR NICOLAS Ier

(1825-1831)

L'avènement au trône de Nicolas Ier.

L'accession au trône de l'empereur Nicolas eut lieu le 24 décembre 1825, date officiellement reconnue. Les quelques jours d'interrègne écoulés depuis la mort de son prédécesseur jusqu'à l'avènement du nouveau souverain, s'expliquent par la lenteur des communications à cette époque. Alexandre avait succombé dans une ville située au sud-est de l'Empire. Nicolas Ier, son héritier légitime, — l'abdication de l'héritier présomptif, le grand-duc Constantin, étant connue d'avance — se trouvait dans la capitale, placée à l'autre extrémité du pays. De plus, par un scrupule de loyauté chevaleresque, Nicolas voulut se voir confirmer les desseins de son frère aîné avant de prendre les rênes du gouvernement, ce qui nécessita une communication avec Varsovie, qui se trouvait au delà de la frontière occidentale de l'Empire de Russie, — telle qu'elle était reconnue en ce temps-là — et était considéré comme capitale d'un royaume autonome, qui n'avait avec la Russie d'autre lien commun que la personne du souverain. De son côté, le grand-duc Constantin ne tarda pas à affirmer son renoncement à la couronne. La lettre qu'il écrivit à ce sujet parvint à Saint-Pétersbourg le 24 décembre et à la suite de cette déclaration spontanée, confirmant l'intention que l'héritier supposé avait déjà précédemment exprimée dans une lettre datée du 26 janvier 1822, parut enfin, le 26 (14) décembre 1825, le manifeste annonçant l'avènement au trône de l'empereur Nicolas Ier.

L'influence des Sociétés secrètes.

Cependant le délai occasionné par cet échange de démarches généreuses entre les deux grand-ducs avait tenu le pays dans une attente d'autant plus dangereuse que l'empereur Nicolas, ayant cru nécessaire de prêter lui-même et de faire prêter à l'armée le serment de fidélité à l'héritier supposé, cet acte solennel dut bientôt être répété au nom du prince qui acceptait la couronne. Or, les sociétés secrètes qui avaient travaillé l'Empire pendant la seconde moitié du règne précédent tâchèrent de mettre à profit le malentendu et l'hésitation qui pouvaient se produire à l'occasion de la prestation répétée du serment par les troupes, pour réaliser leurs projets de bouleversement. Une collision sanglante entre les quelques régiments induits en erreur par les conjurés et le reste de la garde impériale eut lieu à Saint-Pétersbourg, le jour même de la publication du manifeste.

Tendances réactionnaires de Nicolas Ier.

Ce regrettable incident acheva de tourner contre les tendances libérales, qui avaient marqué le commencement du règne d'Alexandre, l'esprit du nouvel empereur, prédisposé d'ailleurs par son éducation toute militaire à ne faire aucune concession à ce qu'il est convenu d'appeler les exigences de notre siècle. L'ensemble des qualités qui doivent distinguer un homme politique, qualités indispensables d'ailleurs au chef de l'Etat, suppose la combinaison heureuse d'un esprit éclairé et d'une connaissance approfondie des éléments sociaux avec un dévouement sans bornes au bien du pays, ainsi que l'alliance d'une volonté inébranlable dans les moments décisifs à un esprit d'abnégation enclin à faire une part légitime au progrès réel, dicté par les besoins croissants du peuple.

Or, la carrière des armes et l'esprit militaire qui y prend sa source ne peuvent que développer le sentiment patriotique et donner au caractère la trempe d'une fermeté à toute épreuve. Aussi, l'empereur Nicolas possédait-il à un haut degré ces deux dernières qualités et elles suffisent à expliquer la rigueur et l'esprit de suite apportés par lui dans l'application d'un système qu'il croyait être de tous les temps et en dehors duquel il se refusait à reconnaître la possibilité d'un ordre légal quelconque. Ce n'est certes, ni à un manque d'affection profonde pour son peuple, ni en vertu d'une passion personnelle, mais uniquement à raison des idées toutes militaires, dans lesquelles il avait été élevé et des circonstances douloureuses qui marquèrent son accession au trône, que l'empereur Nicolas se laissa entraîner à devenir le champion de la réaction en Europe et fit tomber son pays dans la situation fâcheuse qui se découvrit au grand jour à l'époque de la guerre de Crimée.

L'insurrection avortée du 24 décembre (1) est restée sans influence sur le développement ultérieur de l'esprit public en Russie. Elle n'est caractéristique, au point de vue social, que pour le règne d'Alexandre Ier. En revanche, la répression provoquée par cette tentative malheureuse posa son empreinte sur la longue période embrassée par le règne suivant : l'émeute dite des « *décembristes* », rapidement déroutée par quelques décharges de mitraille, n'avait duré que quelques heures. Mais, l'impression qu'elle produisit sur l'esprit de l'Empereur ne se dissipa jamais et l'on peut dire que pour lui la fumée passagère des canons qui avaient grondé ce jour-là sur la place du Sénat, intercepta la lumière pour les trente années durant lesquelles il tint d'une main rigide un sceptre que nul danger ne menaçait.

L'esprit révolutionnaire qui se manifestait en Europe, les changements multiples, les chutes de dynasties, les désastres ainsi que les progrès réels qui s'accomplissaient à l'Occident, laissaient inébranlable le souverain du nord et ne contribuaient qu'à l'affermir dans son antipathie pour la politique « de circonstance », qui prédominait ailleurs. Les perturbations et les crises qui sévissaient à l'étranger, dont il était le témoin et dont il s'érigeait en juge, confirmaient à chaque reprise l'Empereur chevaleresque dans les principes absolus qui guidaient sa politique à l'intérieur comme au dehors du pays.

Aussi peut-on dire à bon droit qu'aucun des régimes précédents ne s'était distingué par une identité aussi absolue dans les vues et par une persévérance aussi opiniâtre dans les moyens que le règne de Nicolas Ier. Cette époque est encore trop rapprochée de nous pour que l'appréciation en soit possible avec toute l'impartialité et tout le sang-froid désirables. Plusieurs d'entre les hommes d'État de ce temps sont toujours en vie, et nos aînés gardent encore le souvenir parfait des influences auxquelles ils n'étaient pas restés eux-mêmes étrangers. De plus, les archives de l'État ne sont pas accessibles jusqu'à nos jours à quiconque voudrait consulter les documents relatifs à cette époque.

Dans cet état de choses, nous n'avons pu recourir, pour esquisser la période de 1825 à 1855, qu'à ceux des documents officiels qui sont écrits dans le langage des chiffres. Ce sont naturellement et en premier

(1) Sources d'information : Rapport de la commission d'instruction criminelle du 30 mai 1826 ; rapport de la commission d'enquête à Varsovie, présenté au grand-duc Constantin, commandant en chef de l'armée polonaise, le 22 décembre de la même année. *Bogdanowitch*, Histoire du règne de l'empereur Alexandre (en russe). Histoire de la vie et du règne de Nicolas Ier, par Paul Lacroix, chapitres XXIV à XXVI.

lieu, les comptes rendus des recettes et des dépenses effectuées, soumis chaque année à l'approbation de l'Empereur d'après la règle introduite par le ministre des finances Kankrine.

Georges Kankrine.

Mais avant de passer à l'exposé des données financières, nous devons nous arrêter quelque peu aux traits personnels de l'homme d'État éminent qui garda dans sa main la direction des finances pendant la plus grande partie de la période que nous sommes sur le point de retracer.

Georges Kankrine était fils de François-Louis Kankrine, directeur de la régie des sels à Staraïa-Roussa dans le gouvernement du Nowgorod. Ce dernier était né le 21 février 1738 à Breitenbach, dans la principauté de Darmstadt (1) et y avait dirigé l'administration des mines et des sels, avant d'être appelé par l'impératrice Catherine II aux fonctions qu'il remplit en Russie jusqu'à sa mort. Kankrine père était l'auteur d'un ouvrage volumineux sur les *Principes de l'exploitation minière et saline*. Il réussit à donner un grand développement à cette exploitation qu'il dirigea jusqu'en 1816, c'est-à-dire jusqu'à sa mort.

Georges Kankrine, son fils, depuis ministre des Finances et comte de l'empire de Russie, naquit en 1774 à Hanau, dans l'électorat de Hesse. Ses études terminées, il fut appelé en Russie par son père qui le plaça, en 1796, à ses côtés en qualité d'adjoint, suivant l'usage général des Allemands qui, après s'être installés dans l'administration russe, ne manquaient jamais d'y faire lignée, sans oublier, en outre, leurs collatéraux, qu'ils faisaient venir de l'étranger et auxquels ils prêtaient la main pour un établissement avantageux dans le pays d'adoption. Il va d'ailleurs sans dire que dans les légions d'étrangers qui venaient ainsi chercher fortune en Russie, il se trouva beaucoup d'hommes réellement capables, qui rendirent de grands services à un pays où tout était en retard. De ce nombre furent les Kankrine.

Ouvrages de Kankrine.

Le futur ministre des Finances ne resta que peu de temps auprès de son père; dès 1799, nous voyons le jeune Georges passer au ministère

(1) Dr. Athuskleinschmidt : « Russlands Geschichte zur Politik ». Suivant Wigier (Mémoires VI, 48), l'aïeul de Georges Kankrine, Cancrinus, avait été rabbin, puis avait passé à l'église réformée. D'après A. Kaiserling (Aus dem Reisetagebuche des Grafen Georg Kankrin), les ancêtres du ministre étaient nobles et avaient suivi la carrière des armes, puis avaient embrassé l'état ecclésiastique, etc.

de l'Intérieur en qualité de conseiller à l'expédition de l'Économie d'État; il est appelé ensuite, en 1809, aux fonctions d'inspecteur des colonies allemandes établies dans le gouvernement de Saint-Pétersbourg. Il écrivit à cette époque quelques études économiques et fit paraître un ouvrage intitulé : *Des moyens propres à l'approvisionnement des grandes armées.* Cet ouvrage attira l'attention de l'Empereur Alexandre et valut à son auteur un avancement si rapide, que dès 1813 nous voyons Kankrine nommé à la charge importante d'intendant général de l'armée active, qu'il suivit en cette qualité jusqu'aux portes de Paris.

Kankrine nommé aide-de-camp par l'Empereur.

Chargé en 1815 de la liquidation des comptes avec les puissances alliées et, en particulier, investi du mandat de mener à bout la rentrée des 30 millions de contributions dus à la Russie par le gouvernement français, Kankrine s'acquitta de ces tâches à la satisfaction complète de ses chefs, à tel point que l'Empereur lui accorda le rang d'aide-de-camp général. Une carrière aussi promptement réalisée ne manqua pas de lui susciter des ennemis, et une enquête fut provoquée par eux sur les agissements de Kankrine dans sa charge de chef des approvisionnements militaires. Néanmoins, il réfuta victorieusement les accusations portées contre lui et l'enquête ne produisit rien pouvant porter atteinte à sa loyauté.

Au milieu des obligations qui lui incombaient, Kankrine sut encore trouver assez de loisir pour reprendre ses études scientifiques. Il publia en 1820 un livre consacré à « l'Économie militaire en temps de paix ou de guerre, avec le rôle qui lui appartient dans les mouvements de l'armée » — ouvrage qui acquit à l'auteur une réputation européenne. Ce travail fut suivi en 1821 d'un nouvel ouvrage, intitulé : *La Richesse universelle et l'Economie publique.* C'était là la plus marquante de ses œuvres et ce fut celle qui lui valut le portefeuille des Finances.

Kankrine nommé ministre des Finances.

Cette nomination s'accomplit le 23 avril 1823 et il y a lieu de croire (1), ainsi que nous en avons déjà fait mention plus haut, qu'elle fut due non seulement au mérite indubitable du candidat, mais de plus à la protection du comte Araktchéïew, ministre tout puissant à cette époque.

Le système économique préconisé par Kankrine était fort simple, mais

(1) A. K. KAISERLING. « Aus dem Reisetagebuche des Gr. G. Kankrin. »

avant de l'aborder nous citerons à titre de notice explicative quelques traits personnels de l'écrivain devenu homme d'État (1). Sa préoccupation dominante était la nécessité de l'épargne journalière. Kankrine était loin d'être avide ou avare; il déclina la libéralité que voulait lui faire un jour l'Empereur Nicolas, en lui offrant une pension de mille roubles, destinée aux frais de l'éducation des deux fils qu'avait le ministre. Kankrine représenta que cet argent pouvait servir à des gens privés des ressources qu'il possédait. Mais il avait coutume de dire que « dans l'Économie des États comme dans celle des particuliers, ce sont les petites dépenses journalières qui rongent un revenu et amènent la ruine ». Aussi avouait-il qu'instruit par son passé besoigneux, ce n'était qu'avec humeur qu'il ouvrait sa bourse, à tel point qu'il avait même renoncé à noter ses dépenses particulières, pour ne pas se faire de mauvais sang.

Système financier de Kankrine.

C'était là, il faut le dire, le vrai fond de la sagesse financière du comte Kankrine. Transportant dans le domaine de l'État l'instinct du petit bourgeois « faisant son magot », et persuadé que le moyen le plus sûr pour s'enrichir est de « serrer les cordons de sa bourse », Kankrine était inappréciable comme ministre des Finances, dans un État où rien ne bornait les dépenses, pas même la pénurie du Trésor.

Cette idée première touchant la grande ressemblance entre l'Économie des États et celle de la vie domestique, énoncée d'abord dans l'ouvrage intitulé *Richesse Universelle* etc., (2), se reproduit invariablement dans *L'Economie sociale* (3), publiée en 1845.

Nous sommes bien éloignés, du reste, de nier la supériorité évidente de Kankrine sur les hommes d'État russes, ses contemporains. Son esprit, même dans la théorie, parvenait quelquefois à s'élever à des vues vraiment larges et dépassant de beaucoup l'horizon de la routine administrative. Ainsi, il avait reconnu en théorie que la tâche principale de l'administration des finances devait être de viser le bien-être général de la masse des citoyens et non l'accumulation de la richesse entre les mains d'un petit nombre de capitalistes, ce qui ne sert qu'à masquer la misère nationale. Mais ses idées sur la production de la richesse étaient en désaccord avec les thèses de la science économique

(1) Voir l'article du « *Ruski Archiw* », 1866, p. 117.
(2) « Wsiemirnoïe bogatstwo i gosoudorstwénnoïe' Khoziaistwo ».
(3) « Ekonomia tchelowétcheskikh obchtchestw. »

inaugurée par Adam Smith. D'après Kankrine, et toujours en vertu de l'identité présumée des lois qui régissent l'économie publique et celle des particuliers, — un État, de même qu'un individu, ne s'enrichit généralement qu'au détriment d'autres États ou d'autres individus. Cette théorie mène forcément à justifier la réglementation dans l'industrie intérieure et le système de protection dans les rapports avec l'étranger. Elle repose, au fond, sur l'admission tacite de cette idée fausse, à savoir que la richesse générale accessible à l'humanité entière, de même qu'à chaque nation séparée, représente un total limité, peu susceptible de s'accroître au moyen d'une division plus naturelle du travail entre les nations et de la liberté laissée à l'initiative des particuliers.

Étant donné qu'un peuple ne saurait s'enrichir qu'aux dépens d'autres peuples, après avoir admis qu'un particulier ne peut faire fortune qu'en accaparant le bien d'autrui, il devient évident que l'État doit se barricader contre l'invasion des produits étrangers, doit recourir à la force pour repousser l'exploitation qui le menace. Parallèlement, dans la sphère de l'activité économique à l'intérieur, l'État — dans cette hypothèse — est naturellement appelé à mettre un frein à la spoliation qui résulterait d'une concurrence illimitée et grâce à laquelle un particulier ne peut pas s'enrichir en augmentant la richesse nationale, mais uniquement en enlevant à quelqu'un la part dont celui-ci avait joui précédemment. Dans cet ordre d'idées, il y a la théorie du protectionisme, d'abord, et le point de départ du socialisme ensuite.

Aussi le comte Kankrine était-il partisan résolu de la protection. « Une existence indépendante et assurée, tel est le but d'un peuple ; — disait Kankrine — et la richesse nationale doit servir à faire atteindre ce but. »

La situation des Finances jugée par Kankrine.

D'ailleurs, la situation des Finances à cette époque semblait justifier tout ce qui pouvait servir à l'augmentation immédiate des revenus. Cette situation, Kankrine lui-même la décrit dans les termes suivants :

« Toutes les plaies de 1812 ne s'étaient pas encore cicatrisées; le tarif douanier de 1819 avait porté un coup fatal à plusieurs entreprises industrielles qui ne commencèrent à se relever quelque peu qu'à partir de 1822 ; les arriérés de toute espèce ne rentraient qu'avec lenteur ; la banque du commerce, au lieu de lui être utile, faisait tort au commerce régulier ; les prix des céréales avaient baissé ; les recouvrements d'impôts s'attardaient et le public n'avait que peu de confiance dans les institutions gouvernementales, tant par suite de l'inexactitude dans les paiements qu'en vertu de la sévérité des règles appliquées aux particuliers, notamment par le ministère des Finances.

« En outre, les émissions multipliées d'assignats, pratiquées depuis nombre d'années et sans rapport avec le vrai besoin du pays, avaient déprécié le papier-monnaie, produit un renchérissement général et n'avaient augmenté qu'illusoirement le chiffre du revenu de l'État. L'abondance excessive du papier-monnaie et les efforts employés par le gouvernement à en soutenir le cours avaient produit toutes sortes d'abus et, surtout, avaient développé l'agiotage. »

Sur l'abus résultant des taux d'échanges variables, que le Trésor établissait pour déterminer le rapport du rouble-assignat au rouble métallique, Kankrine s'exprime ainsi : « ..... L'on avait introduit dans l'intérieur du pays un agio très divers sur la valeur du papier en espèces sonnantes et l'on élevait cet agio tout à fait arbitrairement, sans considérer l'état réel des cours ; par suite, l'agio était différent dans chacune des capitales et tout chef-lieu de province avait son agio particulier. Le but évident de cette spéculation d'un caractère douteux était de concourir artificiellement à la dépréciation des engagements précédemment contractés, pour élever, dans une proportion démesurée et injuste, les profits qui devraient être réalisés au moment où l'on se serait décidé à retirer les assignats de la circulation. »

Telle était, en effet, la situation, et nous avons vu que jusqu'en 1823, rien n'avait été entrepris pour parer au mal ; au contraire, tout ce qui était fait ne servait qu'à empirer de plus en plus cet état de choses.

Nouvelle direction imprimée à l'administration des Finances.

Ce n'est qu'à partir du moment où nous sommes arrivés que l'administration des Finances, par les soins éclairés du nouveau ministre, prend une direction toute différente, autant, du moins, que le permettait le système général suivi par le gouvernement de ce temps..... Ce changement favorable et très accentué dans l'administration financière fut l'œuvre spéciale de Kankrine. Durant les vingt années (1823-1843) qu'il resta à la tête des Finances russes, Kankrine parvint, malgré tous les obstacles que l'on suscitait à ses efforts, à introduire des améliorations notables dans cette branche importante des services publics, et s'appliqua avec discernement et avec une énergie remarquable au développement du travail national, à l'augmentation des ressources du Trésor, ainsi qu'au rétablissement du crédit ébranlé de la Russie.

En réalité, c'est seulement de cette époque qu'une politique tant soit peu rationnelle se fait jour dans l'administration des finances, et que l'industrie ainsi que le commerce à l'intérieur du pays commence à se débarrasser des entraves les plus défavorables à l'accroissement de la richesse publique.

Manque de franchise dans les comptes rendus de Kankrine.

On ne saurait trop regretter toutefois que l'habitude générale et invétérée qui consistait à fausser, dans les rapports officiels, l'état réel des choses, ait empêché le comte Kankrine d'aborder avec une entière franchise la situation du Trésor dans les comptes rendus annuels dont l'introduction, ainsi que nous l'avons déjà mentionné, était due à son initiative. Il faut dire pour sa justification que ces écarts accidentels de la vérité stricte, contraires d'ailleurs à l'intégrité de son caractère, lui étaient dictés par les exigences de sa situation qui — à en juger par d'autres exemples — eût sans nul doute été compromise, s'il avait voulu montrer en toute épreuve la franchise qui lui était naturelle. Nous ajouterons que les chiffres de ses comptes rendus se rapprochaient autant que possible de la réalité.

Dès la première année du nouveau règne, Kankrine se crut obligé d'exposer devant l'Empereur Nicolas les principes généraux qui guidaient le ministre dans l'accomplissement de sa tâche. Il prit pour occasion, à cet effet, le compte rendu habituel qu'il soumit à l'approbation du monarque en 1826. Nous croyons devoir citer ici les traits principaux de ce programme.

Il recommandait, en premier lieu, la réduction des dépenses au niveau des revenus ordinaires, avec abstention entière de tout emprunt, tant à l'intérieur qu'à l'extérieur, et particulièrement de toute émission nouvelle de papier-monnaie, moyen qu'il condamnait plus sévèrement encore que les emprunts eux-mêmes. Il conseillait de plus de ne pas élever les impôts et tâcher d'affermir le crédit sans avoir recours dans ce but à des moyens exagérés. Employer tous les efforts à détruire les abus, favoriser l'extension de l'industrie et du commerce, accélérer l'expédition des affaires et la liquidation des comptes arriérés, enfin rendre plus efficace le contrôle au moyen d'une comptabilité plus parfaite — tels étaient les traits supplémentaires de ses considérations générales.

Mesures spéciales proposées par Kankrine.

Kankrine proposait en outre des mesures spéciales calculées pour faciliter au Trésor le maniement des ressources déjà versées entre ses mains. C'était, d'abord, l'usage de bons de paiement délivrés par la caisse de l'Empire sur les trésoreries provinciales, et destinés à remplacer jusqu'à un certain point les échanges difficiles d'envois d'espèces sonnantes. En second lieu, c'était la création d'un fonds spécial, réservé pour le cas de guerre (1).

Capital réservé pour la guerre

Le ministre ne se dissimulait pas l'inconvénient qu'il y aurait à garder, hors de la circulation et provisoirement sans usage, un capital considérable. Toutefois, selon lui, cet inconvénient était moins grave que les désavantages résultant du manque de ressources au début d'une guerre. La Russie est tellement éloignée des grands centres financiers auxquels elle se voyait forcée de s'adresser pour les emprunts que la réalisation de ces derniers offrait pour elle plus de difficultés et de lenteurs que pour tout autre pays. Or, à défaut d'un emprunt régulier ou d'une taxe spéciale destinée aux préparatifs de guerre et exigeant encore plus de temps pour produire les ressources demandées, il n'y aurait — ainsi raisonnait Kankrine — d'autre issue, aux premières hostilités, que de recourir encore une fois aux émissions de papier-monnaie, moyen fatal au bien-être du pays. C'était précisément pour éviter cette alternative que le ministre se décidait à proposer la création d'un capital spécial, réservé pour la guerre.

Kankrine propose d'améliorer la situation des paysans domaniaux.

Enfin, la dernière, mais non moins importante partie du plan de Kankrine, avait trait aux domaines de la Couronne. Il indiquait la nécessité d'améliorer la situation et l'administration des paysans domaniaux, en accordant à ceux d'entre eux dont les lots se trouvaient insuffisants des terrains additionnels, qu'il était facile de prendre sur les immenses étendues des terres non défrichées appartenant à l'État. De plus, il reconnaissait la nécessité de les aider dans l'amélioration de leur matériel et d'introduire dans leur milieu les métiers et la petite industrie. Enfin, le ministre n'oubliait pas les soins exigés par l'extension de l'exploitation des mines et la culture des forêts.

Tel était le programme où le ministre des Finances exposait ses vues larges et justes à la fois. L'on admettra facilement que si ce plan se fût réalisé en effet, l'équilibre entre les recettes et les dépenses eût

(1) Se fondant sur cette proposition du comte Kankrine, M. N. Ch. de Bunge, ministre des Finances, a dit : « Kankrine, en établissant le fonds militaire, a concouru à créer en Russie le système pernicieux de fonds spéciaux » (*Ruski Wiestnick*, 1864, nov., p. 363).

été établi dès lors dans les budgets et le progrès économique du pays eût été assuré. Malheureusement, ce plan si vaste était en disproportion d'abord avec les moyens qui se trouvaient à la portée du ministre des Finances, ensuite avec le caractère général de l'administration, surtout à cette époque.

Difficultés inhérentes au programme de Kankrine.

Il est même permis de supposer qu'étant donné toutes les circonstances favorables, la réalisation d'un tracé de réformes aussi étendu eût dépassé les forces d'un seul ministre. Kankrine paraissait s'en douter lui-même, ce qui ne l'empêchait pourtant pas de repousser à l'avance toute idée de subdivision dans l'administration si complexe dont il était le chef.

Citons encore un passage dans la conclusion de son rapport et nous verrons s'y refléter précisément le souci auquel nous venons de faire allusion. « L'administration des Finances — y est-il dit — embrassant les services sus-indiqués, et, de plus, comprenant dans son ressort la vérification de la presque totalité des cas litigieux qui remontent à la décision du premier département du Sénat, est bien vaste et demande une énergie peu commune. Mais c'est là un défaut auquel il est difficile de remédier, attendu que le manque d'unité dans la direction supérieure de ces branches diverses détruirait l'harmonie des moyens adoptés, en compromettrait nécessairement le succès et entraînerait à sa suite un surcroît de correspondance entre les bureaux, en entravant la marche de l'activité. »

Nous verrons plus tard que, malgré l'avis de Kankrine, l'administration des domaines fut séparée du ministère des Finances et érigée en département spécial, ce qui eut pour suite un progrès réel dans l'organisation administrative des paysans domaniaux, ainsi que Kankrine lui-même en avait reconnu la nécessité. Toutefois, dans le nombre des mesures mentionnées dans le premier programme soumis par ce ministre à l'Empereur Nicolas, quelques-unes représentaient plutôt des vœux exprimés en termes généraux, que des projets définis. Mais indépendamment des vœux, les vues bien arrêtées et toutes pratiques de Kankrine ne s'accomplirent elles-mêmes qu'en partie, et cela par suite des obstacles qu'il rencontra.

Et d'abord la recommandation, qu'il mettait en première ligne, de se contenter des revenus ordinaires sans avoir recours aux emprunts et en évitant surtout l'augmentation du papier, eût supposé, pour pouvoir s'accomplir, que le gouvernement à cette époque eût été capable de résister à ses propres entraînements. Or, le gouvernement ne pouvait, naturellement, poser lui-même une borne à la réalisation de projets que lui dictait, soit sa propre ambition, soit l'insistance inconsidérée de ministres influents, alors que ces derniers cherchaient à se distinguer par des entreprises destinées plutôt à leur assurer la faveur du souverain, qu'à faire prospérer le pays.

Assiégé de toutes parts par des demandes préalablement agréées en haut lieu, impuissant devant l'exagération voulue des dépenses militaires, trop faible, à lui seul, pour lutter contre la corruption des employés — Kankrine, grâce à la fermeté exceptionnelle de son caractère, fit cependant beaucoup. Malheureusement, dans ces conditions, il était au-dessus des forces d'un homme, quelque supérieur qu'il fût — de faire assez. Ce ne fut, certes, pas sa faute si l'ensemble de son plan ne s'accomplit pas dans la portée calculée par ce ministre éminent, et l'histoire, en portant son jugement sur les faits et gestes d'un homme d'État, ne doit pas faire abstraction du milieu qu'il dominait de son esprit sans pouvoir le faire plier à sa volonté.

Plus que toute autre branche des services publics, le département des Finances est sujet à se ressentir des conditions générales qui caractérisent l'ordre fondamental et la politique d'un État. L'observation si connue du baron Louis (1) : « Faites-moi de bonne politique et je vous ferai de bonnes Finances » — exprime on ne peut mieux cette dépendance particulière où le Trésor se trouve placé vis-à-vis des traits principaux de la situation politique.

Ce n'est pas à tort que, pour caractériser cette même dépendance, l'on a encore appliqué aux Finances l'allégorie de la circulation du sang dans l'organisme animal. Il est évident que, si l'organisme entier ne fonctionne pas régulièrement, la circulation du sang devient irrégulière du même coup. En employant des excitants artificiels, l'on parvient, il est vrai, à la ranimer, à accélérer les pulsations du cœur. Mais cette excitation ne peut être que de courte durée et ne saurait profiter sérieusement à l'organisme, attendu que les menus vaisseaux artériels ne peuvent faire leur profit d'une circulation activée pour un laps de temps trop restreint, et y puiser les éléments nutritifs qu'ils doivent communiquer au tissu organique. Aussi, malgré l'apparence de vigueur

(1) Paroles prononcées en séance du conseil par le baron Louis, chargé du portefeuille des Finances à l'avènement de Louis-Philippe.

que ferait naître une circulation ainsi accélérée, le corps entier continuerait à marcher au dépérissement définitif.

Dans la comparaison que nous venons de citer, les petits conduits artériels correspondraient aux canaux innombrables qui servent d'intermédiaires entre la somme des forces productives, résultat du travail réuni des citoyens, et les besoins personnels de chacun d'eux en particulier.

Or, pouvait-il être question d'une harmonie quelconque dans le fonctionnement des divers organes de la vie publique à l'époque dont nous retraçons actuellement la physionomie?

Non, sans doute, et il est facile de saisir les causes principales qui rendaient cet accord impossible.

La masse entière de la population restait condamnée au servage. Non seulement elle ne pouvait jouir des fruits de son labeur, mais la condition servile où elle était plongée privait, en quelque sorte, la masse du peuple de liens réels avec l'État. Les intérêts des paysans, attachés à la glèbe, n'étaient pas strictement solidaires de ceux du Trésor. Le Trésor, il était vrai, pouvait être alimenté par le travail de cette masse, exploitée par les propriétaires fermiers et les spéculateurs. Mais ce n'était là qu'une abondance éphémère, car il est indéniable que la prospérité durable des Finances ne peut se fonder que sur les progrès du bien-être de la population.

La nation étant divisée en deux castes, dont l'une avait pour mission d'exploiter l'autre en l'opprimant, tout accord dans les fonctions sociales et politiques restait impossible. Dans la Russie d'alors, deux intérêts seulement étaient en relief et dominaient tout le reste. C'étaient — on le devine bien — les intérêts de la noblesse et ceux de la bureaucratie.

Noblesse et bureaucratie.

La noblesse représentait l'exploitation du peuple, la bureaucratie était le conséquence d'un système de faveur et de protection.

Il est clair qu'un semblable état de choses n'était guère propre à favoriser le développement harmonique des forces et des ressources latentes du pays. Dans ces conditions, rien ne justifiait l'attente optimiste d'un état florissant des Finances dans un avenir rapproché.

La noblesse n'apparaissait comme agent distinct dans la vie publique que dans les institutions locales, où elle représentait l'élément électif. Du reste, même dans cette sphère restreinte, il y avait peu ou point de différence entre l'attitude des nobles et celle des employés dont les premiers ne se distinguaient en réalité des seconds que par l'origine de leur mandat. Quant à l'administration générale, elle était exclusivement aux mains de la bureaucratie, qui ne reconnaissait pour principe souverain que son intérêt propre. Et s'il lui arrivait parfois de prendre à cœur la défense d'une cause étrangère à ses intérêts immédiats, ce n'était que dans le but de défendre la caste des propriétaires « d'âmes », se rendant solidaire cette fois de la noblesse, que sous tous les autres rapports elle tenait courbée sous sa main toute puissante, ainsi que le reste de la nation.

Omnipotente dans l'État, la classe des « tchinowniks » grossissait constamment, il est vrai, en absorbant des éléments nouveaux que lui amenaient continuellement les courants venant d'en bas. Mais ce n'était guère qu'aux échelons les plus infimes qu'elle entrait en contact avec cette affluence étrangère représentée par les jeunes gens issus des classes inférieures — fils de prêtres, de marchands et de sous-officiers — qui venaient chercher fortune dans les emplois occupés par l'armée innombrable des plumitifs officiels.

Bureaucratie héréditaire.

Quant aux degrés supérieurs de l'échelle administrative, ils étaient la prérogative d'une bureaucratie compacte et presque héréditaire. Il suffit, en effet, de parcourir les listes de fonctionnaires supérieurs en Russie, pendant quelques périodes consécutives, pour être frappé de la répétition des mêmes noms.

La bureaucratie élevée opérait en famille. Les distinctions et titres honorifiques se transmettaient, pour ainsi dire, par voie de succession naturelle, de même pour les emplois influents et lucratifs. En dehors de cette loi de succession — bien différente de celle découverte par le grand naturaliste anglais — il n'y avait qu'un moyen d'arriver au sommet de l'échelle et ce moyen c'était — la faveur. En face de cette dernière loi, — plus absolue encore que celle de la parenté ou de l'alliance — rien n'était impossible, attendu que tout individu, dont le front reflétait la faveur, devenait, du fait, apte à tous les emplois.

Deux vers empruntés à un poète russe illustre et contemporain pourraient servir à exprimer avec plus de relief et à confirmer en même temps le tableau que nous venons d'esquisser. Dans l'un de ces vers, un haut fonctionnaire déclare qu'il trouverait même au fond de la mer un parent quelconque pour lui donner un emploi devenu vacant. Dans l'autre, le poète admet la possibilité d'un simple sergent « promu au rang d'un Voltaire ».

L'administration, nous le répétons, se trouvait entre les mains d'une classe presque héréditaire de gens nés pour émarger au budget de l'État et pour employer leur influence à l'avantage de leur fortune personnelle. Dans cette foule de faiseurs administratifs solidaires l'un de l'autre, devait se produire naturellement une espèce d'assurance mutuelle contre tout contrôle sérieux, et c'est à eux que pouvait s'appliquer justement le dicton populaire : « Une main lave l'autre. »

Il était vrai que la faveur seule donnant accès aux grands emplois, les personnages les plus influents dans les rangs serrés de cette bureaucratie solidaire étaient ceux qui se faisaient passer pour les représentants des idées personnelles du souverain. Mais, tout en dominant de leur hauteur la foule empressée sur leur passage, ces brillants météores, en décrivant leurs orbites plus ou moins longues, se laissaient guider par les mêmes lois et ne dérangeaient l'harmonie du ciel bureaucratique qu'autant qu'il le fallait pour assurer leur carrière triomphale.

Contrôle impossible grâce à l'absence de publicité.

Grâce au milieu opaque qui avait intercepté toute communication entre le peuple et le pouvoir suprême voulant le bien de ce peuple, tout contrôle de la part du souverain sur ce qui se passait réellement était devenu impossible. Qui veut le contrôle doit vouloir la publicité — seul moyen d'y voir clair dans la cohue des intérêts contradictoires et des représentations menteuses. Or, par un malentendu fatal, la publicité était réputée plus dangereuse encore que les abus. Aussi, le moindre semblant d'un appel à l'opinion était-il banni du système et considéré presqu'à l'instar d'un crime d'État.

Abus administratifs.

Que pouvaient, dans ces circonstances, les meilleures intentions du monarque et la terreur elle-même qu'inspirait la juste sévérité de l'Empereur Nicolas? De temps en temps, un coup de foudre éclatait. Un général de division, qu'une mortalité exceptionnelle dans ses troupes avait rendu personnellement suspect à l'Empereur, était convaincu de malversations et dégradé au rang de simple soldat. Un haut fonctionnaire, dirigeant les affaires d'une grande institution de bienfaisance, dénoncé pour avoir dilapidé plus d'un million de l'argent des pauvres, se suicidait pour éviter la colère de l'Empereur. Et cette colère devait en vérité être terrible, puisque la mort elle-même du coupable ne le fit pas échapper à la punition méritée; un aide-de-camp fut envoyé par l'Empereur dans la chambre mortuaire pour arracher au suicidé les insignes honorifiques qui décoraient l'uniforme dont on avait revêtu son corps.

Une autre fois, le monarque arrivait à l'improviste dans un hôpital où sévissait le choléra et, faisant ouvrir les cercueils placés dans la chapelle, se persuadait que les morts n'avaient pas la chemise que leur accordait le règlement. L' « économe » de l'établissement avait cru pouvoir économiser pour son propre compte ce qui lui paraissait un luxe superflu pour les misérables qui succombaient par centaines au terrible fléau. De sa voix puissante, l'Empereur demandait l'économe ; mais ce dernier ne venait pas : il s'était pendu à une poutre au grenier.

Cependant, que pouvaient signifier ces actes isolés de répression accomplis par le souverain en personne dans un empire qui embrasse la septième partie du globe terrestre ? C'était matière à légendes, ce n'était pas même un semblant de contrôle. Le secret des bureaux restait impénétrable et sur un millier de cas d'abus révoltants, un seul ne parvenait même pas à la connaissance du souverain. Dans les provinces éloignées surtout, en Sibérie par exemple, les employés ne se contentaient pas de gouverner : ils régnaient despotiquement, et contre leur arbitraire il n'y avait pas de recours. Témoin ce cri du cœur du peuple russe dans cet adage national que « le Tsar est bien loin et le bon Dieu trop haut ».

Il n'y avait, du reste, pas lieu de s'étonner que le pouvoir suprême, si absolu qu'il fût et malgré la volonté de fer et l'énergie inébranlable de l'Empereur Nicolas, ne se soit pas montré le plus fort dans sa lutte avec la bureaucratie. Oui, elle était corrompue et intéressée à cacher au gouvernement la vérité sur le pays. Mais n'était-ce pas là une juste revanche du sort, puisque le gouvernement lui-même tenait sous le boisseau la lumière des progrès accomplis dans d'autres contrées ? C'est l'Empereur Nicolas lui-même qui prononça ces paroles pleines d'amertume passionnée : « Ce sont les chefs de bureau qui gouvernent la Russie. »

Faute commise par Pierre le Grand.

Pouvait-il en être autrement ? Le pays ne possédait pas d'institutions indépendantes et propres à éclairer le pouvoir sur les besoins du peuple. Les derniers vestiges de représentations et tout ce qui survivait encore des anciens organes populaires dans l'administration locale avaient été abolis par Pierre Ier. N'acceptant dans ses réformes aucune divergence de vues et ne souffrant aucun obstacle, il négligea les traditions et l'esprit de la nation dans les grands projets qu'il préparait pour elle. Ce fut une faute qui n'a jamais été effacée. En dépouillant la nation de toute influence sur le gouvernement, en isolant ce dernier du pays et en le lâchant, sans boussole désormais, dans le courant des tâtonnements personnels, lui, dictateur de la réforme, n'obéissait qu'à un besoin passager. Mais ce qui lui avait facilité l'accomplissement de son œuvre devait tourner plus tard contre la possibilité de réformes nouvelles. C'était comme si, pour manier plus librement le gouvernail, l'on eût enlevé au navire les voiles qui seules pouvaient faciliter la marche.

Si, maintenant, nous passons aux chiffres, après avoir tâché d'esquisser à grands traits la situation générale de la Russie dans la période de trente ans que nous abordons dans ce chapitre, il sera facile de rencontrer dès le début un indice matériel non équivoque qui vient à l'appui de notre exposé.

Budget de 1826.

Consultons le bilan officiel de la première année révolue sous le nouveau règne. Le budget de 1826 avait prévu un total de 384.736.000 roubles (en assignats) de recettes, balançant le même chiffre de dépenses. Le compte rendu du budget définitif pour l'exercice 1826 prétend, en effet, nous convaincre que ses prévisions ne s'étaient pas trouvées en défaut. Ce compte définitif accuse un total de recouvrements ordinaires montant à 396.263.000 roubles et dépassant, par conséquent, à lui seul, la somme prévue des dépenses. Il est vrai que les dépenses effectives avaient, de leur côté, dépassé les prévisions, en s'élevant à 406.927.000 roubles. Mais c'était là un écart bien peu sensible, puisqu'il n'avait fallu recourir aux ressources extraordinaires, à l'emprunt, que dans la faible mesure de 10 millions 1/2 à peu près. Et encore, cette somme est-elle représentée non à titre de déficit net pour les dépenses courantes, mais en qualité de ressources extraordinaires, très légitimement employées à couvrir des besoins extraordinaires aussi. En effet, des 10 millions 1/2 précités, 6 millions sont portés comme solde d'obligations du Trésor et 4.664.000 comme excédent des travaux d'utilité publique et autres dépenses imprévues. En résultat final, le budget définitif de 1826 paraît parfaitement équilibré.

Nous avons pris l'année 1826 pour premier exemple. Citons maintenant les totaux des chiffres budgétaires tels qu'ils sont donnés officiellement pour la période révolue des sept années (1824-1830) inclusivement.

Prévisions...........	3.198.046.000	roubles-assignats
Recouvrements effectifs.	3.213.842.000	—
Dépenses effectuées....	3.302.234.000	—

Les dépenses, on le voit, sont représentées comme ne dépassant les revenus que dans une mesure peu importante — juste de quoi justifier les nouvelles émissions d'assignats, dont le besoin se faisait constamment sentir, malgré l'état florissant en apparence des Finances.

Les 87 millions environ, qui représentaient l'écart entre les recouvrements et les déboursés pour une période de sept années entières, étaient répartis comme il suit :

Charges particulières du Trésor...	65.805.000	roubles.
Travaux publics et autres dépenses imprévues.................	22.587.000	—

L'on peut se figurer le plaisir qu'éprouverait le ministère des Finances en Russie, à l'heure qu'il est, s'il était en mesure de n'accuser que 22 millions 1/2 de roubles, même « d'argent », pour les dépenses imprévues de sept années réunies, ce qui équivaudrait à environ 3 millions et demi par exercice.

C'était là, sans contredit, un résultat très satisfaisant, et ce résultat était attesté par les chiffres officiels. Malheureusement, et nous avons à peine besoin d'insister, la réalité était bien loin de se trouver en accord avec le témoignage des chiffres, témoignage qui passe pour incorruptible (1).

Politique habile de Kankrine.

Le comte Kankrine, en plaçant sous les yeux de l'Empereur les résultats financiers de la période 1824-1830, s'exprima en termes diplomatiques : « Si, d'un côté — disait-il dans son mémoire — du total des rentrées effectives nous retranchons l'*item* du revenu prévu par les budgets annuels, nous arrivons alors à comprendre comment, grâce à des efforts extraordinaires et à une stimulation graduelle de diverses sources de recettes, il s'est montré possible d'éviter au budget un déficit considérable et permanent. »

S'étant ainsi placé sur le terrain de la réalité et ayant fait entrevoir

(1) Nous avons cru devoir approfondir la corrélation réelle des divers titres de revenus et de dépenses à cette époque, et nous nous sommes armé de documents qui permettent d'entrevoir d'assez près les chiffres réels qui représentent la situation financière d'alors sous un jour tout différent. Seulement, comme la justification des résultats obtenus dans notre enquête exige une critique un peu détaillée, nous avons préféré renvoyer plus loin ces détails. Ils tiennent une large place dans les trois volumes de notre *Histoire et statistique des Finances*, et nous devons nous contenter ici de ne mettre sous les yeux du lecteur que les causes et les résultats principaux.

au souverain, quoique non sans quelque réserve dans la forme, la vraie situation financière de l'époque, le ministre s'empressait cependant d'atténuer l'impression désagréable que pouvaient produire ses conclusions. Dans ce but, il ajoutait la réflexion suivante : « Si pourtant nous considérons, d'un autre côté, que, dans le cours des sept années précédentes, il n'a été émis de nouveaux emprunts intérieurs pour les besoins de l'État que jusqu'au total peu considérable de 43.805.000 roubles, et qu'il n'a été distrait pour ce même but des capitaux de l'État que jusqu'à concurrence de 898.000 roubles, nous serons à même de reconnaître qu'en comparaison des autres pays, la situation des Finances russes se présente encore sous un jour assez favorable. Il convient, « nonobs« tant, d'employer tous les efforts à élever graduellement les revenus, en « diminuant, autant que possible, les dépenses ». Il est clair que Kankrine, en ajoutant ce corollaire, ne pouvait obéir à sa conviction personnelle. Les dépenses et le chiffre de la dette publique de la Russie avaient beau se renfermer dans les mêmes limites à peu près que les dépenses et les dettes d'autres pays, le ministre savait fort bien que c'était d'après l'emploi de l'argent dépensé, bien plus que par le chiffre des dépenses, qu'il fallait juger du bien-être relatif représenté par le système financier de chaque État en particulier. Or, le rapport dans lequel les dépenses improductives se trouvaient en Russie dans ce temps-là aux dépenses productives, tels que les moyens employés pour l'enseignement, les voies de communication, les besoins sanitaires, etc., se trouvait bien moins favorable que dans les autres pays. Si donc ces derniers eussent dépensé plus encore qu'ils ne faisaient en réalité, ils se seraient trouvés, en résultat final, dans une situation meilleure que la Russie, qui, elle, employait sans profit réel et sans espoir de retour la majeure partie de son modeste avoir.

Un économiste de la valeur de Kankrine ne pouvait, certes, ne pas se rendre compte de cette différence essentielle. Mais, politique habile en même temps, il savait comment contenter des esprits moins pénétrants que le sien et plus imbus de vanité.

Nous ajouterons que tous les tableaux des revenus de l'État relatifs à cette époque se trouvent incomplets, puisqu'ils n'embrassent pas toute une série de recettes, telles que celles provenant des apanages impériaux, du cabinet particulier, de l'administration ecclésiastique, des colonies militaires, ainsi que les revenus spéciaux de certains départements, tels que ceux de l'instruction publique, des haras, de l'administration du Caucase, etc. Les tableaux des recettes du Trésor omettaient, en outre, les redevances territoriales, malgré le chiffre considérable que celles-ci atteignaient. Ces redevances étaient de deux natures : les unes se percevaient en argent, d'autres étaient exigées en nature (1), et ces dernières se trouvaient être les plus onéreuses, attendu qu'elles comprenaient la réparation des voies, la prestation des moyens de transport, le logement et le ravitaillement des troupes cantonnées dans les villages.

Quant aux redevances perçues en argent ou contributions, elles rapportaient au Trésor une somme annuelle variant de 11 à 15 millions de roubles. Nous voyons ainsi que les budgets si incomplets de l'époque étaient loin d'offrir le tableau fidèle des revenus et dépenses du Trésor.

Après avoir retracé les conditions d'ordre supérieur, indépendantes du ministère des Finances et inhérentes au système général, nous devons toutefois ajouter que la triste situation du Trésor dans la période 1823-1831 ne dérivait pas exclusivement de ces causes générales. Plusieurs circonstances d'ordre secondaire vinrent se joindre aux causes premières pour produire des résultats plus satisfaisants.

Baisse des prix des blés russes.

L'année 1826 vit décroître subitement la demande de blés russes sur les marchés européens, ce qui entraîna la baisse du prix des blés à l'intérieur et, par suite, une mollesse si sensible dans les recouvre-

(1) Indépendamment des charges au profit du Trésor, les redevances ainsi appelées « territoriales » (ziemskïé) existaient en Russie depuis une époque reculée, antérieure de beaucoup au règne de Pierre le Grand et représentaient soit des taxes locales, payées en numéraire, soit des prestations en nature, exigées dans des buts d'utilité publique ; pendant que les impôts destinés au Trésor étaient fixés par un système quelconque, les redevances n'avaient longtemps été l'objet d'aucune définition et dépendaient du bon plaisir de l'administration locale.

Ce ne fut qu'en 1802 qu'elles furent classées et reconnues définitivement sous le titre de redevances territoriales. Un comité de sénateurs, créé en 1805, fut chargé de modifier les dispositions qui devaient régler ces charges, mais en attendant que ce comité eût accompli sa tâche, un règlement provisoire sur les redevances territoriales fut promulgué, et ce fut ce règlement qui servit de base à la loi de 1851 qui les fixa définitivement et qui est encore en vigueur (*Woïennostatistitcheski Sbornik*, IV, 791).

Les redevances territoriales comprenaient les charges suivantes : entretien des routes, concours aux dépenses pour le maintien de l'administration locale ; logement, entretien et transport des prisonniers ; venaient ensuite les contributions ou redevances militaires, savoir : logement des troupes et des divers bureaux militaires, chauffage et éclairage des locaux militaires, prestation d'aliments et de fourrages, de transports, de chevaux, de guides et de pâturages aux troupes cantonnées au milieu des contribuables. En 1830, quelques-unes de ces redevances naturelles furent converties en contributions payables en argent ; la majeure partie cependant continua à être exigée en nature.

ments, que le gouvernement se vit forcé d'avertir les chefs de province qu'ils eussent à « se montrer prudents dans leurs efforts pour activer la rentrée des impôts et à n'employer vis-à-vis des contribuables que des moyens incapables d'amener leur ruine ». Cette instruction témoigne assez de l'état peu prospère du pays à l'époque que nous décrivons.

Nous pouvons d'ailleurs citer une autre preuve caractéristique de la situation défavorable où se trouvait le peuple. Le gouvernement, dans ce temps-là (et jusqu'à l'introduction du service général et obligatoire en 1874), se faisait l'intermédiaire entre les personnes qui cherchaient des remplaçants pour le service militaire et celles qui aspiraient à la prime de remplacement. A cet effet, le gouvernement lui-même vendait annuellement une quantité déterminée de billets de remplacement, connus sous le nom de « quittances militaires ».

Quittances militaires.

Or donc, en 1826, le gouvernement mit en vente 5,000 quittances de cette nature, valant 2,000 roubles chacun. De ce nombre, 150 seulement trouvèrent acheteurs, tandis que dans les années 1824 et 1825, il avait été placé 4,009 quittances. Ainsi, en 1826, la situation du pays était telle que les marchands et les paysans aisés préféraient laisser partir leurs fils pour un service qui durait 25 ans, plutôt que de dépenser 2,000 roubles en assignats pour les délivrer de cette obligation.

Manifeste de 1826.

Le versement des impôts fut retardé encore en 1826, par suite de l'attente générale où l'on était d'un « manifeste de grâces », à l'occasion de l'avènement du nouveau souverain. Un changement de règne amène en Russie, encore de nos jours, la promulgation d'un manifeste de grâces qui remet aux contribuables et autres débiteurs de l'État une certaine somme sur leurs arriérés (généralement 300 roubles), fait, de même, remise entière d'amendes non prélevées et, de plus, apporte une commutation de peine aux condamnés de toute catégorie. Dans l'attente d'un manifeste semblable, en 1826, les contribuables ne se pressaient guère de s'acquitter de leur devoir, comptant sur la remise habituelle. Et cet espoir ne fut pas déçu (1), car le manifeste de 1826 déclara amorti un total considérable d'arriérés et diminua sensiblement le chiffre du revenu de l'année.

(1) Le manifeste du 1er janvier 1826 fit grâce aux débiteurs de l'État d'un total d'arriérés et comptes litigieux évalué à 20,667,000 roubles.

Surcroît de dépenses.

Une augmentation occasionnelle de dépenses fit pendant à cette moins-value dans les recouvrements. Le total des dépenses de 1826 offre une augmentation de 17,600,000 roubles-assignats sur l'année précédente. Les frais des solennités funéraires à l'occasion de la mort d'Alexandre Ier et de l'impératrice Elisabeth, sa femme, ainsi que les allocations extraordinaires nécessitées par le voyage de la cour entière à Moscou et le couronnement de l'empereur Nicolas et de l'impératrice Alexandrine Théodorowna, figurent pour un chiffre important dans ce surcroît accidentel de dépenses.

Le revenu avait à peine commencé à se relever dans le cours de l'année suivante, quand survint, en 1828, une guerre avec la Turquie, succédant à une campagne à peine terminée contre la Perse. Il ne faut pas oublier que la Russie, au commencement du règne de Nicolas Ier, se trouvait presque incessamment en état de guerre, ce qui, naturellement, imposait de lourdes charges au Trésor.

Guerre de Turquie de 1828.

La guerre de Turquie, commencée en 1828 avec des forces insuffisantes, ne manqua cependant pas d'engloutir toutes les ressources disponibles et nécessita en outre l'emploi de moyens extraordinaires. Aux sommes allouées au ministère de la Guerre pour son budget ordinaire vinrent s'ajouter des crédits supplémentaires pour un total de 85 millions. Et comme un malheur ne vient jamais seul, les recouvrements de l'année faiblirent comme à dessein pour augmenter les embarras du Trésor. Une nouvelle dépression dans le prix des céréales se fit sentir dans certaines parties de l'Empire, surtout dans le Midi (gouvernements de Kherson, Ekatérinoslaw, Poltawa, Kharkow, Podolie et Kiew) (1), moins value qui eut pour résultat une difficulté si grande dans le recouvrement des impôts que le gouvernement se vit obligé d'admettre l'acquittement des contributions en produits du sol. C'est ainsi qu'en 1828 fut perçue en nature une quote-part de contributions équivalente à 3,478,126 roubles, ainsi qu'un chiffre de 3,664,659 roubles en 1829.

Découverts de 1829 et 1830.

Du reste, dans le cours de cette dernière année, les recouvrements s'opérèrent avec plus de facilité, et, quoiqu'ils ne suffirent pas à balancer les dépenses, le découvert pour l'année 1829 n'excéda pas 20 millions

(1) L'exportation des céréales en 1828 ne dépassa pas 1,344,570 tchétwerts, tandis qu'elle avait atteint en 1827 le chiffre de 3,468,694 tchétwerts.

de roubles-assignats. L'année suivante fut encore plus heureuse sous ce rapport et se solda par un déficit réduit à 16 millions dans le budget ordinaire. Grossi de quelques dépenses supplémentaires, rangées dans la catégorie des besoins extraordinaires, ce déficit fut équilibré à l'aide de 19,321,432 roubles empruntés, à titre provisoire, soit à la banque d'État, soit aux fonds spéciaux affectés aux besoins de divers services publics.

Cette période de 1826 à 1831, bien qu'elle ait eu à enregistrer deux guerres, fut moins signalée par des succès dans la politique étrangère que par des mesures importantes réalisées à l'intérieur. Nous parlons des mesures dont l'ensemble inaugurait un système de réaction consciente d'elle-même et se proclamant à l'envi comme le régime administratif exemplaire, dégagé des errements de l'étranger, patriarcal et national tout à la fois, visant le bien des masses et peu soucieux des « élucubrations » inventées par quelques « esprits téméraires » pour le malheur de l'Occident.

Les passeports.

En allant au fond des choses, on se persuade aisément que si la barrière opposée aux aspirations qui s'étaient déjà fait sentir dans la partie éclairée de la nation était bien réelle, les améliorations apportées à la condition des masses n'étaient le plus souvent qu'illusoires. Ainsi, le manifeste de 1826, que nous avons déjà cité, outre les grâces ou rémissions d'arriérés, d'amendes et de peines, annonçait encore une diminution dans le prix des passeports, l'autorisation de délivrer des passeports de demi-année, et la disposition que pour tous placets et écritures quelconques touchant l'obtention de ces passeports on fît usage de papier non timbré pour diminuer les frais des ayants droit (1). Or, que pouvaient signifier en réalité ces légères concessions quand le système tout entier des passeports, système vicieux et onéreux au possible, restait debout et continuait à peser sur les travailleurs d'autant plus lourdement que l'administration apportait plus de sévérité dans l'exigence de papiers de légitimation de tout habitant dès qu'il était sorti de son village?

Un gouvernement qui se considère presque infaillible, qui s'en rapporte en tout à ses propres lumières et qui prétend en quelque sorte au

(1) *Deuxième collection complète des lois*, n° 543.

rôle de Providence, ayant pleine charge d'âmes, et qui assume enfin pour lui toute responsabilité, est logiquement tenu de rendre au moins accessible aux administrés la connaissance des lois auxquelles ces derniers n'ont qu'à obéir pour être heureux. Tout ce qui émane de lui est loi; et les exceptions qu'il a coutume de faire aux lois établies ont elles-mêmes force de loi. Mais, du moins, faut-il, pour ériger en principe le « nul n'est admis à faire valoir l'ignorance d'une loi », que le gouvernement se soit efforcé de mettre à la disposition du public un recueil des formules où sont exprimées ses volontés.

C'était là un besoin réel auquel l'empereur Nicolas s'occupa bientôt de faire droit, accomplissant ainsi une pensée qui avait préoccupé les souverains ses prédécesseurs depuis plus d'un siècle. Un oukaze daté du 31 janvier 1826 (1) institua une commission chargée de réunir les lois existantes et créa, en outre, un comité permanent de codification sous le nom de « Deuxième section de la chancellerie privée de Sa Majesté Impériale ». Oukaze du 31 janvier 1826.

Nous avons à peine besoin d'insister sur le fait que cette œuvre importante s'accomplit en dehors de toute coopération de la société russe, même de celle, toute facultative, qui se serait présentée naturellement sous la forme de la presse périodique. Au contraire, ce fut occasionnellement, dans la même année, et notamment le 10 juin 1826, que parut un nouveau règlement sur la censure (2), lequel, sous prétexte de protéger l'inviolabilité des personnes, la sainteté des lois (que le gouvernement soumettait à une revision sommaire), l'intégrité des croyances religieuses et des vertus sociales, avait pour but réel de comprimer toute manifestation de la pensée. Règlement sur la censure du 10 juin 1826.

En revanche, un oukaze publié le 28 avril 1827 divisait la Russie en régions ou circonscriptions de gendarmerie. Sous la direction supérieure d'un état-major établi dans la capitale et d'un chef ayant rang de ministre et appelé en propres termes le « chef des gendarmes », chaque province (gouvernement) recevait un officier supérieur du corps de gendarmerie, chargé de surveiller non seulement les « menées occultes des perturbateurs », mais les agissements de tous les organes de l'ad- Oukaze du 28 avril 1827.

(1) *Deuxième collection complète des lois*, n° 114.
(2) *Ibidem*, n° 403.

ministration elle-même dont il rendait un compte attentif et plus ou moins impartial à son état-major. L'officier « bleu » était le cauchemar permanent des administrateurs locaux, voire des gouverneurs de province eux-mêmes, car ses rapports provoquaient souvent des enquêtes sévères et étaient fréquemment placés sous les yeux du souverain par le « chef des gendarmes », personnage redouté de tous sans exception sur la surface entière de l'Empire.

Oukaze du 10 août 1828 concernant les israélites.

Avant de passer aux mesures d'intérêt économique, se rapportant aux premières années du règne, nous avons encore à enregistrer ici, en passant, la loi du 10 août 1828, qui défendit d'admettre les israélites au service de la Couronne. Cet oukaze fut dans la suite appliqué dans toute sa rigueur et ne souffrit d'exception qu'au profit des seuls médecins; encore cette dernière exception fut-elle bornée aux provinces qui avaient anciennement fait partie de la République polonaise.

Les institutions et mesures d'ordre économique parues dans ce temps ne se trouvaient pas en désaccord avec les dispositions politiques du gouvernement.

Règlement sur les douanes du 20 août 1826.

Ainsi, la nouvelle édition du règlement sur les douanes, signé le 20 août 1826, tout en maintenant les bases prohibitives du tarif de 1822, apportait une augmentation en bloc, et dans la proportion de 12 1/2 0/0 additionnels, de tous les droits de douane, et frappait en plus d'un droit nouveau et assez élevé les sucres importés.

Le revenu des boissons.

Des deux articles principaux des contributions indirectes, l'un devait suivre l'autre dans l'attention que le gouvernement apportait à augmenter les revenus, tout en élargissant par sa base et en consolidant le mur qui séparait la Russie du reste du monde civilisé. Dès le 21 août 1826, et sans même attendre la rédaction des conditions définitives, il fut ordonné par oukaze de procéder à la licitation aux enchères du monopole du débit des boissons spiritueuses, à partir de l'année 1827. Les conditions élaborées pour la ferme des boissons à dater de cette époque pour une période de quatre ans furent publiées le 30 octobre 1826. Elles s'appliquaient aux gouvernements de la Petite-Russie, à ceux de la Russie dite Nouvelle (situés au midi), de la Sibérie et aux circonscriptions des colonies militaires.

Ici nous devons placer quelques renseignements spéciaux relatifs au débit des spiritueux.

Le revenu des boissons représentait en Russie depuis des siècles la branche la plus importante de ressources du Trésor. Aussi le mode de perception de ce revenu avait-il éprouvé de fréquents changements, le gouvernement étant toujours préoccupé de faire bénéficier le Trésor autant que possible des sommes énormes que le peuple dépensait annuellement pour les boissons et dont la plus grande partie restait aux mains des vendeurs, ainsi que des employés qui étaient chargés de la surveillance.

Deux modes principaux d'exploitation se succédaient tour à tour à des intervalles inégaux, dans cette partie de l'économie administrative. Les boissons étaient tantôt exploitées en régie, tantôt affermées. Une troisième forme d'exploitation fut encore tentée : c'était la concession de la vente à des particuliers qui garantissaient un certain minimum de revenu en bloc, et, s'ils étaient parvenus à réaliser un excédent, étaient tenus de le verser au Trésor, en en déterminant eux-mêmes le chiffre « en bonne foi ».

L'exploitation en régie avait été organisée au début du XVIIe siècle, sous le tzar Boris Godounow.

Le débit de l'alcool était confié à des agents assermentés qui reçurent la dénomination de jurés (Tsalowalniki).

Depuis, elle avait cédé la place à la vente en bonne foi ou en ferme. L'exploitation en ferme s'était surtout consolidée sous le règne de Catherine II, grâce à l'avidité des favoris, qui trouvaient dans les fermiers généraux des prêteurs peu exigeants.

Ce système s'était maintenu jusqu'en 1829, quand le gouvernement, persuadé que la plus grande partie du revenu des boissons restait dans les poches des fermiers, se décida à revenir à la régie. Une administration spéciale fut instituée dans ce but et réussit d'abord à élever le chiffre du revenu, lequel ensuite périclita de nouveau, pendant qu'une corruption effrénée se manifestait dans les rangs des employés. Il parut nécessaire de rechercher un système différent pour l'aménagement du service auquel était confiée la ressource la plus importante du budget.

Deux autres modes d'exploitation se trouvaient en présence : la ferme ou concession en monopole et l'accise ou concession libre, moyennant patente. Ce dernier système n'avait pas encore été tenté en Russie, mais Kankrine savait qu'il était pratiqué ailleurs, et, dans un mémoire présenté par lui à l'Empereur à ce sujet en 1826, il mit en regard les avantages des deux systèmes, en donnant toutefois la préférence à la ferme.

Deux considérations principales le déterminèrent à recommander préférablement le monopole proprement dit. C'était d'un côté l'appréhension des progrès que pourrait faire l'ivrognerie, à laquelle le peuple était fort enclin, au cas de la multiplication des lieux de débit, qui devait se présenter comme résultat naturel de la vente libre. Kankrine faisait valoir cet avantage, particulier au monopole, soit en régie, soit en ferme, que le nombre des débits se trouvait restreint; ainsi, sous la régie, on n'avait compté que dix mille débits dans la Russie entière. Le ministre oubliait naturellement, à cette occasion, ou bien préférait ignorer le grand nombre de cabarets non autorisés pratiquant la vente occulte des eaux-de-vie, et toutes sortes d'abus joints à cette espèce de trafic.

La ferme des boissons.

L'autre avantage de la ferme, préconisé par Kankrine, était encore plus douteux. Le ministre exprimait l'espoir que les propriétaires fonciers trouveraient profit à vendre une partie de leur seigle pour la distillation de l'alcool sans être forcés de supporter eux-mêmes les frais de la distillation et de favoriser l'ivrognerie de leurs sujets pour placer le produit de leur propre fabrication.

Nonobstant, ce fut décidément le système de la vente en ferme qui triompha, et ce fait ne saurait être compté au nombre des services rendus par le ministre à son pays. Rétablir la ferme, toute-puissante vis-à-vis de l'administration locale qu'elle tenait à gages, c'était en quelque sorte redoubler l'esclavage où gémissait la masse du peuple. D'un côté, l'arbitraire du maître; de l'autre, l'omnipotence du cabaret.

Ce système se maintint jusqu'en 1863, et ce ne fut qu'à la suite de l'émancipation des serfs que la Russie parvint à se délivrer des étreintes flétrissantes de ce polype monstrueux qui, dans la misère du peuple, puisait les moyens qu'il faisait servir à la corruption du personnel bureaucratique depuis les échelons les plus infimes jusqu'aux sommets de la hiérarchie administrative.

Conjointement avec le rétablissement de la ferme des boissons, le gouvernement s'occupa de réformer l'administration des sels. Cette partie avait été réglée en dernier lieu par une loi promulguée en 1818, et les sels continuaient à être tenus en régie comme l'avait été l'alcool. Mais la commission chargée d'approvisionner de sel les magasins dispersés sur toute la surface du pays en était arrivée, en 1826, à dépasser les bornes de la demande. Les magasins regorgeaient de sel dont la qualité, d'autre part, laissait à désirer, et il s'en était suivi un véritable encombrement sur le marché. Par de sages dispositions, Kankrine sut remédier à cet état de choses, améliora le système de vente et abolit certains abus dans cette branche.

Fondation des Instituts forestier et technologique.

Ce ne furent pas là, du reste, les seuls efforts tentés par Kankrine à cette époque pour activer les industries régaliennes et les forces productrices du pays. Préoccupé des progrès qui s'étaient déjà manifestés à l'Occident à la suite de l'extension qu'avait prise l'industrie houillère, Kankrine montra sa perspicacité ordinaire en envoyant douze candidats de l'Université de Dorpat dans le midi de la Russie pour tâcher d'y rechercher des gisements de houille, et ce ne fut pas sa faute si cette source de richesse ne fut découverte que beaucoup plus tard dans ces mêmes provinces méridionales. Il comprenait de même la nécessité d'une exploitation plus savante et plus régulière des immenses forêts qui couvraient alors le pays et appartenaient en grande partie à l'État. Il commença par envoyer à Berlin quelques employés pour y apprendre l'art forestier et fonda à cette même époque l'Institut forestier, ainsi que l'Institut technologique à Saint-Pétersbourg.

De plus, il chercha à rendre plus active la surveillance des gardes-frontière, et fit un nouveau règlement sur le service douanier. Nous mentionnerons enfin, toujours dans cet ordre de préoccupations productives, la création d'un conseil de commerce, quoique cette institution ne vît le jour que quelques années plus tard (1829). C'est aussi à Kankrine que l'on doit un règlement sur les pensions et secours à accorder aux employés.

Nous verrons bientôt qu'il ne manqua pas non plus de rétablir l'ordre dans la circulation des diverses unités de valeur. Cependant les premiers pas que fit le ministre dans cette voie vers le but principal qui devait se présenter dans le rétablissement de la circulation métallique et du change des billets de crédit, à la suite d'une dépréciation préalable des assignats, ressemblaient bien à des tâtonnements entrepris sans idée nette des moyens à employer pour réellement atteindre le but que probablement il ne faisait qu'entrevoir à cette époque.

Loi du 27 octobre 1826.

Nous devons ranger dans cette catégorie la loi du 27 octobre 1826 qui ordonnait que désormais, dans tous les comptes pour livraisons et fournitures à l'Etat, l'agio serait adjugé au profit du Trésor, ainsi que la loi du 5 janvier 1831, prescrivant aux caisses gouvernementales de recevoir en paiement les monnaies d'argent et de platine au même titre que les assignats. Cette dernière disposition devait rester sans fruit, puisque le gouvernement avait beau manifester ainsi une ignorance officielle de la prime que l'usage avait attachée au numéraire comparativement aux assignats : chacun préféra naturellement écouler les monnaies dans ses transactions privées et ne payer le gouvernement qu'en papier.

Quant à la disposition que l'agio serait porté au profit du Trésor, ce qui équivalait à dire que l'agio ne devait pas être reconnu par le gouvernement, quoiqu'il fût établi dans le commerce ainsi que dans les comptes entre particuliers, cette mesure fut provoquée par un projet original, présenté par un marchand nommé Soussaninow. Ce dernier conseilla au gouvernement de faire provision de numéraire, en en achetant au cours du jour, notamment à 375 kopecks, et de n'employer pour ses achats que le métal ainsi obtenu, tandis qu'il continuerait à effectuer tous ses autres paiements en assignats au cours de 400 kopecks par rouble. Soussaninow avait calculé naïvement que cette opération rapporterait au Trésor quelque chose comme 10 millions par an. Le conseil de l'Empire, saisi de cette proposition, ne voulut pas la mettre en pratique; mais, en revanche, il trouva bon de statuer que l'agio dans les comptes des particuliers avec l'État serait porté au bénéfice du Trésor.

Ce ne furent là que de vaines tentatives pour porter un remède quelconque aux désavantages d'un système de circulation vicieux, la dépréciation des assignats ayant, par la force des choses, tourné au détriment du Trésor qui avait abusé de ce moyen de crédit. Il était vrai que la moins-value dans les recouvrements, premier résultat de cette dépréciation, avait été compensée par de nouvelles élévations d'impôts et de droits. Mais la baisse d'une unité d'échange, servant à toutes les transactions commerciales à l'intérieur du pays, n'était pas restée sans influence sur le cours du change à l'extérieur et le gouvernement dans le paiement de ses obligations à l'étranger avait à souffrir et de cette différence et de l'instabilité des cours qui la représentaient.

Les efforts de Kankrine pour déblayer et élargir les sources qui alimentaient le Trésor furent interrompus par la nécessité de faire face à de nouvelles dépenses extraordinaires amenées par les guerres.

Guerre contre la Perse.

Nous avons déjà mentionné la guerre contre la Perse et celle contre la Turquie. Il convient de s'arrêter quelque peu sur les circonstances qui amenèrent ces deux entreprises et les conséquences qui en résultèrent pour le pays.

Depuis le traité de Galistan, signé le 12 octobre 1813, les relations avec la Perse avaient été pacifiques, malgré les divergences fréquemment suscitées par des questions de délimitation. A la suite d'une altercation semblable en janvier 1826, entre les autorités des provinces limitrophes, l'armée persane passa la frontière et, bousculant devant elle les faibles détachements russes, se présenta devant les portes d'Elisabethpol. Les généraux russes mirent plusieurs mois à organiser des forces suffisantes pour repousser l'attaque avec succès et pour punir le shah de cette provocation imprudente. Cependant les Persans ne savaient pas profiter de leurs premiers succès, et demeuraient campés devant Elisabethpol, quand le général Paskéwicz vint lever le siège en battant l'ennemi qui se replia derrière le fleuve Arake.

Après cette victoire, remportée le 13 septembre, Paskéwicz laisse s'écouler encore quelques mois avant de prendre à son tour l'offensive. Au mois de mars 1827, il entre en campagne avec vigueur et les Persans, mis en déroute dans toutes les rencontres, cherchent au mois d'octobre à entamer des négociations de paix. Paskéwicz repousse ces ouvertures et, reprenant les hostilités en janvier 1828, remporte de nouveaux succès qui déterminent la Perse à souscrire aux conditions dictées par le vainqueur. En vertu du traité signé à Fourkmenczaï, le 10 février 1828, la Perse céda à la Russie les khanats d'Eriwan et de Nakhiczéwan et s'obligea à verser une contribution considérable. Les deux provinces nouvellement réunies à l'Empire furent incorporées sous le nom de territoire de l'Arménie.

Cette campagne eut pour résultat financier l'épuisement presque complet du fonds de réserve destiné à subvenir aux dépenses de guerre. Outre les ressources ordinaires du ministère de la Guerre, 24 millions 1/2 de roubles à peu près furent dépensés par ce ministère pour frais extraordinaires. Le fonds ou « capital militaire » était évalué, au début de la guerre, à 24 millions 9; vers le 1er janvier 1828, il ne représentait plus que la somme de 449,907 roubles-assignats.

Il est vrai qu'une contribution de 20 millions de roubles-argent, consentie par le gouvernement persan, devait compenser la saignée infligée au capital militaire. Le général Paskéwicz, depuis feld-maréchal, ne réussit à obtenir sur ce chiffre et à faire parvenir à la Monnaie de Saint-Pétersbourg que la somme de 14 millions de roubles en lingots d'or et d'argent. C'était là, dans tous les cas, une compensation suffisante et le Trésor, cette fois, se fût tiré d'embarras assez facilement, n'était la guerre de Turquie, qui succéda presque immédiatement à celle de Perse.

Guerre contre la Turquie.

L'intervention des puissances en faveur des insurgés grecs avait amené en 1827 la sanglante surprise de Navarin, où les trois escadres réunies de la France, de la Grande-Bretagne et de la Russie avaient anéanti la flotte turque, ce qui entraîna la reconnaissance du royaume de Grèce.

Cet incident mémorable paraissait clos, quand un hattis-hérif du 20/8 décembre 1828, issu d'un désaccord avec quelques stipulations de la convention conclue en 1826 à Akkermann, fournit à l'empereur Nicolas l'occasion de rouvrir les hostilités. L'armée russe, comptant 113,000 hommes et 440 bouches à feu passa la rivière Pruth, qui servait de frontière, traversa le 27 mai le Danube et investit successivement les places fortes de Braïla, Toulcza, Kustendjé et Warna. Le commandement en chef était confié au feld-maréchal prince de Witgenstein ; mais l'Empereur se rendit en personne à l'armée. Le succès pour cette année s'arrêta à la prise des forteresses moins importantes du Danube et de celle de Warna; Silistrie, Widdin et Routchtchouk résistaient encore.

En outre, l'équipement des troupes était défectueux, les transports manquaient et les maladies ayant envahi les camps russes, l'armée fondait à vue d'œil. L'on n'avançait guère et l'hiver vint mettre fin aux opérations sur le théâtre européen. L'Empereur retourna dans sa capitale, n'ayant aucun sujet de se féliciter de ce premier déploiement de forces en Europe, entrepris par un gouvernement qui se faisait gloire d'être militaire par excellence.

En revanche les succès dans l'Asie Mineure avaient été moins contestables. Opérant du côté du Caucase, les troupes russes avaient énergiquement poussé au fond du pays ennemi sur la grand'route qui relie les confins orientaux de l'Arménie avec les puissantes forteresses de Kars et Erzéroum. Ces deux places, ainsi que celle d'Akhaltsik, étaient tombées aux mains de l'armée russe et, par conséquent, les Turcs n'avaient plus aucune résistance sérieuse à opposer aux vainqueurs dans l'Asie Mineure tout entière.

Les opérations en Europe furent reprises en 1829. Cette fois, la conduite en fut remise au général Diebitch, officier de talent, autrefois expulsé de la garde impériale par l'empereur Paul à cause de son « extérieur mesquin ». L'empereur Nicolas étant resté dans la capitale, le nouveau général en chef avait les mains libres pour agir avec système et énergie. Ayant assuré ses derières par la prise de Silistrie en juin 1829, Diebitch se porta résolument en avant, accomplit l'effort prodigieux, depuis renouvelé en 1877, de franchir la chaîne des Balkans et au commencement d'août s'empara d'Andrinople.

Il était vrai que cette précipitation offrait les plus grands dangers. L'armée de Diebitch, décimée par des fatigues inouïes et par la grande mortalité qui, sous ce règne, jamais ne manquait de se produire dans les camps, par suite de l'absence d'ambulances et des abus de toute espèce, ne comptait guère plus de 30,000 hommes, quand elle parvint à Andrinople et se rendit maîtresse de cette ville.

Un retour imprévu des troupes ottomanes eût pu amener une véritable catastrophe. Toutefois, la terreur que leur avait inspirée la marche prodigieuse et triomphante de Diebitch était si grande, qu'il ne fut plus question d'une résistance ultérieure et les ouvertures de paix, commencées au même mois d'août, conduisirent promptement à la signature du traité qui porte le nom d'Andrinople. Par ce traité, signé le 14/2 septembre 1829, la Russie faisait acquisition des îles situées à l'embouchure du Danube et entrait en possession, en Asie, des districts de Piti, Anapa, Akhaltsik, Akhalkalaki, etc. De plus, les stipulations passées précédemment à Akkermann relativement aux rapports des principautés de Moldavie, de Valachie et de Serbie avec la Porte recevaient une nouvelle confirmation et ces pays acquéraient en vertu du traité d'Andrinople une indépendance plus nettement définie.

Enfin, en ce qui regardait la Grèce, le traité d'Andrinople donnait une sanction nouvelle aux conditions insérées dans la convention passée entre la Russie, l'Angleterre et la France, convention élaborée pendant les années 1827-1829, et aux termes définitifs de laquelle la Grèce était reconnue Etat indépendant dans ses relations avec les puissances étrangères, mais tributaire de la Porte. Le traité reconnaissait de plus à la Russie une compensation pour frais de guerre à payer par la Porte.

Quelque glorieuse que soit la légende d'une guerre, le revers de la médaille se présente immanquablement dans les comptes rendus financiers qui la suivent. Nous devons actuellement enregistrer les sacrifices que la guerre avec la Turquie imposa au Trésor de Russie. L'année 1828, 85 millions 9 de roubles-assignats furent engloutis dans les dépenses extraordinaires nécessitées par la guerre. L'année suivante

Sacrifices occasionnés par la guerre de Turquie.

ce fut bien pis : les dépenses extraordinaires s'élevèrent alors à 122 millions 4. Toutes les ressources de l'Etat furent mises à contribution pour suffire à ces frais et pour reconstituer le fonds de réserve militaire qu'ils mettaient à sec.

Or, il faut rendre à Kankrine cette justice que, placé malgré lui dans la nécessité de sacrifier aux besoins d'une politique de conquête toutes ses vues d'économies et toutes préoccupations de réforme, forcé en un mot de devenir caissier de guerre au lieu d'être l'organisateur des finances, il fit du moins preuve d'habileté dans l'accomplissement de la tâche qu'on lui imposait. Il employa à couvrir les dépenses de la guerre la contribution persane, des emprunts faits aux établissements de crédit appartenant à l'Etat, enfin les ressources attribuées à la commission pour l'amortissement des dettes. Il fit tant qu'en résultat définitif le capital militaire non seulement ne se trouva pas en défaut pour subvenir aux besoins de l'armée active, mais s'accrut encore considérablement en comparaison de ses chiffres antérieurs, et arriva en 1830 au chiffre de 65 millions 7 de roubles-assignats.

Cependant, on n'en avait pas encore fini avec les conséquences de la guerre de Turquie, et les dépenses pour l'entretien des troupes restées hors des frontières après la paix comportaient 37 millions, quand l'insurrection du 29 novembre 1830 éclata à Varsovie.

Insurrection polonaise de 1831.

Nous n'insisterons pas sur les causes qui amenèrent le mouvement destiné à mettre fin au régime représentatif dont l'empereur Alexandre avait doté le royaume de Pologne. L'insurrection éclatée, le gouvernement n'hésita pas un moment à rejeter toute idée de concessions et deux manifestes, publiés le 24-12 décembre 1830 et le 6 février (25 janvier) 1831, en informant l'Empire de la révolution accomplie en Pologne, sommaient le peuple polonais de déposer les armes et de se soumettre sans conditions, se confiant uniquement à la générosité du monarque.

En attendant, un décret paru dès le 2 janvier (21 décembre 1830) frappait de séquestration les biens des propriétaires impliqués dans l'insurrection.

Le second des deux manifestes dont nous avons donné les dates s'adressait spécialement à la nation polonaise. Conçu dans un esprit d'inflexibilité absolue et plein de sévérité dans son langage, cet acte arrivait juste au moment où l'insurrection atteignait la limite de son expansion en s'étendant du royaume jusque dans les provinces de Lithuanie, et où l'armée polonaise régulière, conduite par les vétérans des guerres napoléoniennes, venait de remporter quelques succès. Les chefs de l'insurrection, portés par le courant de l'opinion, crurent devoir redoubler d'activité pour démontrer au gouvernement qu'il fallait des propositions plus pacifiques et plus positives pour arrêter l'effusion du sang. De cette manière, le manifeste provoqua un résultat diamétralement opposé à celui qu'il visait.

Une armée russe forte de 80,000 hommes et commandée d'abord par le comte Diebitch, ensuite par le comte (depuis prince) Paskéwicz entra dans le royaume et une lutte terrible s'ensuivit, aboutissant, au mois de septembre 1831, à la prise d'assaut de la capitale. Le 5 octobre paraissait un manifeste annonçant que l'ordre « régnait à Varsovie »(1).

La guerre de Pologne coûta fort cher au Trésor de l'Empire : 92 millions furent dépensés à cet effet en 1831 et 26 millions en 1832 ; total 118 millions de roubles-assignats. Les autres dépenses extraordinaires de 1832 se composèrent de 5 millions employés à la liquidation définitive des comptes des deux guerres précédentes et 5 autres millions avancés à titre de prêt au Trésor du royaume de Pologne pour l'érection de forteresses destinées à prévenir la possibilité d'une nouvelle prise d'armes.

L'on voit par ce qui précède que la politique ambitieuse de l'Empire, préoccupée uniquement d'assurer l'influence du cabinet de Saint-Pétersbourg dans les conseils de l'Europe et d'étendre les frontières de l'Etat, ne tenait nullement compte des ressources financières réelles dont il pouvait disposer. C'était au ministre des Finances de trouver de l'argent à quelque prix que ce fût. Aussi voyons-nous que, dans la période de 1827 à 1832, la moyenne des dépenses extraordinaires annuelles comportait 79,259,654 roubles-assignats.

Cependant les véritables intérêts du pays se trouvaient relégués au second plan ; rien ou presque rien n'était fait pour le développement du bien-être, la propagation des lumières et la réforme des vices qui rongeaient l'administration ainsi que la justice. Le peuple gémissait sous le joug quadruple du servage, de conscriptions militaires nombreuses pour un service qui durait 25 ans, de la capitation, doublée des formalités onéreuses de passeports, de la ferme des boissons, enfin, qui prétendait à réfréner l'ivrognerie par le nombre restreint des cabarets

(1) Expression adoptée par le maréchal Sébastiani dans un discours qu'il fit à la Chambre française, et depuis devenue presque proverbiale.

et le prix élevé de l'alcool, alors que tout le système financier reposait principalement sur la quantité de l'esprit-de-vin absorbé par la masse travailleuse.

Or, l'on avait beau sacrifier à l'ambition les besoins de tous les services publics autres que la guerre et la marine, frapper de rançon la Perse et la Turquie vaincues et mettre à la torture l'imagination du ministre des Finances, habile à inventer des ressources nouvelles, on n'arrivait cependant à couvrir les budgets extraordinaires qu'au moyen d'emprunts qui se succédaient rapidement.

La dette publique.

Aussi, la dette publique, formée d'emprunts étrangers et intérieurs, à intérêts et sans intérêts, à terme et à fonds perdu, croissait-elle à vue d'œil.

Le montant de la dette s'exprimait par les chiffres suivants :

Au 1er janvier	1828....	652	millions	de roubles-assignats.
—	1830....	718	—	—
—	1831....	723	—	—
—	1832....	823	—	—

L'année 1831, il faut le reconnaître, avait été la plus dure pour le Trésor depuis le commencement de l'administration du comte Kankrine, comme il l'avoue lui-même. Le tableau qu'il nous trace de la situation des finances à cette époque, ainsi que des causes de la dépression du marché monétaire, est tellement la caractéristique des idées qui prévalaient dans le gouvernement, que nous ne croyons pas pouvoir l'omettre dans notre narration. Laissons donc parler le ministre, en citant les propres termes dont il s'est servi dans son compte rendu pour l'année 1831 :

Compte rendu de Kankrine pour 1831.

« L'état du Trésor après la fin de la guerre de Turquie était, dit-il, satisfaisant, et l'on eût presque été autorisé à le qualifier de brillant. L'emprunt nécessaire alors était réalisé à des conditions si avantageuses qu'elles eussent pu servir d'exemple à l'Europe. Le prix des assignats se maintenait; l'agio avait baissé; le cours du change avait haussé; notre crédit à l'étranger était on ne peut plus favorable; l'emprunt de 6 0/0 avait atteint 140; le fonds militaire de réserve se trouvait encore considérable et l'on s'attendait de plus à le voir grossir par les rentrées successives des contributions de guerre persane et turque.

« En un mot, la situation financière se présentait sous un aspect si favorable, qu'il fut jugé possible d'aborder l'opération difficile de l'abaissement (en 1830) du taux des intérêts dus à la banque par des propriétaires nobles, opération reconnue nécessaire dans le but de soutenir la propriété nobiliaire.

« De plus, on était autorisé à prévoir dans un temps rapproché le règlement définitif de la question grecque, et du même coup la cessation de dépenses ultérieures pour les besoins supplémentaires de l'armée. On pouvait espérer profiter de la paix pour entreprendre l'amélioration, depuis longtemps projetée, du sort des fonctionnaires provinciaux.

« Tout à coup, un changement non seulement imprévu, mais incroyable, se produisit dans la situation politique de l'Europe.

« L'action imprudente et inhabile à la fois du ministère français eut pour résultat une révolution qui éclata en France vers la moitié de l'année 1830 et fut bientôt suivie d'une révolution en Belgique, l'appréhension de secousses politiques se dressant ainsi de nouveau devant l'Europe. Révolution française de 1830.

« Presque partout se firent jour des demandes de réformes, demandes passionnées, excitées par des gens dépourvus d'expérience, entraînés par les rêveries d'une perfection imaginaire. Cette soif presque universelle de réformes procédait elle-même de l'inquiétude portée dans tous les esprits par l'état actuel de l'instruction — ici poussée trop loin, insuffisante ailleurs et pervertie partout.

« Ce qui contribua encore à provoquer ce mouvement — continue Kankrine — c'étaient diverses difficultés provenant du trop-plein de population et de l'extension démesurée qu'avait prise l'industrie dans certains pays. Des hommes criminels, attirés par l'espoir d'avantages personnels, de même que les esprits superficiels, poussés par leur imprévoyance, profitèrent de cet état de choses pour répandre les principes d'un libéralisme faux et effréné. Ce qui ne représentait pas les défauts naturels de toute organisation sociale fut attribué à la faute des gouvernements. Les erreurs et les vices inséparables de la nature humaine furent identifiés avec l'organisation sociale, et tous les efforts furent consacrés au bouleversement de l'ordre existant.

« Le tour qu'avaient ainsi pris les choses donnait tout lieu d'appréhender une guerre européenne. Il était nécessaire dès lors d'être prêt à tout événement, et les moyens extraordinaires dont pouvait disposer l'État furent évalués à 112 millions de roubles-assignats. Mais de ce total prévu, une partie seulement put être réalisée et cela encore dans le courant de deux années, quand soudain un nouveau besoin extraordinaire se présenta.

« En effet, la Pologne s'était soulevée sans espoir de succès, à la vérité, mais avec plus de violence encore que la Belgique. Diverses circonstances contribuèrent à prolonger la guerre au delà de ce qu'on avait pu prévoir, et, par suite, les embarras avec lesquels le Trésor eut à lutter étaient devenus encore plus intenses.

« Le montant des dépenses, nécessitées par cette guerre, réuni à d'autres dépenses extraordinaires, fut calculé à 140 millions de roubles, et l'on se demandait d'où les ressources destinées à les couvrir pourraient provenir, d'autant plus que, dans les provinces occidentales, l'insurrection avait tari plusieurs sources de revenu. L'inquiétude du résultat final rendait cette situation encore plus mauvaise.

Le choléra en Russie.

« Un fléau de nature différente vint s'ajouter à tant de difficultés accumulées : le choléra, sévissant dans une partie de l'Empire, gênait la marche des affaires, paralysait le commerce et l'industrie, et portait la menace d'une ruine générale.

« Par bonheur, toutes ces appréhensions ne se réalisèrent qu'en partie. Mais notre crédit en Europe éprouva une rude atteinte ; nos papiers baissèrent dans une proportion inouïe, et pour comble de contrariétés, tous nos efforts pour négocier un nouvel emprunt en Hollande restèrent infructueux. Ce refus de crédit que la Russie eut à essuyer fut motivé, en partie, par la situation générale de l'Europe, et de plus, par la lenteur des opérations de guerre, par les plaintes des Polonais, ainsi que par la vive sympathie qui s'était manifestée à leur égard à l'étranger dans diverses sphères, et, entre autres, dans celle des capitalistes eux-mêmes qui souhaitaient leur succès et se trouvaient, de ce fait, peu disposés à prendre part à notre emprunt (1).

(1) Pour indiquer la gravité de l'échec subi à ce moment par le crédit extérieur de la Russie, nous citerons les faits suivants : l'emprunt dit : troisième hollandais, ouvert en 1831, ne trouva pas de souscripteurs, tandis que les obligations d'emprunts précédents baissaient dans une forte proportion. Exemples : le deuxième emprunt hollandais (de 1828-1829) qui avait été coté jusqu'à 106 1/4 en 1830, maximum du cours de l'année, n'arriva pas une fois, en 1831, au-dessus de 93 3/4, le minimum du cours restant dans les deux années sur le pied de 83. L'impôt métallique de Rothschild, coté en 1830 de 79 1/4 à 104 3/4, se maintint en 1831 entre les extrêmes 80 1/2 à 90. Le 6 0/0 en assignats en 1830, de 49 1/4 à 78 1/4, descendit en 1831 à 51 1/2-59 1/4.

Emission de bons du Trésor.

« Dans cette extrémité, il fut reconnu urgent de recourir à une forme d'emprunt intérieur non usitée encore en Russie jusqu'à ce jour, c'est-à-dire à l'émission de bons du Trésor jusqu'à concurrence de 30 millions de roubles. Les titres avaient été préparés d'avance et l'opération fut réalisée ; elle inspira dans les commencements quelques inquiétudes au ministère des Finances, les bons marquant une tendance exagérée à retourner dans les caisses de l'État. Cet inconvénient diminua toutefois bientôt, et les bons trouvèrent à se placer avec plus de stabilité.

« Forcés d'expédier des sommes considérables en traites étrangères dans les provinces limitrophes de la Prusse pour l'achat des provisions nécessaires au ravitaillement de nos troupes, nous courions le risque de voir à tout moment s'arrêter l'expédition de ces provisions, tellement étaient sévères les mesures prises à l'étranger pour se prémunir contre l'invasion du choléra. Notre commerce extérieur lui-même paraissait devoir souffrir en cette occurrence. De plus, une guerre avec la France paraissait imminente, et pour surcroît d'embarras, la Turquie interrompit le paiement de sa contribution, tandis que la Perse prenait une attitude inquiétante.

Conséquences de l'insurrection polonaise.

« Heureusement — ainsi continue le ministre — toutes ces difficultés s'aplanirent bien plus aisément que l'on n'était porté à l'espérer. La Lithuanie et la Pologne furent réduites à l'obéissance, le commerce se raviva, et les affaires politiques en Europe prirent un cours plus désirable. Toutefois, la Russie se ressentira encore longtemps des suites de l'insurrection polonaise, qui porta un coup sérieux à nos finances, en augmentant la dette et en inoculant au budget de l'année courante (1832), comme au précédent, le mal des dépenses extraordinaires. La répression de la révolte en elle-même coûta plus d'un souci à l'administration générale, sans en exempter celle des finances.

« Le royaume de Pologne demande (1) des emprunts considérables, et il reste encore à voir si ses finances nous donneront tous les avantages désirables.

Hausse des prix des céréales.

« Une nouvelle source d'embarras pour le Trésor se présente dans un phénomène favorable en lui-même aux intérêts privés, la hausse générale du prix des céréales. Ce fait se produisit déjà en

(1) Il s'agit ici de la construction de forteresses.

partie dans le courant de l'année 1830 ; il dure encore et ne disparaîtra probablement pas de sitôt. Une rentrée plus facile des revenus, aidée par ce phénomène, ne parvient à balancer qu'en partie l'augmentation qui résulte des dépenses pour l'armée et la flotte, maintenues jusqu'ici sur un pied élevé, malgré les moyens limités dont nous disposons — grâce uniquement au bas prix des blés. La hausse dans les prix de ces produits nous conduira infailliblement à la création de nouveaux impôts, à moins que nous ne trouvions possible de réduire les dépenses elles-mêmes. Autrement, nous ne saurions éviter un déficit, ainsi que cela se vérifie déjà pour le budget de 1832, qui renferme dans sa balance un déficit latent et inévitable, si la Russie se trouve forcée de payer la quote-part de la Grande-Bretagne et des Pays-Bas dans notre ancienne dette hollandaise (1). Si, en outre, l'on se décidait à abroger les 12 1/2 0/0 additionnels dont fut augmenté le tarif douanier en 1826, — ce qui serait très avantageux pour le commerce et pour l'État — le déficit en question devrait atteindre un chiffre encore plus considérable. »

Cet exposé, curieux à plus d'un titre, des embarras financiers et politiques du temps, se termine par la considération suivante :

« Nous avons, il est vrai, le droit de nous consoler en considérant que les difficultés énumérées plus haut se présentèrent devant la Russie sans qu'il y eût de sa faute. Il est absolument nécessaire, néanmoins, de chercher à rétablir l'équilibre entre les revenus et les dépenses du Trésor, cet équilibre offrant la garantie indispensable du bien-être et du développement progressif de chaque État. »

Nous ferons observer que l'exposé qu'on vient de lire porte la preuve de préparatifs de guerre commencés en Russie, avant même que l'insurrection eût éclaté en Pologne, et à la seule nouvelle d'une révolution accomplie en France. C'est que la politique étrangère du temps était mue par ce que l'on appelait la défense des « intérêts conservateurs », ou, en d'autres termes, par des sympathies ou antipathies toutes personnelles.

Kankrine était, personnellement, plus libéral que les hommes d'État ses contemporains en Russie, ne fût-ce que par ce seul fait qu'il avait l'intelligence des choses qu'ils ignoraient complètement, et entre autres de ce qu'était en réalité le libéralisme. Toutefois, il était le

(1) Il s'agit ici de comptes pour subsides de guerre, comptes datant du commencement du siècle.

serviteur d'une tendance qui ne méritait même pas le nom de politique, puisque les préférences et les défauts personnels y tenaient une part plus grande que les intérêts réels du pays.

Kankrine du reste ne tenait à la Russie que par les services qu'il lui avait rendus et les avantages personnels qu'il en avait retirés. L'obscurantisme qu'il affichait dans ses rapports à l'Empereur n'était donc que de pur dévouement. Quant aux hommes d'État ses collègues, qui pouvaient être considérés pour les vrais représentants de la classe dirigeante, ceux-ci — outre l'ignorance qui distinguait plusieurs d'entre eux — avaient exactement les mêmes motifs personnels que ceux du pouvoir lui-même pour détester et pour craindre tout ce qui sentait l'affranchissement des peuples. Ils avaient leurs sujets comme le pouvoir avait les siens et ils se résignaient volontiers à n'être pas libres personnellement, pour rester « propriétaires d'âmes ».

1832-1844

Nous sommes parvenus à la deuxième période de l'histoire des finances russes sous le règne de l'empereur Nicolas. Elle est marquée au début par le calme absolu qui succéda aux guerres, et elle se termine par la fin de l'administration du comte Kankrine, qui, en 1844, quitta le portefeuille des Finances.

Dans cette période de tranquillité, le gouvernement, — rassuré sur les craintes que lui avait inspirées la renaissance du principe révolutionnaire en Europe, et libre encore des désenchantements que lui prépara plus tard dans la guerre de Crimée le système qu'il suivait — put procéder sans distraction à régler les affaires intérieures du pays.

Ce fut en vérité un calme profond que cette période, le calme d'une nuit de décembre sur la Néva, alors que les forces elles-mêmes de la nature semblent gelées et que l'imagination se refuse à admettre la probabilité d'un réveil, d'une renaissance à la lumière, à la chaleur, à la vie.

L'année 1832, quoique réputée « très favorable », avait à enregistrer 58 millions 7 de roubles-assignats de dépenses extraordinaires, nécessitées par le maintien d'un état de guerre dans le royaume de Pologne, Dépenses extraordinaires en 1832.

bien que l'insurrection eût depuis longtemps rendu le dernier soupir. L'année suivante se signala par une mauvaise récolte.

Le ministère des Finances avait donc beaucoup à faire pour parer aux besoins. Il ne faut pas oublier une tâche nouvelle, qui lui était échue à la suite de la répression en Pologne. Un grand nombre de propriétés avaient été soit confisquées définitivement, soit mises sous séquestre, et le soin de les administrer incombait à ce ministère. Les données du temps n'indiquent pas l'étendue de cette expropriation. Selon l'usage, elles évaluent l'importance des biens saisis par le gouvernement d'après le nombre « d'âmes » qu'ils renfermaient.

Ainsi, l'on évaluait en 1833 :

Les propriétés frappées d'interdiction à....	56.848	âmes.
— — de séquestre à.....	18.701	—
— — de confiscation à...	142.204	—
Total.......	217.753	âmes.

Les propriétés confisquées et celles qui du séquestre et de l'interdiction passèrent successivement dans la première catégorie furent en grande partie distribuées aux généraux et aux personnages en faveur, avec application de la loi sur les « majorats », c'est-à-dire à titre de possessions inaliénables et passant indivisiblement d'après l'ordre de primogéniture.

Organisation de l'administration du royaume de Pologne.

Les institutions représentatives en Pologne furent abolies de même que l'armée nationale. Mais ce pays conserva une administration distincte, les différents départements étant présidés par des directeurs généraux. L'administration des finances resta également séparée. A la tête du gouvernement de ce pays fut placé un lieutenant du royaume (1).

Pour l'Empire, l'année 1832 fut marquée d'un fait législatif important : la fin des travaux de la commission chargée de réunir et de codifier le « Recueil général des lois ». Cette œuvre considérable s'était accomplie sous les auspices de l'ancien ministre disgracié

(1) Cet ordre de choses ne fut que peu modifié en 1860 par la création d'un conseil d'État, et par quelques concessions faites à l'élément national. Une nouvelle prise d'armes amena, à partir de 1865, la fusion définitive de l'administration et des finances, laquelle ne s'est accomplie que de nos jours.

d'Alexandre Ier, le comte Spéransky. La réhabilitation de Spéransky par l'empereur Nicolas fut dictée par une pensée généreuse, mais n'ayant naturellement nul rapport avec les idées professées autrefois par le ministre rappelé de Sibérie, où le nouveau souverain l'avait d'abord placé à la tête d'un gouvernement général.

Réhabilitation de Spéransky.

Spéransky s'était consacré entièrement pendant six années consécutives à mener à bout cette œuvre laborieuse et le Recueil, terminé par lui en 1832, comprenait tous les actes législatifs publiés en Russie à partir du règne d'Alexis Mikhaïlowitch (père de Pierre le Grand) jusqu'à la dernière loi parue à la veille de la conclusion de ce grand travail.

Il va sans dire qu'il avait fallu des bureaux spéciaux pour le mener à bonne fin. A cet effet, la commission déjà existant (1) depuis 1804, dans ce même but, fut refondue sous la dénomination de « deuxième section de la chancellerie privée de Sa Majesté l'Empereur ». Spéransky fut placé à la tête de ces bureaux.

Code des lois paru le 31 janvier 1835.

Un « Recueil complet des lois de l'empire de Russie », comprenant l'ensemble des actes législatifs, disposés par ordre chronologique, fut suivi d'un « Code des lois », qui contenait les lois en vigueur, disposées en quinze volumes, dont chacun embrasse une catégorie séparée du droit positif. Un manifeste publié le 31 janvier 1835 annonça au pays l'accomplissement de cette œuvre et reconnut le « Code des lois » comme devant servir, à partir du 1er janvier 1835, d'unique instrument de légis-

---

(1) Nous croyons devoir donner ici l'énuméré des commissions précédemment instituées dans le même but. L'idée première d'une codification générale appartient à Pierre Ier. Trois commissions nommées à cet effet en 1700, 1714 et 1720 n'aboutirent à aucun résultat. Les commissions créées à nouveau sous les règnes suivants, en 1728, 1730, 1754 et 1760 ne furent pas plus heureuses. Nous avons déjà fait mention, au cours de notre récit, de la huitième de ces commissions, convoquée par Catherine II en 1767. Ainsi que les précédentes, elle fut dissoute sans avoir terminé sa tâche.

La neuvième (1797) et la dixième (1804) en continuèrent l'accomplissement.

Cette dernière commission travailla pendant vingt-deux ans et parvint à réunir des matériaux assez complets pour qu'il fût reconnu possible de procéder définitivement à la rédaction.

Ce fut alors que la dixième commission fut transformée en un comité de rédaction permanent (IIe section de la chancellerie privée). Le travail de rédaction du Recueil complet, commencé en 1826, fut terminé en 1830; la seconde partie du Recueil, contenant les actes législatifs du règne de l'empereur Nicolas, fut terminée en 1832.

lation, applicable à tous les rapports entre l'État et les sujets ainsi qu'à ceux entre des sujets eux-mêmes, et confirma la force obligatoire de toutes les dispositions contenues dans ce Code.

L'œuvre de Spéransky était réellement imposante. Toutefois il n'avait fait que réunir et mettre en ordre les lois existantes, sans refondre la législation. Tout le travail de revision s'était borné à écarter les contradictions les plus flagrantes. Les diverses parties du Code présensentèrent donc un ensemble assez hétérogène. Là où une sphère séparée du droit avait été précédemment l'objet d'une revision et d'une codification systématique, le Code donnait le statut qui en était résulté. Là où, au contraire, la législation n'avait pas été refondue dans le moule d'un principe général, systématiquement poursuivi dans les applications, le Code n'offrait que les dispositions diverses, peu cohérentes, consacrées plutôt à préciser des cas particuliers qu'à constituer des définitions générales découlant d'un principe uniforme.

En un mot, le Code ne donnait que ce qui existait déjà, et cet ensemble de règlements plus ou moins complets avec des dispositions éparses, issues à des époques différentes et conçues dans un esprit dissemblable, présentait à la fois le défaut d'une prolixité élaguée et du manque de précision. Aussi malgré ses dimensions (15 volumes), le Code à chaque instant se trouva en défaut pour résoudre les cas douteux, qu'il n'avait pas prévus et dont la solution ne se trouvait pas facilitée par des formules d'application plus générale. Nécessairement, des suppléments volumineux durent être publiés chaque année et, dans la suite, le nombre en dépassa celui des volumes du Code primitif. Ces suppléments étaient successivement réunis à ce Code aux éditions suivantes.

Malgré ce travail postérieur, ce Code des lois, tel qu'il existe de nos jours, non seulement n'est pas débarrassé des défauts que nous venons de signaler, mais à la suite de réformes nombreuses, accomplies sous le règne d'Alexandre II et accompagnées de plusieurs nouveaux statuts fondamentaux, ce Code présente actuellement un ensemble de législation plus hétérogène que jamais (1).

La publication du Recueil complet laissa le public assez indifférent,

(1) Les statuts ou codes spéciaux refondus ou rédigés à nouveau, tels que les statuts d'organisation judiciaire (1864), le Code pénal (1866), le statut de l'administration locale élective ou « Zemstwo » (1865), le statut municipal (1870), etc., font partie intégrante du *Code des lois*.

mais le Code des lois fut reçu avec de vives sympathies. Cela s'explique aisément. Le Code, il est vrai, n'accordait aucune concession, ne réalisait aucune réforme, et sa publication n'avait nulle portée politique.

Les lois insérées dans le Code assuraient, après comme avant, la toute-puissance et l'arbitraire de la bureaucratie. Toutefois le Code répondait à un besoin de premier ordre. Dans un pays où presque rien n'est naturellement libre, mais où toute chose est soit explicitement autorisée, soit prescrite ou prohibée, où l'initiative privée se heurte à chaque pas aux barrières des règlements, la connaissance de la loi est bien plus nécessaire encore qu'ailleurs.

La loi une fois mise à la portée de tout le monde, l'arbitraire même des employés dut se retrancher derrière un texte positif, tandis qu'auparavant un secrétaire, un chef de bureau, restaient libres de citer la loi qui leur convenait et de passer sous silence celle qui était contraire à leurs desseins.

La publication du Code fut donc acclamée non comme une concession de principe, mais comme un acte de grande utilité publique. Quant au gouvernement, il considéra l'œuvre de Spéransky comme un véritable bienfait dont il dotait le pays, et les historiens officiels ne manquèrent jamais de représenter le Code comme l'une des gloires les plus éclatantes du règne.

Les affaires, en attendant, continuaient à souffrir sous le poids de dépenses extraordinaires annuelles, destinées principalement aux besoins militaires. Elles se présentaient sous la forme de crédits supplémentaires ou de découverts dans le budget ordinaire, assignés au profit du fonds militaire. L'esprit d'entreprise ne pouvait pas se développer dans un pays où le crédit privé régulier n'existait pas, où une justice languissante et corruptible rendait précaire l'exécution des contrats, où le gouvernement, d'un côté, faisait payer 5 0/0 pour les épargnes déposées à la banque d'État, et, de l'autre, envisageait avec défiance tout essai d'association et toute tentative ayant pour but la recherche de voies nouvelles. Aussi les capitaux des particuliers se portaient soit aux établissements de crédit de l'État, soit au commerce sous ses formes les plus élémentaires, soit à la ferme des boissons, soit enfin à l'achat d'immeubles.

Affluence des métaux.

La politique financière de Kankrine se montrait même jalouse de la concurrence privée; aussi le ministre ne songeait-il guère à favoriser les sociétés industrielles par actions ou la fondation de banques particulières. Mais au moins avait-il à cœur d'introduire l'ordre dans les fonctions financières de l'État. Profitant de l'accroissement qui venait de se produire dans l'affluence des métaux, il résolut, en 1839, de fixer d'une manière stable le cours des assignats. Cette affluence était due à un excès d'importation, en paiement des blés exportés à l'étranger, et de plus au rendement plus considérable que par le passé des mines d'or en Sibérie. L'exploitation des mines aurifères n'avait, en réalité, produit en 1823 qu'un million 400,000 roubles-métal ; or, en 1838, cette production atteignit le chiffre de 16 millions de roubles. Kankrine résolut de profiter de ces circonstances favorables pour opérer la conversion des signes d'échange, ou, pour nous exprimer avec plus de précision, établir la valeur des assignats, comparativement à l'étalon métallique. Le ministre prit soin, du reste, d'envelopper son but réel d'apparences plausibles.

Manifeste du 1er juillet 1839.

Dans cette intention, Kankrine provoqua d'abord le manifeste du 1er juillet 1839, qui reconnaissait au rouble métallique, dit « rouble d'argent », la qualité d'unité monétaire officielle dans l'Empire, laquelle devait servir de préférence comme moyen d'échange. Quant aux assignats, le manifeste les déclarait signes d'échange auxiliaires et fixait le cours du rouble-argent au taux invariable de 3 r. 50 kopecks-assignats. Tous les comptes et les obligations diverses calculées en signes de valeur et contractées soit avec le gouvernement, soit entre particuliers, devaient dorénavant être évalués et soldés préférablement en monnaie d'argent. Il était également prescrit d'inscrire en monnaies d'argent les cours de fonds publics et des traites ou valeurs privées, ainsi que de rayer de la cote des Bourses le cours spécial du rouble-assignat, attendu que ce dernier ne devait plus être l'objet de variations amenées par l'offre et la demande. Pour faciliter la circulation simultanée des signes d'échange de chaque espèce — argent et papier — les caisses de districts devaient être approvisionnées de quantités suffisantes de métal et étaient chargées d'effectuer l'échange du papier contre l'argent et *vice versa*, avec cette restriction, toutefois, qu'une personne ne pouvait recevoir à la fois plus de cent roubles-argent en échange d'une somme correspondante en assignats.

Cette mesure, qui reconnaissait le rouble d'argent (métallique) pour l'unité monétaire invariable, doit être considérée comme la réforme la plus importante de toutes celles qu'entreprit Kankrine. L'adoption d'un étalon fixe pour l'étranger mettait fin à l'agio variable sur la monnaie, élément très défavorable pour les prévisions du commerce et portant en soi la cause de pertes imprévues et d'abus inévitables. Mais il est évident que la seule résolution d'opérer ce changement utile n'était pas suffisante : il fallait encore s'approvisionner d'une assez forte quantité de métal pour que la mesure promulguée pût réellement entrer en vigueur.

A cet effet, Kankrine pourvut, le 1er janvier 1840, la banque de commerce (banque du gouvernement) d'une « caisse de dépôts » destinée à recevoir la monnaie d'argent aux conditions suivantes : « La caisse reçoit en dépôt toutes monnaies d'argent frappées en Russie ; l'argent déposé ne peut être affecté à aucun usage étranger à la caisse où il devra être gardé et qui, au cas échéant, doit le rendre au déposant ; la caisse délivre pour les sommes d'argent déposées des titres portant la dénomination de « billets de la caisse des dépôts », de la valeur de 3, 5, 10 et 25 roubles d'argent ; les dits billets ont cours sur le territoire entier de l'Empire, au pair avec l'argent monnayé et sans agio aucun, dans tous les paiements et toutes obligations conclus soit entre particuliers, soit entre ces derniers et le Trésor ; la caisse des dépôts aura à délivrer aux porteurs de ses billets la somme entière en monnaie d'argent, sans délai ni retenue aucune pour frais de conservation du dépôt. » Caisse de dépôts.

Ces dispositions furent complétées par un oukaze publié le 11 avril de la même année, portant défense d'exporter à l'étranger les billets de la caisse de dépôts, ainsi que d'importer ces mêmes billets de l'étranger ; ce même oukaze autorisait la caisse des dépôts à accepter l'or et l'argent en barres. Oukaze du 11 avril 1840.

Ainsi, la pensée qui avait présidé à l'accumulation des métaux précieux commençait à se dévoiler.

Pour donner suite au manifeste qui établissait une nouvelle unité monétaire, une commission attachée au département du Trésor et composée de membres spéciaux, ainsi que de délégués des divers ressorts administratifs, sous la présidence du comte Kouchélev-Bezborodko, directeur du département sus-nommé, était chargée de convertir en monnaie d'argent l'évaluation de toutes les affectations particulières des ministères. Cette conversion servit de base pour calculer en roubles d'argent le budget présumé de l'année 1840.

Cependant, l'or et l'argent affluaient à la caisse des dépôts ; dans le courant de l'année 1840, il y fut déposé 24,169,400 roubles-argent en monnaie et 12,780,144 roubles-argent en barres, la caisse délivrant en billets de dépôt une somme égale à la valeur des métaux déposés.

Manifeste du 1er juillet 1841.

Or, pendant que les métaux affluaient avec cette abondance à la caisse des dépôts, un nouveau manifeste, daté du 1er juillet 1841, parut pour annoncer la mise en circulation de « billets de crédit » pour la somme de 30 millions de roubles-argent. Ce manifeste disposait entre autres : que passé le terme de six semaines après la publication, les caisses de dépôts instituées auprès des conseils de tutelle, ainsi que la banque d'emprunts, étaient autorisées à avancer, sur hypothèque d'immeubles, des prêts en billets de crédit au taux de 50 roubles-argent chaque billet; que l'émission des mêmes billets atteindrait 30 millions de roubles-argent, dont 15 millions destinés à la caisse des dépôts de Moscou, 8 millions à celle de Saint-Pétersbourg et 7 millions à la banque d'emprunts. Le manifeste ordonnait, en outre, que les billets de crédit auraient cours au pair avec la monnaie d'argent et seraient garantis, premièrement par le total des capitaux se trouvant à la disposition des établissements de crédit appartenant à l'État, et, en second lieu, par la faculté d'être échangés immédiatement, sur présentation, en espèces sonnantes.

Cet échange devait s'effectuer dans les deux caisses de dépôts et dans la banque d'emprunts, sans limitation aucune du montant des billets présentés à l'échange, de même que sans considération de la date d'émission de chaque billet. Du reste, pour faciliter l'échange, les caisses de district étaient chargées de délivrer immédiatement à tout porteur de billets de crédit une somme égale en argent jusqu'à concurrence de 100 roubles par personne.

Oukaze du 10 juillet 1842.

De plus, un oukaze publié le 10 juillet 1842 attribuait à la monnaie de cuivre de frappe ancienne une valeur nominale en rapport avec l'argent.

A la suite de ces mesures préparatoires parut enfin, pour accomplir l'œuvre entreprise, le manifeste du 1er juin 1843, relatif à « l'échange des assignats et autres signes monétaires contre les billets de crédit ».

Cet acte, mémorable dans l'histoire du système monétaire en Russie, renfermait les dispositions que nous allons exposer. La somme totale des assignats alors en circulation s'élevait à 595,776,310 roubles et représentait, au cours nouvellement établi, 170,221,800 roubles d'argent. Toute cette circulation de papier devait être remplacée graduellement par les « billets de crédit », auxquels le manifeste attribuait la qualification de « billets de crédit d'État », comme répondant mieux à leur véritable destination.

La somme entière des « billets de crédit d'État », étant destinée à être mise en circulation, devait donc égaler le total précité. A ces nouveaux billets étaient assurés — ainsi que cela avait été fait préalablement pour les billets des caisses de dépôts et pour les billets de crédit primitifs — la circulation dans tout l'Empire et l'échange immédiat contre l'argent. Dans ce but, un fonds spécial, destiné à assurer l'échange, était mis à la disposition de la commission des billets d'État, avec cette réserve que le montant du fonds d'échange ne devait jamais s'abaisser au-dessous d'un *sixième* du total de la circulation fiduciaire. Pour réaliser l'uniformité complète de cette dernière, il était prescrit de retirer les billets émis par les caisses de dépôts et de les remplacer par une émission égale de billets de crédit.

Ainsi, les billets de dépôt, que le public avait payés en métal, étaient traités comme les assignats.

Les premiers, il était vrai, s'échangeaient contre des billets de crédit au pair, tandis que les assignats étaient évalués à 10/35. Mais à part la différence dans le cours relatif de ces deux formes de valeurs, les possesseurs des billets de dépôt perdaient à l'échange contre les billets de crédit la faculté de retirer l'argent comptant qu'ils avaient déposé et recevaient des billets qui n'étaient garantis en métal que dans la mesure d'un sixième; et encore le fonds ainsi dit « d'échange » n'atteignait-il jamais la proportion réglementaire.

Réduction de la dette flottante.

Or, au moment où cette conversion fut réalisée, il se trouvait en circulation pour 596 millions de roubles-assignats, lesquels, au cours établi pour l'échange, se réduisirent à 170 millions de roubles dits « d'argent », mais en réalité,— roubles de « crédit ». Il s'ensuit que l'État, au moyen de l'opération que nous venons de décrire, réduisit sa dette flottante de 426 millions de roubles-assignats.

Grâce à sa crédulité, le public fut trompé par l'émission des billets de dépôt. Pendant cette opération, la caisse des dépôts fut littéralement assiégée par la foule, où chacun, un sac de bonnes espèces sonnantes à la main, se pressait aux portes, employant tous ses efforts pour se débarrasser ainsi au plus vite du métal dont il était porteur et pour recevoir en échange des feuilles de papier *vert*, dit billets de dépôt. L'assaut que subissait la caisse redoubla, quand le bruit courut dans Saint-Pétersbourg que les roubles monnayés perdraient incessamment de leur valeur, attendu que le gouvernement n'accepterait plus que les « déposites » ou la menue monnaie destinée au change.

Ainsi donc, le plan de Kankrine réussit de tous points, ce qui, du reste, n'empêcha par le prince Drucki-Lubecki, membre du conseil de l'Empire, d'appliquer à toute cette opération une qualification un peu dure, mais justifiée par le sens véritable de la manipulation si habile qui venait de se passer.

Quoi qu'il en fût, nous devons le répéter, le rétablissement de la circulation métallique, la fixation d'une unité d'échange stable et la création d'un fonds destiné à rendre l'échange possible — cet ensemble de mesures représente, sans contredit, la plus importante des réformes financières réalisées sous l'administration de Kankrine.

L'accumulation dans les banques de la monnaie sonnante retirée du marché intérieur fut rapide, et un fonds d'échange fut créé en peu de temps. Si cependant le système entier de Kankrine ne fut pas couronné d'un succès complet et définitif, ce fait peut s'expliquer par l'action d'influences hostiles que le ministre rencontrait dans la sphère même où il était appelé à opérer.

Démission de Kankrine.

Aussi, au lendemain en quelque sorte de la réforme monétaire, le ministère des Finances éprouva une perte irréparable. L'on était en 1844, et cette année-là encore la conquête progressive du Caucase réclamait du Trésor des sacrifices que le ministre des Finances trouvait trop onéreux et même incompatibles avec le dessein qu'avait le gouvernement de mettre une bonne fois ses finances en ordre. A ce moment Kankrine insista vivement sur l'alternative suivante : abandonner entièrement les opérations militaires au Caucase, ou bien les pousser avec une énergie suffisante pour réduire rapidement les montagnards insurgés et délivrer le Trésor de dépenses extraordinaires ultérieures. Or, cette insistance n'ayant pas trouvé d'assentiment auprès de l'empereur Nicolas, Kankrine offrit sa démission et, le 1er mai de la même année, il fut réellement déchargé de l'administration des Finances, par considération de santé affaiblie.

La raison alléguée était fondée en fait ; dès 1839, Kankrine avait vu sa santé s'altérer, et il dut entreprendre d'assez fréquents voyages à l'étranger. Cependant, il était resté chef du ministère des Finances jusqu'au 1er mai 1844, où sa démission devint une réalité.

Déjà, en 1840, étant sur le point de s'absenter, Kankrine avait cédé la direction immédiate des affaires à son adjoint F. P. Wrontchenko, lui laissant des instructions très étendues et détaillées. Ces instructions furent reconnues par l'empereur Nicolas comme devant servir de manuel pour l'administration des finances. Nous devons dire, cependant, que ce travail intitulé : « Des buts et des rapports inclus dans l'administration des finances », ne renfermait rien de particulièrement nouveau ou de bien remarquable. Mais, d'autre part, il est juste de reconnaître que Kankrine avait assez fait de sa personne pour qu'on puisse exiger qu'il continuât à tenir en main le gouvernail, même après sa retraite.

En effet, le changement qu'il avait effectué dans l'état des finances de la Russie était incontestable. Appelé à diriger ce département en 1823, le comte Kankrine avait eu devant lui une situation paraissant sans issue. Une série ininterrompue de déficits, la dépréciation considérable des assignats, l'affaiblissement progressif des revenus, malgré les ravages de l'ivrognerie qui auraient dû grossir la source principale des recettes; un marché souffrant du manque de signes d'échange, la crise du commerce et de l'industrie, de nombreuses faillites, l'accroissement menaçant des arriérés,— tels avaient été les résultats de l'administration précédente, triste héritage que le comte Gouriew avait laissé à Kankrine.

Les circonstances que nous venons d'énumérer avaient même été indiquées ouvertement dans une note-circulaire communiquée par le ministre des Affaires étrangères aux représentants de Russie à l'extérieur, lorsque le gouvernement, en 1822, eut formé le projet d'introduire un tarif de prohibition en remplacement du tarif de protection qui avait fonctionné jusque-là.

Prévarications au détriment du Trésor.

A côté de toutes ces circonstances fâcheuses, une mention spéciale est due aux rapines qui s'étaient introduites dans les chambres camérales ou caisses provinciales de l'État, et avaient pris une telle extension qu'aux premiers débuts de l'administration de Kankrine, des prévarications au détriment du Trésor, montant à plusieurs millions de roubles, furent dévoilées.

Tel était l'état de l'administration financière quand la direction en fut confiée à Kankrine. Le premier, il eut le courage d'ouvrir les yeux sur la honte et la décadence du système suivi dans cette branche, et de reconnaître ouvertement l'impuisssance où le Trésor venait d'être réduit. Or, malgré cette franchise vis-à-vis de la triste réalité, la

Russie entière, de même que les sphères financières de l'Occident, accordèrent leurs sympathies à tous les efforts entrepris par le nouveau ministre pour amener une réforme salutaire, et cela bien qu'il y eût, dans le nombre des moyens auxquels il eut recours, des expédients tels qu'il fallait une pleine confiance dans la personne même du ministre, pour que la réalisation de ses plans fût possible.

C'est que le crédit d'un État, il faut le dire, n'est pas exempt des conditions premières auxquels est sujet le crédit particulier.

Faire renaître la confiance quand elle a une fois été ébranlée est chose difficile, mais non impossible. Au début, au moment où le débiteur, vaincu par les difficultés, entre en compromis avec ses créanciers, en suspendant momentanément ses paiements, son crédit, naturellement, périclite. Toutefois si, grâce à son énergie et à son savoir-faire, il réussit à reprendre de nouveau son activité, s'il parvient à régler ses affaires et offre par là la preuve qu'en offrant un compromis, il n'avait agi que sous la pression de circonstances impossibles à prévoir, son crédit commence graduellement à se rétablir.

Il est bien naturel qu'au commencement il éveille une certaine méfiance; mais, dès que l'on aura découvert en lui un homme d'affaires solide, dès que le spectre d'engagements antérieurs encore pendants sur sa tête aura disparu, son crédit se rétablira d'autant plus fermement.

Attitude énergique de Kankrine.

La situation financière de l'État sous l'administration de Kankrine offrit quelques traits de similitude avec l'exemple que nous venons de citer. Excellent administrateur, il attirait la confiance; malheureusement, l'indépendance lui manqua, et cela précisément sur les points capitaux, pour l'administration rationnelle des finances. Il était habile à découvrir des sources de revenus nouvelles, et ingénieux à créer des moyens de se tirer d'affaire dans mainte occasion difficile. Mais la décision ne dépendant pas de lui dans les questions les plus graves, il ne put parvenir à ménager ces ressources et à exploiter régulièrement ces moyens pour amener une situation vraiment solide. Tout ce qu'il pouvait faire en pareille occurrence, c'était d'avertir. Et ce droit d'avertissement, Kankrine en usa avec énergie, toutes les fois que le Trésor se trouvait menacé de dépenses improductives.

Plus d'une fois, il eut le courage de résister aux désirs de l'empereur Nicolas lui-même (1).

(1) P. T. Brock, ministre des Finances aux dernières années de ce règne (et jusqu'en 1857), dit une fois, au sortir de l'audience : « L'Empereur aujourd'hui s'est montré bien gracieux

Mais en insistant encore quelque peu sur la comparaison que nous avons faite, nous ferons observer que, pour le rétablissement du crédit privé une fois ébranlé, la condition principale est que les prêteurs aient pleine connaissance du but véritable dans lequel le débiteur leur adresse une nouvelle demande de fonds et de l'emploi qu'il fait réellement des avances qu'il réussit à obtenir.

Ce trait propre au crédit des particuliers se retrouve dans le crédit public. Ce dernier dépend aussi, non seulement de la stricte exécution d'engagements antérieurs, mais encore de la destination que doit recevoir l'emprunt qui se négocie, car les représentants du capital sont loin de se montrer indifférents à la question de savoir si l'emprunt sera employé utilement ou s'il est destiné à une entreprise improductive.

Pratiques abusives.

Le ministre avait beau être à même de négocier un emprunt, il était impuissant à conserver aux fonds ainsi obtenus une destination productive. L'administration financière de l'époque comprenait parfaitement l'influence que cette alternative exerçait sur le crédit. Mais souvent il ne lui restait d'autre moyen que de déguiser autant que cela se pouvait le but véritable dans lequel un emprunt était conclu. Ne pouvant faire mieux, elle en était réduite à agir de cette façon et nous montrerons plus loin quelle préoccupation l'on mettait à dissimuler les abus provoqués par les emprunts.

Or, pour avoir une preuve de l'importance qu'a pour les conditions des emprunts l'emploi auquel ils sont destinés, importance plus sérieuse quelquefois que la mesure même de l'endettement déjà encouru dans le passé, il suffira de nous arrêter un moment à des faits relativement récents.

Les emprunts conclus sous le règne de l'empereur Alexandre II pour la construction des chemins de fer, en vertu de la destination pro-

pour moi...— Je voudrais, me dit-il, avoir les moyens de faire ceci et cela.— Commandez, sire, répliquai-je à Sa Majesté. Ces moyens se trouveront toujours. L'Empereur sourit et continua :— Tiens, mon cher Brock, je suis bien content de toi, parce que je ne rencontre pas de ta part l'opposition continuelle à laquelle m'avait habitué Kankrine. Il arrivait chez moi, dans ses pantoufles (Kankrine souffrait de la goutte), se plaçait là, devant la cheminée, se chauffant... le dos, tu sais bien ; et à tout ce que je lui proposais, il n'avait qu'une réponse : — Sire, c'est impossible, je dois dire à Votre Majesté que cela est tout à fait impossible... »

Cette véridique anecdote caractérise bien Kankrine, tout en faisant honneur au monarque lui-même, qui, ne souffrant généralement nulle opposition, garda Kankrine au ministère pendant vingt années, en reconnaissant son mérite.

ductive qu'ils recevaient, n'affaiblirent pas le crédit de la Russie, malgré la rapidité avec laquelle les dettes s'accumulèrent et le fardeau qu'elles imposaient au Trésor. Bien au contraire, il est même permis d'affirmer que ce fut précisément la conclusion d'emprunts destinés aux chemins de fer, qui ouvrit une voie si large au crédit public de l'Etat, et que ce fut uniquement grâce aux capitaux empruntés pour la construction du réseau, que le Trésor trouva plus de facilité à se procurer les moyens extraordinaires exigés par des besoins de nature différente.

Pour terminer notre esquisse de l'administration financière sous le comte Kankrine, nous devons constater que l'empereur Nicolas tenait en haute estime ce ministre remarquable et ne se montra pas pour lui avare de récompenses, sachant rendre justice aux capacités qui le distinguaient et auxquelles étaient bien loin d'atteindre les candidats qui pouvaient se présenter pour le remplacer (1).

Aussi Kankrine savait-il apprécier la confiance qui lui était témoignée et s'efforçait-il de la mériter de bonne foi, en s'opposant autant qu'il le pouvait à toute ingérence dans les questions financières et en ne faisant des concessions qu'à son corps défendant.

Avec une persévérance remarquable et, l'on peut même dire, avec obstination, il appliqua les principes fondamentaux de son système, en les maintenant dans toutes les directions. Il mit le crédit privé sous la dépendance du crédit de l'Etat, l'industrie particulière fut affaiblie par lui au profit de celle qui relevait du Trésor et, quant aux institutions de crédit appartenant à l'Etat, ces dernières n'étaient considérées par Kankrine que comme de simples instruments servant aux opérations pécuniaires du Trésor.

Idées erronées de Kankrine.

Sans doute, Kankrine partageait les erreurs de son temps et avait, pour ainsi dire, les défauts de ses propres qualités. Il se montra partisan outré du système de protection et même de prohibition inauguré par le tarif de 1822 ; il rendait hommage à des idées vieillies et considérait les libéraux comme ses ennemis personnels; il recouvrait

(1) En dehors de récompenses honorifiques, l'Empereur accorda à Kankrine les faveurs positives suivantes : en 1827, 100,000 roubles ; en 1830, la jouissance pendant 12 années des revenus de l'ancien comitat (Starostwo) de Tchyhirin, au gouvernement de Kiew ; en 1834, 200,000 roubles ; en 1835, 34,000 déciatines de terres en Bessarabie ; en 1838, 900,000 roubles, et en 1842, 105,000 roubles.

toutes les fonctions financières d'un mystère impénétrable (1) et considérait les chemins de fer comme une innovation préjudiciable au bien-être général (2). De plus, Kankrine établit l'institution immorale et pernicieuse de la ferme des boissons, n'accorda que peu d'attention à l'agriculture et n'aida au développement de l'industrie que par des moyens artificiels; il s'inclinait de plus, avec une sentimentalité peu d'accord avec sa clairvoyance habituelle, devant la politique de l'empereur Nicolas.

Mais, malgré tous ces défauts, le comte Kankrine restera dans l'histoire des finances russes comme l'un des hommes d'Etat les plus considérables qui se soient occupés de cette branche.

Avantages du système de Kankrine.

L'on ne saurait douter qu'à part les erreurs signalées plus haut, l'administration de Kankrine, qui dura plus de vingt années, rendit des services importants tant au Trésor qu'à l'ensemble des forces écono-

(1) A quel haut point Kankrine jugeait le système d'un mystère absolu indispensable à tous les procédés administratifs en fait de finances, une note de sa main, adressée à l'empereur Nicolas et portant la date du 1er janvier 1838, le fera voir mieux que toute appréciation. Nous reproduisons ces lignes littéralement : « Le conseiller d'Etat actuel Arséniew — écrit Kankrine — a conféré avec le ministre des Finances au sujet de la soumission à S. A. I. le grand-duc héritier du trône des comptes rendus du ministère des Finances, des budgets de l'Etat et autres documents pouvant servir à l'instruction de S. A. I. touchant les finances. Subséquemment, l'aide de camp général Kowéline s'est adressé au ministre des Finances en exprimant le désir que ces papiers lui fussent délivrés sur le reçu d'Arséniew. Attendu, toutefois, que les budgets de l'Etat sont maintenus en secret, le ministre des Finances, tout en tenant les papiers demandés à la disposition de S. A., n'ose cependant prendre sur lui de rendre le service utile qu'on lui demande, sans l'agrément préalable de Votre Majesté. »

(2) L'opinion de Kankrine sur ce point est curieuse à consulter de nos jours. Elle est exprimée dans une note autographe, présentée par lui à l'Empereur le 5 juin 1841 : « Je ne partage nullement, écrit-il, et ne suis pas seul à ne pas partager la conviction de l'utilité des chemins de fer. J'ai même eu occasion l'année dernière (pendant un voyage) de m'assurer que tous ceux qui sont capables d'avoir des vues plus étendues gardent sur ce chapitre une opinion contraire. Les chemins de fer ne sont bons que pour des cas exceptionnels ; ils sont incapables de servir aux transports de poids considérables. Quant à la vitesse de communication pour les passagers, c'est là une acquisition, qui tient plutôt du luxe, et est propre à favoriser l'esprit d'inconstance qui caractérise notre siècle. Mais surtout au point de vue des considérations économiques générales, les chemins de fer absorbent improductivement d'énormes capitaux. Car, quel que soit le bénéfice qu'ils puissent procurer aux fondateurs, ils n'augmentent que peu ou point du tout le revenu des peuples, et, par conséquent, serviront plutôt à leur appauvrissement qu'à l'accroissement de leur richesse. D'ailleurs, comme toutes les grandes vérités sont difficilement reconnues par les contemporains, il faudra attendre le témoignage de l'expérience. »

miques du pays. Bien qu'imparfait, ce fut là, cependant, un système bien déterminé et, à ce titre, un certain ordre était enfin rendu possible dans les finances russes. Quant au développement des forces naturelles du pays, les moyens employés pouvaient être défectueux de leur côté, mais au moins l'industrie, de même que l'agriculture, profitèrent-elles de l'amélioration du système monétaire, de l'accessibilité du crédit, quelle que fût, du reste, la direction imprimée aux établissements qui en étaient les organes. L'industrie et le commerce profitèrent de plus de l'absence, pendant une période prolongée, de ces crises violentes, de ces désastres qui autrefois venaient souvent paralyser tout progrès continu, comme, par exemple, l'altération des monnaies, la dépréciation rapide du papier, le règne ruineux des favoris, l'extension donnée au servage, la séquestration de branches entières d'industrie ou de commerce à titre de prise en régie.

En thèse générale, l'on peut affirmer que le service principal rendu par Kankrine à la Russie fut l'établissement et le maintien logique d'un ordre quelconque dans l'ensemble des mesures financières, ainsi que dans le fonctionnement des divers organes de cette branche, avec la réduction, sinon l'extirpation des abus. Quant au mérite financier de Kankrine, il faut lui reconnaître un savoir-faire et même un certain talent personnel, qui apparaissaient presque comme du génie en comparaison de la nullité absolue en matière de finances de tous les autres hauts fonctionnaires du temps. C'est ce qui nous explique le fait que, malgré les qualités incontestables, mais surtout négatives, de l'administion financière de cette époque, la tradition de Kankrine s'est perpétuée dans le département qu'il dirigea si longtemps et son nom avec son caractère et même ses façons de s'exprimer sont, en quelque sorte, passés à l'état de légende.

Si maintenant l'on posait cette question : Pourquoi Kankrine, avec son esprit systématique et l'énergie de son caractère, ne fit-il pas davantage pour assurer définitivement l'ordre dans l'exploitation et l'emploi des ressources du pays ? Pourquoi ne parvint-il pas à poser une base solide au maniement des budgets dans les sphères supérieures de l'administration et à déraciner les abus dans les sphères inférieures ? La réponse sera bien facile. C'est que non seulement un seul ministre était incapable de tenir tête au système entier de l'administration, mais le gouvernement central lui-même, malgré son omnipotence absolue, proclamée dans les lois, se trouvait en réalité impuissant vis-à-vis de son propre principe fondamental, qui était l'absence d'un contrôle réel.

Le gouvernement, il est vrai, était indépendant de tout courant de l'opinion publique, de toute tendance des partis, de toute combinaison occasionnelle de majorité et de minorité. En revanche, il se trouvait dans la dépendance presque absolue de sa propre bureaucratie, libre celle-là de tout contrôle en dehors de celui qui était représenté par une hiérarchie de chefs, relevant l'un de l'autre et tous intéressés à ne faire paraître que le dessus des cartes. Nous avons montré plus haut, par des extraits de lettres de l'empereur Alexandre Ier, que le chef lui-même de l'Etat en était réduit à reconnaître sa propre impuissance vis-à-vis de la bureaucratie. Lui, souverain autocrate, ne relevant que de sa propre conscience, il ne trouvait à opposer à la licence de l'armée administrative qu'une amertume voisine du désespoir et tournant plus tard en véritable animadversion, laquelle se traduisit par la résignation de fait de toute initiative dans la direction des affaires aux mains d'un soldat farouche, ignorant, mais impitoyable pour la gent bureaucratique.

L'empereur Alexandre Ier était bien jeune, alors qu'il exprimait à des confidents les plaintes amères, dictées par le dégoût qui lui soulevait le cœur, à la vue de l'hydre des abus, hydre aux têtes innombrables qu'aucun Hercule n'eût pu abattre à lui seul... Arrivé à l'âge mûr, il tenta de s'appuyer sur des institutions réformées pour donner plus d'autorité à la loi et pour en assurer l'exécution mieux contrôlée.

Cependant la puissance qu'il avait défiée — la licence dans l'arbitraire — se montra supérieure à la volonté et au pouvoir du monarque; elle sut exploiter sa douceur naturelle, parvint à l'enchevêtrer dans un réseau inextricable d'intrigues, de fausses interprétations, d'intimidations calculées sur son impressionnabilité, sur la noblesse même de son caractère, et remporta un triomphe complet.

Le souverain, tout-puissant en apparence, finit par ajouter foi aux difficultés imaginaires qui lui étaient signalées à chaque pas, aux terreurs évoquées devant lui, en arriva à douter de lui-même, de la praticabilité de ses desseins personnels. Ce fut alors que, cessant enfin de lutter, il remit le gouvernail aux mains d'un homme — son contraste absolu en toutes matières, favori ignare d'un monarque plein de lumières, vizir cruel d'un kalife bienveillant, maire du palais terrible d'un roi qui s'endormait dans une sombre et finale mélancolie...

Ainsi, le règne d'un monarque au cœur si bien placé et à l'esprit si distingué, que l'était Alexandre Pawlowitch, dut aboutir à l'abdication en fait du pouvoir aux mains d'un Araktchéiew — l'ennemi déclaré de « l'esprit qui vivifie » et le représentant le plus décidé de « la lettre qui tue », l'incarnation en quelque sorte du formalisme, de l'esprit bureaucratique et militaire sous sa forme la plus absolue. Quelle meilleure preuve alors pouvait-on alléguer de l'impuissance réelle d'un pouvoir qui, pour placer son levier d'action, chercherait un point d'appui en dehors de la société elle-même ?

Malheureusement, les circonstances qui accompagnèrent l'avènement du règne suivant furent de telle nature qu'au lieu de faire voir au successeur d'Alexandre Ier les côtés faibles des systèmes précédents elles stimulèrent le penchant naturel du souverain nouveau à s'exagérer l'influence salutaire de la discipline comme principe fondamental du gouvernement. La leçon si triste et si instructive à la fois que portait en soi le déclin du règne précédent resta infructueuse et l'attention s'attacha exclusivement aux dangers qui semblaient accompagner toute tentative faite pour sortir de la vieille ornière bureaucratique.

La réaction non seulement leva son front plus haut encore que dans les années qui avaient vu la fin du règne d'Alexandre Ier, elle se reconnut avec conviction et se proclama comme le dernier mot et l'idéal de toute perfection politique possible. Elle jeta le voile et cessa de se déguiser devant l'Europe, comme cela s'était fait du temps de Catherine II ; au contraire, ce fut elle qui prétendit étouffer à l'Occident lui-même « l'esprit d'émeute et d'insubordination », la « licence de dangereux novateurs » et « la lutte effrénée des partis ».

A l'intérieur, la réaction n'avait rien à vaincre, rien à abolir. Si peu avait encore été fait pour limiter l'arbitraire des bureaux et des agents administratifs, quelque minime que fût leur qualité, qu'il suffit d'abandonner toute pensée d'amélioration générale, toute préoccupation de légalité gênante, pour que tout fléchit immédiatement devant ces représentants de la faveur, les influences des grands et même les protections sollicitées et obtenues par les petits.

Il n'y a donc pas lieu de s'étonner si même un homme d'Etat de la valeur de Kankrine ne parvint à élever rien de solide sur le sable mouvant du bon plaisir et des faveurs exceptionnelles, et cela malgré la confiance que lui accordait l'empereur Nicolas.

Il se vit contraint de faire pis. Forcé de démentir à chaque pas les principes qui formaient sa conviction, de rechercher les moyens destinés à un emploi qu'intérieurement il réprouvait, ce ministre à l'esprit lucide et au caractère plein de droiture finit par descendre au rôle, peu digne de lui, d'un faiseur habile, se pliant aux circonstances et tâchant de pallier les défauts que nul ne voyait plus clairement.

Influence paralysante du milieu.

C'est cet exemple caractéristique d'un Kankrine rendu impuissant par son entourage, par le milieu où il devait opérer, qui met particulièrement en relief un contraste vraiment remarquable. Il paraîtrait, en effet, que dans un ordre de choses où l'action du pouvoir n'a nulles réserves à garder, n'a qu'à vouloir pour ordonner, où pour trancher les questions les plus discutables il suffit d'un trait de plume, il paraîtrait, disons-nous, que, dans ces conditions, il devait être bien plus facile de réaliser les projets dont on est préoccupé et les œuvres qu'une fois l'on a conçues, plus facile que dans tout autre système de pouvoir. Or, c'est précisément le contraire qui est vrai.

Nulle part, autant que dans les conditions d'indépendance absolue, il ne se présente autant d'obstacles, autant de résistance inerte, mais presque insurmontable, attendu que dans aucun autre système il n'est aussi difficile de trouver, pour exécuter les desseins que l'on s'est proposés, des hommes éclairés, capables et intègres. Et, bien que l'on ait eu la chance de poser la main sur quelques instruments de cette trempe, le milieu où ils sont appelés à travailler, les circonstances qui les entourent finissent bientôt par user la lame de leur esprit et par détériorer les qualités de leur caractère.

Il est prouvé par des milliers d'exemples que l'absence d'une critique indépendante amène un excès de confiance et une impatience de toute opposition qui rendent les gouvernements aveugles à la réalité. S'il arrive quelquefois que du milieu d'un chœur de louanges, répétant sans cesse l'adage si connu que tout marche à ravir et que les intérêts de l'Etat ne sauraient être mieux sauvegardés, s'élève une voix discordante qui se croit autorisée à troubler l'hymne d'actions de grâces, cette voix n'éveillera que l'impatience et le désir de la faire taire. Elle ne trouvera pas d'écho dans le chœur qu'elle aura voulu interrompre et contredire.

En appliquant ces enseignements de l'expérience universelle à la situation particulière d'un ministre préposé à l'emploi et à la garde des deniers publics, nous trouverons que, pour lui, les moyens de bien faire sont, dans les conditions que nous venons d'indiquer, plus précaires encore que pour qui que ce soit. Dès que la loi qui règle les dépenses n'est pas placée hors de toute atteinte et que l'emploi des ressources n'est pas soumis au contrôle public, le ministre des Finances se trouve exposé continuellement aux demandes les plus variées qui troublent ses calculs et mettent à néant ses prévisions. Assailli à tout moment de réclamations multiples et insistantes, le ministre se voit réduit à un état de siège perpétuel et toute sa résistance ne saurait empêcher les brèches que grâce à des considérations soi-disant graves, appuyées de hautes influences, on finira par pratiquer dans son système de défense. En analysant la nature des motifs allégués pour justifier la plupart des prêts, subsides et remises accordés aux particuliers et aux sociétés industrielles, l'on arrive à constater que le mobile principal et essentiel de chacune de ces dépenses a été simplement la protection des personnages influents. L'on s'était tellement habitué à ce procédé, que la publication même des budgets et des comptes rendus du contrôle, introduite plus tard, ne suffit pas à en supprimer la pratique. Nous pouvons citer ici, pour l'édification de nos lecteurs, un exemple caractéristique que nous choisissons dans les archives du ministre des Finances entre un grand nombre de même nature.

Le propriétaire d'une raffinerie sise aux environs de Saint-Pétersbourg, un nommé Muller, négociant sous la raison sociale Molwo et Cie, ayant éprouvé des pertes sensibles par la faillite d'une maison de Londres, eut l'idée de s'adresser à l'empereur Nicolas, en 1832, pour lui demander un prêt exceptionnel de 600,000 roubles, remboursables en huit années à partir de 1834, intérêts et capital. La raffinerie, ainsi que d'autres établissements industriels appartenant au même Muller, devaient, naturellement, servir de garantie au prêt qu'il sollicitait.

Kankrine, à qui la requête avait été renvoyée, selon l'ordre établi, se prononça, dans un premier mémoire, catégoriquement contre Muller, en faisant valoir les motifs suivants : que la situation générale du Trésor n'admettait pas un déboursé imprévu aussi considérable, que la raffinerie de la maison « Molwo » répondait déjà d'une dette antérieure de 250,000 roubles, contractée vis-à-vis du Trésor, et qu'en outre le même Muller devait la somme de 195,000 roubles à la banque de commerce, garantie par le reste de la fortune du solliciteur; que la chute de la maison Goldsmith, à Londres, avait fortement ébranlé la solidité des affaires de Muller; qu'enfin les prêts de ce genre, accordés dans le but de soutenir des maisons commerciales en dehors des règles établies, n'avaient que rarement amené des résultats favorables.

Les raisons du ministre, on le voit, étaient excellentes; d'autre part, l'Empereur personnellement ne pouvait s'intéresser aux affaires d'un raffineur de sucre. Il faut donc bien admettre que quelqu'un qui possédait sa faveur à un haut degré appuya la demande extraordinaire que le ministre des Finances repoussait avec toute son énergie. Car voici ce qu'ordonna l'Empereur : « Faire savoir à Muller qu'on ne pouvait lui donner une somme aussi considérable, mais lui en offrir la moitié, sous cautionnement suffisant, par l'entremise de la banque des prêts, et cela avec la garantie personnelle, en plus, de « Sa Majesté ».

Naturellement, Muller s'empressa d'acquiescer à cette diminution; seulement il eut encore la hardiesse de solliciter que cette opération fût tenue secrète vis-à-vis de la banque de commerce, laquelle, sans cette précaution, n'eût pas manqué de retenir sur la somme de 300,000 roubles accordée par l'emprunt les 195,000 roubles que le solliciteur devait à cette autre institution d'Etat. Conformément au désir du monarque, Kankrine, dans un second rapport, concluait à satisfaire la nouvelle requête de Muller et présentait au seing de l'Empereur un projet d'oukaze « confidentiel », ordonnant à lui, le ministre des Finances, de faire droit à la demande rédigée dans sa forme nouvelle. Nous citerons de cet oukaze ou loi les termes suivants : « ..... Ordonnons qu'il sera octroyé à la maison précitée un prêt de 300,000 roubles sur les ressources de la banque des prêts, et cela sans en informer la banque de commerce, pour le terme de huit années », etc. (suivent l'exposé des conditions et l'énumération des immeubles)..... « lesquels sont, en partie, assurés dans la Compagnie russe d'assurances, ainsi que dans plusieurs Compagnies étrangères, pour la somme de 594,000 roubles. De plus, pour le remboursement exact, je me porte garant. *Nicolas.* » En tête de cette loi — car l'oukaze en est une — figure ce mot : « secret ».

Cet exemple pourra aider nos lecteurs à se faire une idée des difficultés indiquées plus haut, mieux qu'ils n'eussent pu le faire d'après toutes les obligations que nous pourrions apporter.

Nous citerons, à l'appui, un trait d'une date plus récente. L'un des derniers ministres des Finances de Russie, homme bienveillant et affable de sa nature, se vit forcé à la fin de cesser de reconnaître les personnes qu'il connaissait le mieux et, s'il arrivait qu'elles réussissaient à se faire admettre dans son cabinet, cet homme d'Etat, si aimable naturellement, s'affublait d'un masque de froideur glaciale pour éviter toute surprise. Son intégrité et son dévouement absolu aux intérêts de l'Etat l'obligèrent à forcer ainsi sa propre nature, l'expérience lui ayant démontré que toute politesse de sa part donnait aussitôt prise à une demande intéressée. Ceci, il faut le dire, ne tient pas à une particularité quelconque du caractère national, mais à cette simple circonstance que, toute loi étant dans ce pays passible d'exceptions nombreuses, l'on est naturellement porté à croire que tout dépend du bon plaisir d'un ministre et à ne voir dans son obstination à suivre la loi qu'un mauvais vouloir personnel.

D'ailleurs, à part les inconvénients spéciaux auxquels l'expose sa charge, le chef principal du département des Finances a encore à lutter contre d'autres difficultés, celles-là communes à tous les ministres du pays.

Situation difficile d'un ministre en Russie.

Ce serait là, bien certainement, une grave erreur de supposer qu'un ministre en Russie, grâce à l'absence d'un contrôle public sur ses actes et de la gêne que ce dernier impose, se trouve placé dans des conditions plus favorables qu'ailleurs pour réaliser ses intentions. Nous nous permettrons d'affirmer, au contraire, que la situation d'un ministre est particulièrement difficile dans ce pays, et cela pour la raison bien simple qu'il est réduit à porter tout seul le poids entier des affaires qui entrent dans son ressort.

Sans parler de l'impossibilité pour un homme de tout savoir et de trouver en soi assez de force pour s'en rapporter uniquement à son sentiment personnel dans toute affaire, quelque complexe et délicate qu'elle soit, il est dans la nature humaine de rechercher en dehors de soi un appui moral, capable d'assurer la main et de justifier les actions. Ce soutien moral, que l'acteur le plus sûr de son talent demande à l'auditoire, et sans lequel il sent ses forces baisser et son génie le trahir, un homme d'action en politique, en affaires d'Etat, en éprouve également le besoin.

Ce soutien, les ministres, dans d'autres pays, le trouvent dans les partis qui représentent les courants d'idées de l'opinion nationale. Ainsi, un homme d'Etat, tout en mettant au service de l'opinion qu'il partage et qui l'a porté au pouvoir son talent et son savoir personnels, a en même temps la conscience que le but vers lequel il tend et souvent même les moyens qu'il emploie ont pour eux non seulement sa préférence personnelle, mais l'appui de la majorité du pays, le concours de tout ce que son parti possède d'hommes éminents.

C'est là une base solide pour l'action, une source d'énergie et d'autorité que rien ne saurait remplacer et dont les ministres en Russie sont entièrement privés. On attend tout de leur propre inspiration et pour accomplir ce qui leur paraît nécessaire ils se sentent isolés, abandonnés à leurs propres forces. Le seul concours sur lequel ils puissent compter est celui de leurs adjoints et de leurs subordonnés en général. Or, ceux-ci n'ont ni assez d'indépendance, ni un intérêt moral suffisant pour stimuler leurs efforts, ni le lien vivant d'une communauté d'opinions pour se solidariser réellement avec les idées de leurs chefs. Agissant dans le demi-jour des bureaux, tout ce qu'ils auront apporté d'invention propre et de connaissances personnelles se confondra sans traces dans le fonctionnement général de la machine et sera porté au bénéfice de leur supérieur, en cas de succès, pour être parfois rejeté sur leur responsabilité en cas d'échec.

De plus, le choix même des ministres ne peut se faire ici qu'indépendamment des indications de l'opinion publique, laquelle, d'ailleurs, manque d'organe autorisé pour se manifester. Il est vrai que les fonctions ministérielles ne sont électives nulle part. Mais ce qui n'est pas dans la lettre de la loi ne s'en réalise pas moins dans les pays où les candidats aux fonctions politiques sortent du choix de la nation, se forment en groupe d'après les idées qu'ils professent et se distribuent sur l'échelle des partis selon les capacités qu'on leur reconnaît, ainsi que les services qu'ils ont déjà rendus précédemment.

Le ministre est issu du choix personnel du souverain.

En dehors de conditions semblables, il est clair que le choix est limité à un cercle étroit de personnes qui ont eu l'occasion d'approcher du chef de l'Etat. Ce choix est dû à une inspiration toute personnelle plus ou moins heureuse, agissant quelquefois à tâtons sous forme d'essai et, pour ainsi dire, sous bénéfice d'inventaire. Aussi, généralement, le candidat à un poste ministériel est-il d'abord appelé à administrer son département avec le titre de « gérant », sa confirmation définitive ne survenant qu'une année ou deux après ses premiers débuts.

Un défaut en entraîne souvent un autre. Issus uniquement du choix personnel, les ministres n'appartiennent que trop souvent à la classe militaire qui a le plus d'occasion d'approcher le souverain et de s'en faire connaître. Aussi ce choix, surtout à l'époque qui nous occupe, tombait-il le plus souvent sur des militaires, et cela non seulement pour les ministres, mais généralement pour les titulaires des postes supérieurs dans l'administration civile.

Or, on l'admettra facilement, c'était là une anomalie particulièrement défavorable au développement général, en tant que ce dernier dépend des efforts d'un gouvernement. Confier les fonctions civiles supérieures, dans l'exercice desquelles l'on ne saurait apporter assez d'études préparatoires, à des hommes pris dans la carrière des armes, quelque distingués qu'ils puissent être du reste dans leur propre spécialité, c'est là, évidemment, associer des éléments tout à fait disparates.

Car, à part le manque d'instruction approfondie et des connaissances spéciales, nécessaires à la direction d'une branche entière du service public, la profession des armes porte en soi des conditions pour ainsi dire morales qui sont loin de tourner au profit du service civil. La carrière militaire produit et développe des qualités qui lui sont propres — une discipline aveugle par rapport aux supérieurs et exigée des subordonnés, discipline souvent poussée à l'excès et tendant à devenir un but au lieu de n'être qu'un moyen, une assurance outrée, une façon de décider brusque et péremptoire, n'admettant ni doute, ni opposition.

Pour l'action militaire, dans la conduite d'opérations de guerre, ces conditions sont indispensables au succès. Et puisque le résultat de telle ou telle autre disposition sur le champ de bataille ne se fait pas attendre, une faute commise par le chef est bien vite aperçue, pouvant dès lors être réparée ou bien atténuée au moins en connaissance de cause.

Tout autre est cependant la nature du maniement des affaires publiques dans le ressort de l'administration civile, celle notamment qui vise au perfectionnement et au progrès.

Ici, c'est l'opposition, au contraire, qui doit être la bienvenue, car c'est d'elle seule que jaillit la lumière et l'appréciation exacte d'un besoin, la réduction à sa juste valeur de tout moyen proposé. Une assurance poussée à l'excès, ici, devient de la présomption, tourne au détriment de toute collaboration sérieuse et sincère au bien du pays, décourage le concours d'hommes quelquefois plus intelligents que celui qui ne leur demande que l'obéissance. Quant à la manière hâtive et péremptoire de trancher les questions, c'est là un procédé d'autant plus fatal, que les erreurs commises ne se montrent au jour ordinairement que dans un laps de temps plus ou moins prolongé, et ne sont dès lors attribuées qu'à des circonstances imprévues et non à l'incapacité de ceux qui, mieux éclairés, eussent pu les prévenir.

Composition du conseil de l'Empire.

On semblerait autorisé à répliquer aux considérations qui précèdent que le conseil de l'Empire, fonctionnant depuis 1810, est précisément appelé à combler les lacunes et à compenser les défauts inséparables d'une organisation toute bureaucratique des pouvoirs. Mais un simple coup d'œil sur les attributions de ce corps suffira pour faire justice de cette supposition.

Et d'abord, le conseil de l'Empire étant lui-même composé d'anciens chefs de services publics, choisis un peu au hasard, l'institution entière ne peut que refléter les défauts qu'elle est destinée à corriger. En second lieu, les décisions du conseil étant délibératives, l'avis de la minorité a autant de chance à prévaloir définitivement, c'est-à-dire à être sanctionné, que la résolution de la majorité. Enfin, il reste à faire observer qu'un nombre indéfini de règlements, ayant force de loi, n'ont jamais été soumis à l'approbation du conseil, mais ont été promulgués par voie administrative, quelquefois après délibération du comité des ministres, et avec confirmation souveraine, mais limitée à une certaine période, comme trois ou cinq années, « à titre d'essai ». Cette période écoulée, les règlements étaient maintenus pour un laps de temps égal, en vertu d'un nouvel oukaze, et devenaient quelquefois définitifs à l'aide de cette simple formule : « jusqu'à la présentation d'un projet ultérieur en voie législative ».

Or, toutes les particularités du système général que nous venons d'indiquer, et qui s'accordent à entraver la réalisation effective d'un plan de longue haleine par l'action soutenue et solidaire de tous les membres du gouvernement, ne doivent pas être perdues de vue dans l'appréciation de l'œuvre individuelle d'un homme d'Etat en Russie. A ce qui avait été entrepris, de même qu'à ce qui a pu être réalisé, l'historien réfléchi et juste appliquera la mesure du temps et du milieu. Ces considérations faites, il reconnaîtra sans hésiter au comte Kankrine une place éminente dans les rangs des hommes d'Etat remarquables de ce pays.

1844-1853

Relâchement dans l'administration des finances.

Les deux années qui suivirent la retraite de Kankrine s'écoulèrent pour le ministère des Finances sans qu'il y eût un changement bien sensible à noter, soit vers le progrès, soit vers un relâchement des traditions qui avaient eu le temps de prendre racine sous le ministre démissionnaire. Mais, à partir de 1846, la direction des finances russes, s'écartant des voies tracées par ce dernier, commença à errer en quelque sorte sans boussole. C'est que ni le comte T.-P. Wrontchenko, successeur immédiat de Kankrine, ni le conseiller intime Brock, qui vint après, n'étaient personnellement capables d'imprimer aux finances une direction suivie.

Il va sans dire que le manque de système dans l'administration des finances ne resta pas sans influer défavorablement sur la situation générale du Trésor comme du pays. Avant comme après ce relâchement, survenu dans les tendances de l'administration financière, les déficits avaient certainement représenté un fait chronique. Seulement, on finit dans la suite par les considérer comme un fait inévitable et presque naturel. Les successeurs de Kankrine ne se faisaient nul scrupule de voir grossir d'année en année le budget des dépenses, dans une mesure tout à fait indépendante du chiffre des recouvrements. Soit que l'on eût perdu l'espoir d'arriver un jour à l'équilibrer, soit que l'on ne fût occupé que d'une idée unique — ne pas contrarier les goûts militaires et la politique ambitieuse de l'époque, — l'on marchait en avant, le cœur léger, demandant aux emprunts les ressources qui manquaient dans la voie ordinaire. Bref, la situation des finances empirait progressivement.

Illusions patriotiques.

Cependant, l'on continuait à faire croire au public et, qui plus est, à se persuader à soi-même, que tout allait au mieux. Cette illusion était même considérée comme un devoir patriotique. Et, d'ailleurs, pouvait-il en être autrement à une époque où le but principal de la politique était représenté par le maintien des saines traditions d'autorité et de « discipline » ? L'infaillibilité du pouvoir dans tout ce qu'il faisait et une confiance aveugle demandée au public — tels étaient les synonymes de ces principes. Il fallait croire « sans raisonner », puisque le gouvernement avait admis pour un pays la maxime appliquée par le bourgeois des *Femmes savantes* à sa maison : que le raisonnement en pouvait bannir la raison.

Nous verrons bientôt que l'illusion ne fut pas de longue durée.

Pour caractériser le degré d'intérêt que le gouvernement d'alors vouait aux divers besoins publics, nous nous contenterons de mettre en regard les chiffres suivants :

ANNÉES	TOTAUX DES DÉPENSES	GUERRE ET MARINE	INSTRUCTION PUBLIQUE
		En milliers de roubles.	
1844	199.940	75.436	2.771
1845	216.573	75.518	2.786
1846	222.332	81.427	2.787

Augmentation des dépenses militaires.

L'augmentation, en 1846, des dépenses militaires s'explique par une énergie plus grande apportée à la conquête du Caucase et par le concours de la Russie aux opérations dirigées contre la république de Cracovie.

La guerre au Caucase commencée, à proprement dire, pendant le règne de Catherine II, et poursuivie, sauf quelques interruptions, sous les règnes suivants, occupait, à l'avènement de l'empereur Nicolas, tout un corps d'armée. Un mouvement, au caractère à la fois religieux et national, provoqué au milieu des tribus belliqueuses qui habitaient cette chaîne de montagnes, avait donné plus d'unité à leur défense et avait envenimé la lutte. Le célèbre khadji Chamyl, porté à la tête de la secte ou confrérie des « murides », joua au Caucase à peu près le rôle d'Abd-el-Kader en Algérie. Le comte (depuis prince) Michel Worontzow, lieutenant général de l'Empereur au Caucase, dut entreprendre des opérations sur une grande échelle et, après quelques échecs essuyés par les armes russes — une des batailles livrées par les montagnards ayant coûté la vie à deux généraux, — finit par pacifier plus ou moins le pays. Il ne parvint toutefois ni à prendre Chamyl, ni même à détruire le prestige de ce chef habile au milieu de ses compatriotes. Ce ne fut que le règne suivant qui vit la ruine et la prise de Chamyl, interné ensuite dans une ville russe.

Actions contre la République de Cracovie.

Quant aux opérations contre Cracovie, il est curieux de constater l'immense déploiement de forces qui fut jugé nécessaire pour réduire un petit Etat, borné à une seule ville avec son district.

On sait qu'en vertu d'une convention passée le 3 mai 1815, entre les trois puissances limitrophes, la ville de Cracovie avait été reconnue « libre » et constituée avec ses faubourgs et son district, comprenant une superficie de 23 milles 1/2 carrés, en qualité de « République de Cracovie ».

Des troubles survenus dans la province autrichienne de Galicie, représentant la part qui avait échu à l'Autriche lors du dernier partage de la Pologne, commencèrent à prendre, en 1846, l'aspect d'un mouvement national, qui, naturellement, ne pouvait manquer d'entraîner la ville libre, d'ailleurs condamnée d'avance par la seule impossibilité où elle se trouvait d'exécuter les sommations qui lui étaient adressées.

Les trois puissances copartageantes, s'étant accordées pour une action commune, firent marcher leurs troupes à la fois pour couper la tête nouvelle qui leur semblait avoir poussé à la fameuse « hydre révolutionnaire ». En conséquence, un oukaze, daté du 21 février 1846, proclama l'état de siège dans le royaume de Pologne avec les gouvernements de Wolhynie et de Podolie. Un second oukaze, de même date, appela sous les drapeaux — pour les éloigner du pays — les soldats en congé habitant le royaume de Pologne et les gouvernements de Wilna, Kowno, Grodno, ceux de Wolhynie, de Podolie et de Kiew. Un mois environ plus tard, les gouvernements de Wilna, Kowno et Grodno étaient, à leur tour, mis en état de siège.

Violation du traité de Vienne.

Les troubles de Galicie étouffés vers la fin de 1846, la république de Cracovie fut supprimée et son territoire réuni à l'empire d'Autriche, aux termes de la convention du 25 octobre (6 novembre). Or, la convention précédente, celle qui garantissait l'existence indépendante du territoire de Cracovie, ayant formé un corollaire des traités de Vienne, ce fut l'Autriche qui, la première, enleva une pierre à l'édifice, qui, plus tard, devait crouler sur la tête de cet empire, en l'expulsant d'Italie d'abord et ensuite d'Allemagne.

L'on serait bien fondé à s'étonner que la part prise par la Russie dans une simple concentration de forces vers Cracovie, entreprise par trois Etats puissants, un mouvement pour lequel une brigade au plus eût suffi, ait pu influer sur le budget militaire de l'année. Mais, pour s'expliquer ce fait, il faut considérer en premier lieu l'appareil imposant des préparatifs, destiné à frapper les esprits dans les provinces limitrophes de l'Empire, ainsi que les difficultés qu'entraînait avec soi la mobilisation dans ce temps, où les chemins de fer n'existaient pas. De plus, il ne faut jamais perdre de vue que, sous le règne dont nous retraçons l'histoire financière, les abus ne manquaient pas de prendre un nouvel essor dès que le gouvernement entreprenait quelque chose en dehors du cadre ordinaire.

Augmentation des arriérés.

En passant des dépenses aux recouvrements, nous avons à constater une situation tout aussi peu consolante. Les impôts rentraient avec difficulté et les arriérés allaient toujours croissant. C'étaient là les symptômes irrécusables d'un épuisement général, auquel avaient contribué les mauvaises récoltes des années 1844 et 1845; en sorte que le gouvernement se vit dans la nécessité d'accorder aux propriétaires, dans diverses provinces, des sursis pour leurs engagements vis-à-vis des établissements de crédit et de leur faciliter même des emprunts supplémentaires, en ajoutant au capital de la dette les arriérés courants, à la condition de payer à des termes fixes le montant de ces arriérés ainsi accumulés.

Oukaze du 25 octobre 1846.

Mais, tout en traitant avec une sollicitude aussi paternelle l'une des classes de la population, l'on ne se faisait nul scrupule de surcharger en même temps les classes non privilégiées. L'oukaze du 25 novembre 1846 *doublait*, à partir de 1847, la taxe immobilière additionnelle supportée par les paysans, les bourgeois des villes et les marchands. De plus, et bien que la récolte de 1846 fût mauvaise comme les années précédentes, cette taxe fut encore sensiblement élevée en 1848, indépendamment de l'établissement en 1847 de quelques autres redevances, frappant également la propriété immobilière imposable.

C'est de 1848 aussi que date l'introduction en Russie de l'accise du sucre de betterave. D'autres augmentations d'impôts, portant sur les tabacs, le sel et les spiritueux, promettaient des ressources nouvelles pour l'avenir, mais pour le présent étaient de peu de valeur et ne servaient pas à améliorer la situation. Celle-ci s'empirait, au contraire, à la suite du choléra qui sévit en 1848 sur la surface presque entière du pays et de la disette amenée par une série de mauvaises récoltes. La crise économique devint même si grave que le gouvernement crut devoir proclamer un sursis général pour les obligations, ou « moratorium » des paiements.

Oukazes des 12 et 28 avril 1848.

Nous avons une preuve convaincante des inquiétudes inspirées au ministère des Finances par la situation générale dans deux oukazes publiés le 12 et le 28 avril 1848, et qui frappaient d'une sévère prohibition l'exportation des monnaies d'or et d'argent hors du pays. Cette mesure se trouvait motivée par « la hausse importante du prix des métaux précieux qui s'était manifestée à l'étranger, et qui faisait craindre qu'à la suite du cours du change abaissé à ce moment, les monnaies ne fussent écoulées par delà la frontière ».

L'on est autorisé, d'ailleurs, à douter de la franchise de la raison ainsi alléguée, d'autant plus que le gouvernement, se croyant obligé de soutenir les cours artificiellement, vendait lui-même dans ce but de l'or à l'étranger. La défense d'exporter les métaux ne fut levée que le 1er décembre 1849.

Cependant, la gêne financière était loin de disposer le gouvernement à modérer ses dépenses militaires. Bien au contraire, le ministère de la Guerre après avoir, en 1848, dépensé les 60,768,843 roubles budgétaires, y ajouta un total de crédits supplémentaires de 13,355,906 roubles, obtenus à titre d'avance sur le budget de 1849. De plus, à la suite des événements politiques de l'Occident, le gouvernement trouva nécessaire de mettre son armée sur le pied de guerre. Aucun danger, il est vrai, ne menaçait la Russie ; mais « l'hydre révolutionnaire » avait reparu, et le gouvernement russe mettait au-dessus de ses intérêts réels le rôle de champion de l'ordre monarchique, rôle dont il avait la gloire et le profit.

Vanité de la politique russe.

La mise sur pied de guerre de l'armée nécessita une dépense extraordinaire spéciale de 17,617,143 roubles. Ce surcroît de dépenses, non seulement improductives, mais tout à fait inutiles à ce moment, répondait pourtant à la vanité de « prépondérance politique en Europe », vanité qui caractérisait la ligne de conduite de la Russie depuis les traités de Vienne. Le gouvernement se posait en arbitre des souverains et des peuples. Il y avait des cours qui jouissaient de sa faveur et d'autres qui avaient encouru sa réprobation. Il traitait de pair avec les gouvernements d'Autriche et d'Angleterre, il protégeait Naples, la Sardaigne et l'électeur de Hesse, fameux par son impopularité. Il regardait la Prusse en frère cadet et mineur, auquel on n'épargne ni des conseils amicaux, ni de vertes remontrances en cas de besoin. Les velléités unitaires, qui perçaient déjà dans la politique de Berlin, bien que timides encore et pleines d'hésitations, n'avaient pas l'approbation de la cour de Russie. La Prusse ne fut pas exempte de quelques humiliations, infligées à titre d'admonitions paternelles, et chaque voyage de l'empereur Nicolas était considéré par les bourgeois de Berlin comme une nouvelle remise aux calendes grecques de la Constitution qu'ils désiraient si fort à cette époque, pour en faire plus tard un usage si modéré.

Révolutions de Vienne et de Berlin.

Aussi, ce furent les révolutions de Vienne et de Berlin qui impressionnèrent bien plus fortement le cabinet de Saint-Péterbourg que ne l'avait fait celle de Février à Paris. Le roi Louis-Philippe n'avait jamais eu les sympathies du gouvernement russe.

La mise sur pied de guerre devait donc être un avertissement « aux passions déchaînées » (1) à l'Occident, tout en justifiant les boursouflures des rapsodies officielles et officieuses, par le magnifique exemple de la puis-

(1) Un manifeste, publié le 14 mars 1840 (*Deuxième recueil complet des lois* n° 22087), était consacré « aux événements qui s'étaient produits dans l'Europe occidentale ».

sance militaire développée par le pays qui, fort de la confiance mutuelle à l'intérieur, se tenait seul debout, comme un rocher au milieu de la tourmente générale de l'Europe, affolée de l'esprit révolutionnaire.

Émeutes à l'intérieur.

Deux choses bien essentielles manquaient cependant à la réalité pour que cette allégorie fût juste. Et d'abord, ni la confiance, ni la tranquillité n'étaient aussi absolues à l'intérieur qu'on voulait bien le dire. Le peuple gémissait sous le servage et ne supportait ce joug qu'avec une impatience mal déguisée par le silence officiel sur les émeutes des paysans. Ces émeutes, partielles il est vrai, mais nombreuses, marquèrent presque chaque année du règne de l'empereur Nicolas. Plusieurs de ces mouvements durent être réprimés par la force des armes. Aussi, quelques années plus tard, l'agitation qui régnait dans le peuple servit-elle de principal argument, dans la bouche du gouvernement lui-même, pour prouver que l'œuvre d'émancipation ne pouvait être différée plus longtemps.

D'autre part, le développement de la puissance militaire, destiné à impressionner l'Europe, non seulement manqua son effet à ce moment, mais n'était en lui-même qu'une illusion, comme allait bientôt le démontrer le dénouement final, auquel toute cette période de trente années d'inertie que nous racontons devait fatalement aboutir.

Les publicistes officieux du temps, embarrassés de découvrir le moindre progrès à l'intérieur dont ils eussent pu s'inspirer, étaient forcés de se rabattre sur la puissance extérieure de la Russie et sur le poids de son autorité dans le concert européen.

L'apparence, en effet, justifiait le prestige dont on faisait parade. L'Autriche et la Prusse s'inclinaient devant le cabinet de Saint-Pétersbourg, la France recherchait son alliance. L'Angleterre elle-même, soupçonneuse encore et jalouse de la France, paraissait toujours liée par les traditions de la Sainte-Alliance et de la bataille de Navarin, traditions qui venaient de se refléter dans la quadruple alliance conclue contre la France et son protégé Mehemet-Ali, l'ambitieux pacha d'Egypte.

Le but réel de la politique russe.

Mais cette politique étrangère, dont on vantait si fort les succès, était-elle basée sur une force réelle, celle que donnent la netteté des vues et la certitude de ne pas se trouver isolé au moment décisif? Non, cette force-là manquait positivement à la politique russe du temps. Le but, on n'en saurait douter aujourd'hui, ne consistait pas seulement dans l'affranchissement de quelques populations chrétiennes de la presqu'île des Balkans, mais comprenait de plus une extension du territoire de l'Empire vers le midi.

Ce but avait percé dans les événements de 1828 à 1829, et depuis n'avait cessé d'être la grande préoccupation du gouvernement russe. On en trouve la preuve évidente en parcourant d'un œil quelque peu expérimenté le maniement des fonds et toutes les opérations financières de l'époque. Tout tendait à l'augmentation des armements : d'une main, l'on retranchait autant que possible aux dépenses productives; de l'autre, on appliquait à l'accroissement de la force militaire toutes les ressources du budget et du crédit.

Et cependant, il est bien douteux que l'on se fût fait une idée exacte de l'acquisition convoitée. Ce qui est bien certain, — car la suite en offrit la preuve irrécusable — c'est que l'on n'avait su prévoir ni l'heure des grandes résolutions, ni les moyens propres à en assurer le succès.

Armements défectueux.

En effet, pendant de longues années, le gouvernement ne songea qu'à s'armer; or, les armements étaient loin d'être complets, quand il eut l'inspiration soudaine de frapper un grand coup. Deux choses manquaient : la poudre et des fusils perfectionnés. De plus, rien n'avait été fait pour amener des conjectures politiques favorables à l'exécution d'un dessein qui bouleversait l'ordre des choses établi en Europe.

L'on ne sut ni distinguer entre le but principal et les considérations de second ordre, ni sacrifier à la pensée favorite les antipathies et les préjugés personnels. Autrement, en se préparant à évoquer la question d'Orient dans ses proportions les plus vastes, aurait-on pu négliger d'isoler préalablement et d'affaiblir autant que possible l'Angleterre et l'Autriche, ces deux puissances que l'on devait être sûr de trouver ennemies à toute extension de la Russie vers les Balkans et, à plus forte raison, à tout dessein sur Constantinople ?

Au lieu de cela, que fit la politique russe ? Elle se laissa guider presque exclusivement par les prédilections et les aversions personnelles, en y sacrifiant tout calcul fondé sur le simple bon sens. Au lieu de chercher à isoler l'Angleterre, elle s'applique à isoler la France, agissant en cela d'accord avec le cabinet de Saint-James. Au lieu de travailler à l'affaiblissement de l'Autriche, la diplomatie russe lui livre, pieds et poings liés, la Prusse, voire l'Allemagne entière!

Révolution de 1848.

Arrive enfin la révolution de 1848. De Paris le feu se communique à presque tous les pays du continent. C'était bien là, ou jamais, un moment favorable pour mettre à exécution les projets caressés depuis si longtemps. Avec la révolution sur les bras, aucun pays n'eût pu bouger ; l'Autriche surtout, prise entre l'insurrection de Hongrie et les barricades de Vienne d'un côté, les canons de Charles-Albert de l'autre. Restait l'Angleterre, c'est-à-dire une flotte, point d'armée sérieuse.

Eh bien ! le gouvernement russe appelle de tous ses vœux la victoire dans les plis des étendards de l'Autriche ; il est transporté de joie aux triomphes de Radetzki, et lui envoie, coup sur coup, le bâton de maréchal et le collier de Saint-André. Quant à l'insurrection hongroise, c'est lui qui se charge de l'étouffer. Au mois de décembre, les troupes russes disposées en Bessarabie passaient la frontière et le 4 janvier 1849 une première rencontre avait lieu en Transylvanie avec un corps hongrois commandé par le général Bem. Campagne hongroise.

Quel était le mobile qui faisait agir le cabinet de Saint-Pétersbourg contrairement aux intérêts évidents de l'œuvre qu'il méditait en secret? Il est inadmissible qu'il crût la Russie elle-même menacée par la révolution qui grondait à ses frontières. L'on ne saurait donc expliquer sa conduite que par la contradiction où le plaçaient ses prédilections ou, si l'on veut, ses principes conservateurs en politique générale, avec le « principe national » qu'il se proposait d'appliquer à une solution définitive de la question d'Orient.

Or, il était réservé aux événements de 1853 à 1856 de mettre en relief les conséquences de cette contradiction. L'illusion de toute-puissance allait s'évanouir, pour faire place à l'évidence de la faiblesse et de l'isolement.

Jetons maintenant un coup d'œil sur les charges que cette politique imposa à l'Empire.

Bien que, dès le 17 août 1849, un manifeste impérial eût annoncé que la guerre de Hongrie « avait été menée à bonne fin », ce qui fut suivi de la rentrée immédiate des troupes dans le pays, les dépenses du ministère de la Guerre atteignirent cependant dans cette année le chiffre de 73,800,000 roubles. De plus, les frais de mobilisation et de l'expédition des troupes en Hongrie entraînèrent un supplément de dépenses de 24 millions 1. En ajoutant à ce chiffre les 17 millions 6 dépensés dans ce même but en 1848, nous arrivons à un total de dépenses militaires extraordinaires de 41 millions 7. En dehors de ces frais, réclamés par l'armée de terre, le ministère de la Marine dépensa en 1849

9,600,000 roubles et additionnellement une avance de 2 millions 5 sur le budget de 1850.

Une convention passée entre la Russie et l'Autriche le 29 mai (10 juin) 1849 portait, il est vrai, que la frontière autrichienne une fois franchie, les troupes russes seraient entretenues aux frais de l'Autriche et que les déboursés faits par l'administration militaire russe sur le territoire autrichien seraient également couverts par le Trésor de la monarchie autrichienne. Mais en attendant ce remboursement, il était nécessaire de faire face aux dépenses extraordinaires, ce qui était d'autant plus difficile que les arriérés dans le versement des impôts avaient atteint le chiffre de 101 millions et demi de roubles.

Conséquences financières de la campagne de Hongrie.

Cette fois le ministère des Finances se vit obligé de soulever dans ses rapports un coin du voile optimiste dont il avait coutume de les recouvrir. Les chiffres officiels admettaient que le revenu de 1849, malgré quelques élévations d'impôts, ne produisît que 202 millions 6, pendant que la dépense budgétaire s'élevait à 231 millions 9, dépassant de 29 millions le total de l'exercice précédent. Toutefois, l'on eut soin d'éviter le mot de « déficit », en usant d'un terme plus doux : l'on avouait un « excédent des dépenses sur les recettes ».

L'idée d'une réduction des dépenses surgit à nouveau en face de ce fait fâcheux. Mais, au bout de tous les efforts, l'on n'arriva qu'à une diminution de 744,566 roubles sur le total du budget. Grâce à cette réduction presque illusoire, le déficit descendit à la somme de 28 millions 6, laquelle, cela s'entend, fut couverte par un nouvel emprunt fait aux caisses des institutions de crédit.

Ce résultat, revenant périodiquement, avec une monotonie que n'interrompait aucun fait plus favorable, même par exception, le lecteur devine par analogie que les exercices suivants, notamment ceux de 1850, 1851 et 1852, ne manquèrent pas d'être clos par des déficits successifs. Cependant les circonstances qui accompagnèrent l'établissement du budget de 1850 sont trop importantes pour que nous nous décidions à les omettre.

Les prévisions pour l'année 1850 comprenaient un total de revenus de 202,120,000 roubles contre 240,547,703 roubles de dépenses, dont 98,868,365 au compte du seul ministère de la Guerre. Le « comité des finances » dut prendre en considération que les besoins reconnus urgents dépassaient de 38,427,703 roubles le total du revenu ordinaire, lequel, après les augmentations d'impôts déjà introduites, ne pouvait être porté à un chiffre plus élevé ; qu'en outre les sources spéciales de revenus, affectées à des besoins particuliers, se trouvaient déjà épuisées par la nécessité de couvrir les déficits produits par les exercices précédents. Partant de ces considérations, le comité concluait à l'adoption des mesures proposées par le ministère des Finances quant aux emprunts intérieurs, destinés à couvrir le déficit. Mais, tout en approuvant le projet ministériel, le comité faisait suivre ses conclusions des considérations d'opportunité suivantes, que nous croyons devoir citer textuellement :

Dissimulation de l'état véritable des finances.

« Le déficit de 28,600,000 roubles prévu par le budget de 1849 — ainsi s'exprimait le rapport du comité — était dû aux circonstances exceptionnelles de l'époque, lesquelles paraissaient capables de produire des événements graves dans l'Europe entière. Aussi le déficit précité ne pouvait-il impressionner particulièrement le public, et le comité, en conséquence, n'avait-il pas jugé nécessaire de *dissimuler le fait du déficit aux yeux du conseil de l'Empire.*

« Or, du moment qu'un fait analogue se reproduit dans les prévisions pour l'année 1850, le déficit calculé aujourd'hui excédant même de 10 millions de roubles celui de l'année précédente, l'on ne saurait négliger l'impression fâcheuse que cette circonstance pourrait occasionner d'autant que, le projet ministériel une fois soumis au conseil de l'Empire, ce déficit ne resterait plus sous le sceau d'un secret absolu et impénétrable ; cette circonstance aurait en outre l'inconvénient de coïncider avec les négociations en vue pour réaliser un emprunt considérable à l'étranger, devant servir à l'achèvement du chemin de fer de Saint-Pétersbourg à Moscou. Le fait du déficit actuel une fois dévoilé ne manquerait pas de porter quelque atteinte au crédit de l'Empire et sinon amener l'échec de l'emprunt projeté, du moins en rendre la réalisation plus difficile.

« En se fondant sur ce qui précède, le comité croit de son devoir de soumettre à Sa Majesté l'Empereur la combinaison suivante : Sa Majesté ne daignerait-elle pas ordonner que dans le projet de budget destiné à la discussion au sein du conseil de l'Empire, le titre des dépenses reconnues au ministère de la Guerre soit provisoirement limité au chiffre représentant les ressources encore disponibles sur le total des recouvrements ordinaires, c'est-à-dire aux 60,440,669 roubles non affectés aux besoins de tous les autres départements dans leur ensemble. Conjointement, il serait représenté au conseil que les négociations touchant la rentrée des sommes dues par l'Autriche et les principautés danubiennes à titre de dédommagement pour l'entretien de nos troupes dans ces pays n'ayant pu être terminées et les recouvrements attendus de ce chef ne pouvant être précisés aujourd'hui, le total définitif des dépenses du ministère de la Guerre pour l'année 1850, comprenant un crédit supplémentaire, ne saurait être déterminé au moment actuel et devrait faire l'objet d'une décision ultérieure tandis que le budget dans son ensemble actuel doit être établi sans remise, pour satisfaire aux besoins de toutes les branches de l'administration. »

La combinaison suggérée par le comité des finances obtint effectivement la sanction suprême et, par suite, le conseil de l'Empire eut à discuter un projet de budget où les dépenses ne figuraient qu'au chiffre de 202,100,000 roubles, c'est-à-dire égalaient strictement la somme prévue des revenus; quant au déficit de 384,000,000 de roubles sur lequel le comité ne se faisait pas d'illusions, il n'en était pas autrement question. Dans cet état, le budget fut approuvé par le conseil de l'Empire et sanctionné définitivement par l'Empereur.

Si nous avons tenu à mettre particulièrement en relief le fait que l'on vient de lire, c'est qu'il jette une vive lumière sur l'esprit entier du système administratif de l'époque, ainsi que sur la partie des affectations budgétaires et des chiffres particuliers qui s'y rapportent. Nous avons vu le comité des finances, d'accord avec le ministre, conspirer en quelque sorte, du consentement de l'Empereur lui-même, pour voiler la vérité devant le conseil de l'Empire et faire voter à ce dernier un budget équilibré sur des chiffres imaginaires. Nous ajouterons que les considérations du comité, basées sur l'indemnité due par l'Autriche et, à plus forte raison, sur celle des principautés danubiennes, étaient sciemment illusoires, attendu qu'elles n'avaient aucune portée réelle en 1850.

L'indemnité autrichienne ne fut évaluée qu'à 3,683,236 roubles, laquelle somme, divisée en trois cotes annuelles de 1 million, ne devait rentrer qu'à partir de juillet 1851, le restant devant être remboursé en sel. Quant à l'indemnité des principautés de Moldavie et de Valachie, cette dernière faisait encore en 1850 l'objet d'une évaluation préparatoire, tendant à préciser la part de chaque pays dans le remboursement du total, et devait rester purement fictive, attendu qu'il ne rentra pas un seul rouble des quotes-parts évaluées.

Rôle illusoire du contrôle de l'Empire.

L'on est fondé à se demander dans ces circonstances quel rôle jouait le contrôle de l'Empire appelé, par la nature même de l'institution, à élucider l'emploi des fonds et à vérifier la comptabilité? Nous n'avons guère d'autre réponse à donner qu'en appliquant au contrôle de cette période une mesure analogue à celle de tous les organes de l'administration financière du temps... L'état réellement affligeant du contrôle finit par attirer l'attention en 1852. Plusieurs membres du conseil de l'Empire partageaient les idées énoncées dans le mémoire de Kisélew rédigé en 1836 et dont il a été fait mention plus haut. Un comité spécial, chargé d'asseoir le contrôle sur des bases plus solides, fut réellement institué, mais les efforts de ce comité échouèrent contre la résistance obstinée qu'y opposa le contrôleur de l'Empire Khitrowo.

Telle était la situation financière et économique du pays au moment où, provoquée avec tant de légèreté et malgré des moyens d'action insuffisants, éclata la guerre de Crimée...

TABLE DES MATIÈRES

PARIS. — IMPRIMERIE PAUL DUPONT 988.11.98.

www.ingramcontent.com/pod-product-compliance
Ingram Content Group UK Ltd.
Pitfield, Milton Keynes, MK11 3LW, UK
UKHW020111200726
13856UKWH00002B/489